赵 耀 ◎ 主编

ZHINENG
GUANSHUI

智能
管税

36个

税务问题破解

SANSHILIU GE SHUIWU WENTI POJIE

中国财经出版传媒集团

经济科学出版社

Economic Science Press

图书在版编目（CIP）数据

智能管税36个税务问题破解 / 赵耀主编. -- 北京：
经济科学出版社，2021.12
ISBN 978-7-5218-2882-5

Ⅰ.①智… Ⅱ.①赵… Ⅲ.①税收管理–研究–中国
Ⅳ.① F812.423

中国版本图书馆CIP数据核字（2021）第188363号

责任编辑：谭志军
责任校对：孙　晨
责任印制：范　艳　张佳裕

智能管税36个税务问题破解

赵　耀　主编

经济科学出版社出版、发行　新华书店经销
社址：北京市海淀区阜成路甲28号　邮编：100142
总编部电话：010-88191217　发行部电话：010-88191522
网址：www.esp.com.cn
电子邮箱：esp@esp.com.cn
天猫网店：经济科学出版社旗舰店
网址：http://jjkxcbs.tmall.com
北京季蜂印刷有限公司印装
710×1000　16开　15.75印张　300000字
2021年12月第1版　2021年12月第1次印刷
ISBN 978-7-5218-2882-5　定价：68.00元

前　言

2021年3月底，《中共中央办公厅　国务院办公厅印发关于进一步深化税收征管改革的意见》在总结税收征管信息化建设实践经验的基础上，准确把握大数据、云计算、人工智能、移动互联网等现代信息技术的发展趋势，适时提出要全面推进税收征管数字化升级和智能化改造，为税收征管信息化指明了新的发展方向。随着信息技术的快速发展，国家税源管理已进入大数据时代，我国税务机关基本实现依托"大数据"进行信息管税。身处"用数据说话""靠信息管税"的时代，企业面临着前所未有的财务信息"裸奔"、自身税务防控薄弱的尴尬局面，对于如何做好税务风险管控是企业亟待解决的难题。

做好企业全面税务管理应该从税务产生的源头入手，企业应纳税额的大小不是财务部门做账产生的，而是由生产、经营、管理等实际经济业务所决定的。不同的交易产生不同的税。企业不同的业务流程和业务模式，会带来不同的税收。税务规划不是对税进行规划，而是对交易进行规划。因此，企业应该从商业模式和业务环节进行事先税务规划，才能更好地做好企业全面税务管理。

本书以通过财务指导运营、降低涉税风险为指导思想，坚持"会计＋税务＋业务"三结合的原则，大胆地摒弃了传统的以主要税种为线索模式，而以具体业务流程为主线，通过详解企业的自查方法和涉税争议的解决思路，辅之以精选案例进行阐述，重点剖析36个关键节点的涉税风险，探析具体业务税收筹划的设计思路，加强企业"业财税一体化"管理，帮助企业寻求具体税务风险应对措施。

本书引用的企业会计准则和税收法规截至 2021 年 6 月 30 日，以后若有新的财税政策变动，应以最新的财税法规为准。虽然笔者竭尽所能，力求内容完整与准确，但由于时间、精力与水平的限制，其中难免有错漏之处，恳请广大读者批评指正，我们共同探讨、改进与完善。联系邮箱：sdzycpa@126.com。

本书撰写过程中，得到大成方略纳税人俱乐部副总经理陈雪飞先生的专业指导和无私帮助，他在繁忙的工作之余，不辞辛苦地审定初稿和终稿，在此表示感谢。感谢王丽鑫、刘敏和孔雪娜三位同学，她们为书稿的复核做了大量工作。

"志不立，天下无可成之事"在本书即将付梓之际，恰逢向着实现第二个百年奋斗目标前进号角吹响，九州同心，我们一定赢！

赵　耀

2021 年 6 月 30 日

目　录

第一章　数字智能联合税控的新动向和新思路

第一节　大数据管税下税务检查的
新形势和风险管理新动态

《中共中央办公厅　国务院办公厅印发关于进一步深化税收征管改革的意见》明确指出，"2023年基本建成以'双随机、一公开'监管和'互联网＋监管'为基本手段、以重点监管为补充、以'信用＋风险'监管为基础的税务监管新体系，实现从'以票管税'向'以数治税'分类精准监管转变"。

一、电子底账库在"以票管税"中的具体应用与案例解析

（一）电子底账库在税收征管中的应用

根据《关于推行增值税发票系统升级版有关问题的公告》的规定，增值税发票系统升级版是对增值税防伪税控系统、稽核系统以及税务数字证书系统等进行整合、升级、完善。实现纳税人经过税务数字证书安全认证、加密开具的发票数据，通过互联网实时上传税务机关，生成增值税发票电子底账，作为纳税申报、发票数据查验以及税源管理、数据分析利用的依据。

增值税发票电子底账系统中，电子底账库是核心，它能及时、完整、准确地将企业开具发票的全票面信息进行加密上传，即形成开具发票信息库，包括购销方信息、商品信息、金额等所有汉字和数字，形成发票电子底账数据库，供税务机关监管。电子底账的使用涉及三层：

第一层，开票：所有企业通过增值税开票系统开票，发票信息将传递到电子底账系统。

第二层，存储：电子底账系统接收到所有公司的发票信息，且是全国联网的。

第三层，筛选：税务局可以通过各种技术，对电子底账里的数据进行分析，这是稽查选案时的一个重要工具。

【提示】 税务机关已经构建了"金税三期征管系统＋防伪税控系统＋增值税发票电子底账系统"三位一体的风险分析手段。

（二）案例分析

【案例1-1】 2018 年 3 月，湖南省永州市某区税务人员通过电子底账系统对辖区管户数据核查时发现，Y 汽车零部件公司一张增值税进项发票上货物名称栏只写了"详见销货清单"，点击电子清单后，显示的信息却是各种品牌型号的手机。根据电子底账系统显示的疑点信息，对永州 Y 汽车零部件公司实施核查，确认该公司 2015～2017 年，通过接受虚开发票和货品清单造假的方式，虚抵增值税进项税款 769.6 万元。税务机关依法对该企业作出追征税款 769.6 万元，加收滞纳金 158 万元的处理决定，目前案件已移交司法机关审理。

【案例1-2】 山东某市税务局通过增值税发票大数据分析监控平台，重点选取商业企业的进销项专用发票货品名称开具存在差异的纳税人，对差异金额在 1000 万元以上、差异率 75% 以上的 108 户企业进行分析，逐户调取纳税人进销项发票数据，筛选出 28 户企业存在重大疑点的纳税人。根据 28 户企业疑点纳税人的不同情况，分别通过风险提醒、企业约谈及评估调查等形式进行落实，最终查补税款 560 多万元。

二、"以数治税"在税收征管中的具体应用分析和风险应对

2015 年 9 月，国家税务总局推出《"互联网"＋税务行动计划》，标志着我国税收信息化进入全新阶段，目前我国税务机关基本实现依托"大数据"实现信息管税。

（一）政策要求

（1）《国家税务总局关于运用大数据开展大企业税收服务与监管试点工作的通知》，加强涉税数据收集，强化数据集中共享；加强数据分析应用，强化涉税风险监管。

（2）《关于发布财务报表数据转换参考标准及完善网上办税系统的通知》规定，各省税务机关升级、完善网上办税系统，制定网上办税系统与企业财务软件对接的接口规范并开放接口，实现网上办税系统与企业财务软件的对接。

（3）《国家税务总局关于进一步支持和服务长江三角洲区域一体化发展若干措施的通知》指出，统筹开展税收风险管理，即依托税务总局云平台大数据

等资源，实现长三角区域涉税风险信息和风险模型共享。统筹跨区域风险管理任务，避免对区域内跨省经营企业的重复检查。

（二）"以数治税"在税务风险识别中的应用流程

1. 收集数据

收集数据是大数据运用的第一步，数据可以从税收征管系统中直接获得，也可以通过收集宏观经济信息、第三方涉税信息、企业财务信息、生产经营信息等获得；对于集团性大企业，还要收集集团总部信息。

2. 整理数据

为确保数据信息的初始状态真实、可靠，对收集到的数据需要进行初步的筛选处理，从而在原始的数据基础上得到更为可信的数据信息；然后对收集整理后的数据进行深度加工，发现隐藏于其后的规律或数据间的关系，从而建立覆盖税收征管全流程、各环节、各行业的风险识别指标体系、风险特征库和分析模型等分析工具，服务于决策，主要包括数据总结、分类、关联分析和聚类等几类。

3. 风险识别

各级税务机关都建立了覆盖税收征管全流程、各环节、各税种、各行业的风险识别指标体系、风险特征库和分析模型等风险分析工具，运用风险分析工具，对纳税人的涉税信息进行扫描、分析和识别，找出容易发生风险的领域、环节或纳税人群体，为税收风险管理提供精准指向和具体对象。

4. 等级排序

根据风险识别结果，建立风险纳税人库，按纳税人归集风险点，综合评定纳税人的风险分值，并进行等级排序，确定每个纳税人的风险等级。

5. 推送任务

结合征管资源和专业人员的配置情况，按照风险等级由高到低、合理确定须采取措施的应对任务数量，推送至各级税务机关相关部门，采取风险提示、纳税评估、税务稽查等风险应对措施，提高企业的纳税遵从度。

（三）案例分析

【案例1-3】某公司为上市公司，主要从事水泥制造、环保处置和技术服务等业务，主管税务机关通过详细翻阅公司新闻网页发现，2017年和2018年，该公司下属一家子公司两次因环保问题被环保主管部门处罚了共15万元的罚款。

在被罚款之前，一直享受资源综合利用增值税即征即退优惠政策，财税〔2015〕78 号规定，享受增值税即征即退政策的纳税人，因违反税收、环境保护的法律法规受到 1 万元以上处罚的，自处罚决定下达的次月起 36 个月内，不得享受增值税即征即退政策。最后该公司退回收到的增值税退税款 1000 多万元，且直至 36 个月期满，企业才可再次享受增值税即征即退政策。

【案例 1-4】 河北某市税务局通过金税三期征管系统的"申报表异常监控"模块，选取纳税期 2019 年 1~10 月且存在进项税额转出为负数的 10 户企业、未开具增值税发票销售收入累计负数金额较大的 10 户企业、应纳税额减征额较大的 2 户企业进行核实，通过调取纳税人的申报表、进项发票认证数据、销项发票报税数据等，进行数据比对分析，对其中 10 户企业补缴税款 127 万多元，对其他企业进行了账务调整。

【案例 1-5】 国家税务总局深圳市税务局在风险管理工作中首次引入人工智能技术，以自建大数据平台的超强计算能力为基础，对大量历史风险任务反馈的样本数据进行建模、扫描，成功针对"虚假注册""虚开发票"及"实名办税自然人异常行为"3 类税收风险精准"画像"。以虚开企业"画像"为例，该平台运用人工智能算法以正常企业为正样本、以已确认为虚开企业为负样本，结合基本登记数据和发票数据，总结出识别虚开企业的 80 个重要风险特征，并为每一特征赋予重要性权重。

深圳市税务局已在该平台上借助"虚假注册"和"虚开发票"两张"画像"，扫描下发任务 177 批次，涉及 36916 户纳税人，两张"画像"风险识别命中率分别为 89.64% 和 86.18%。

【案例 1-6】 2020 年 2 月初，北京市朝阳区某环保有限公司财务人员刚点开电子税务局，立刻弹出一条"涉税风险告知信息"，提示该企业存在"实收资本或资本公积增加、未缴纳印花税"风险。针对这项风险提示，该企业立即核实情况，并通过电子税务局补缴了 70.9 万元印花税税款，实现了"不见面"了解风险、"零接触"消解风险，这正是北京市税务局税收风险管理的企业版"缩影"。

北京市税务局充分发挥大数据优势，优化"统筹扎口、智能识别、网上推送、自查自纠、全程监督"的全闭环网上税收风险管理新模式。北京市税务局一方面打破信息孤岛，"一体化"集成数据，对内整合上亿条纳税人开票数据；对外多渠道共享市场监管、公安、社保等部门数据信息，建成涵盖 2.36 亿条外部数据的数据仓库。另一方面通过精准画像扫描，"一户式"归集数据，在全面整合相关涉税信息的基础上，对各项涉税疑点进行"一户一册"归集，全视角展示纳税人情况和风险疑点。

为了让数据"活"起来，北京市税务局成立专业团队，搭建了涵盖增值税发票风险等在内的指标模型体系，包括五大体系、139个风控模型、1159个指标……实现风险管理"雷达扫描"。通过科学分析建模、做强智能识别，摆脱"人盯人"的传统方式和"盲人摸象"的低效状况，实现了从风险信息到指标模型，再到管理事项的有效转化。

（四）企业税务风险管理的应对策略

财务数据来源于经营业务，业务操作的合理性和税务规划安排直接决定了税务风险的大小。因此，企业税务风险应对体系的构建可从信息流、物流、资金流等方面规范化入手，以加强企业税务风险管理工作。

1. 信息流

企业的财务信息流以凭证、账簿、报表等形式输出，最终流向财务部门。财务信息流是经营与业务的载体和反映，要识别税务风险可以从证、账、表入手。账簿的会计科目都是税务风险的关注点，比如其他应收款或者其他应付款发生额较大；预收账款长期挂账；现金结算的支出较多等等，企业都应该有针对性地加以税务风险管控。

2. 物流

物流是要关注货物的移动、库存等数据，这需要定期进行实地盘点，比如关注有无已经发货尚未确认收入的情况，有无领用但实际未消耗的情况。

3. 资金流

资金流是关注公司资金流向的单位和业务，关注关联方的交易的真实性、公允性；是否存在转移定价等需要特别纳税调整的税务风险。

三、多机构合作"综合治税"模式的新方法和新思路解析

（一）政策依据

《国务院办公厅关于完善反洗钱、反恐怖融资、反逃税监管体制机制的意见》（国办函〔2017〕84号）规定，有效整合稽查资源，严厉打击涉税违法犯罪。建立健全随机抽查制度和案源管理制度，增强稽查质效。推行风险管理导向下的定向稽查模式，增强稽查的精准性和震慑力。防范和打击税基侵蚀及利

润转移。在全国范围内开展跨部门、跨区域专项打击行动，联合查处一批骗取出口退税和虚开增值税专用发票重大案件，摧毁一批职业化犯罪团伙和网络，严惩一批违法犯罪企业和人员，挽回国家税款损失，有效遏制骗取出口退税和虚开增值税专用发票违法犯罪活动高发多发势头，维护国家税收秩序和税收安全。

（二）"资金管税"的基础工作

（1）根据《金融机构大额交易和可疑交易报告管理办法》（人民银行令〔2016〕第 3 号）的规定，金融机构应履行大额交易和可疑交易报告义务，向中国反洗钱监测分析中心报送大额交易和可疑交易报告。

金融机构应当报告下列大额交易：①当日单笔或者累计交易人民币 5 万元以上、外币等值 1 万美元以上现金收支。②非自然人客户银行账户与其他的银行账户发生当日单笔或者累计交易人民币 200 万元以上、外币等值 20 万美元以上的款项划转。③自然人客户银行账户与其他的银行账户发生当日单笔或者累计交易人民币 50 万元以上、外币等值 10 万美元以上的境内款项划转。④自然人客户银行账户与其他的银行账户发生当日单笔或者累计交易人民币 20 万元以上、外币等值 1 万美元以上的跨境款项划转。

金融机构发现或者有合理理由怀疑客户与洗钱、恐怖融资等犯罪活动相关的，不论所涉金额大小，应当提交可疑交易报告。金融机构应当报告下列可疑交易：①资金收付频率及金额与企业经营规模明显不符；②资金收付流向与企业经营范围明显不符；③企业日常收付与企业经营特点明显不符；④短期内频繁地收取来自与其经营业务明显无关的个人汇款；等等。

（2）根据《中国人民银行关于非银行支付机构开展大额交易报告工作有关要求的通知》（银发〔2018〕163 号）的规定，非银行支付机构应当切实履行大额交易报告义务；非银行支付机构与银行机构应当加强信息传递，为对方履行大额交易报告义务提供完整、准确、及时的客户身份信息和交易信息，持续完善资金上下游链条信息。

【案例 1-1】 2017 年 6 月，眉山市某商业银行依照《金融机构大额交易和可疑交易报告管理办法》向眉山市人民银行反洗钱中心提交了一份有关黄某的重点可疑交易报告。眉山市人民银行立即通过情报交换平台向眉山市税局传递了这份报告。

黄某在眉山市某商业银行开设的个人结算账户，2015 年 5 月 1 日至 2017

年 5 月 1 日共发生交易 1904 笔，累计金额高达 12.28 亿元。这些交易主要通过网银渠道完成，具有明显的异常特征。最终税务查出黄某 2015 年从其控股的眉山市公司取得股息、红利所得 2 亿元，未缴纳个人所得税 4000 万元。

【提示】　在"银税互动"的背景下，"发票管税"与"资金管税"的结合是未来税务机关控税的主要利器。

（三）第三方数据在税收征管中的具体应用

各省市地方税务机关利用"政府综合治税平台"，研制开发了"税务局外部涉税信息综合应用系统"，将第三方政府行政部门的涉税信息进行集中整合、传输、共享，有效挖掘外部涉税信息数据的深度利用价值。通过抽取数据、建立数据分析模型、统筹分析应用、输出疑点风险信息、形成疑点纳税人清单任务等，达到了对外部数据信息的综合应用，提高了税源管理和风险管控的针对性及指向性。

（1）第三方数据，是指除了税务部门和纳税人以外的其他国家机关、企事业单位、社会团体及行业协会提供的，与税务部门的征管活动或者纳税人的生产经营活动相关联的数据。主要包括财政、银行、外汇、工商、公安、国土、房管、电力、水务等相关部门提供的数据。

（2）税务机关将第三方信息的引入和税收数据比对是常用税收风险分析常用的方法，常见的第三方涉税信息预警应用指标，包括但不限于以下几个方面：

1）股权变更登记信息预警（国税发〔2011〕126 号，市场监督管理局）；

2）房地产业增值税预警（行政审批局）；

3）建筑行业报验户增值税预警（建管部门）；

4）机动车驾驶员培训行业培训费收取标准预警（公安部门）；

5）住宿业日均入住费用标准预警（公安部门）；

6）医保卡刷卡销售额占应税销售额过高预警（医保部门）。

【案例1-8】　某市税务局在互联网上采集涉税信息时，发现一则关于浙江××科技公司已于 2018 年 12 月在市场监管部门完成股权转让变更登记的信息，税务机关的税务风险识别分析流程如下：

（1）分析人员登录"浙江省金三核心征管系统"，查询该科技公司申报信息，发现均无股权转让印花税和代扣代缴股权转让个人所得税申报记录。

（2）登录"全国企业信用信息系统（浙江），查询浙江 ×× 科技公司公示信息确认，2018 年 12 月，该科技公司胡某等四名自然人股东持有的 100% 股权（0.6 亿元）全部转让给了江苏某技术公司。

（3）登录"全国企业信用信息系统（江苏）核实股权收购方江苏某技术公司为某 A 股上市公司（股票代码 600**3）的全资子公司。

（4）登录"和讯财经网"，查询该 A 股上市公司公告，确认此笔股权转让交易价格为 13.5 亿元。

经深入分析，测算该股权转让资金全部到位后，出让方（四名自然人股东）应缴纳个人所得税约 2.5 亿元。

【案例 1-9】 某酒店管理有限公司是一家主营住宿和餐饮的酒店，法人代表杨某，注册资金 1000 万元。经营范围：酒店管理、日用百货销售；住宿、桑拿；餐饮服务；足浴。2019 年，该公司取得营业收入 618.01 万元，营业成本 141.94 万元，利润总额 -95.69 万元，缴纳增值税 7.99 万元。该酒店 2019 年销售申报收入为 376.99 万元，实际开票销售收入 376.93 万元，发票使用率 99.98%，偏离预警值上限 77.06%，存在申报销售收入不实的可能。

为验证该酒店住宿信息，分析人员在公安机关的配合下，调取了治安管理信息系统中关于该酒店 2019 年 5~12 月的入住信息。整理数据发现，该酒店 2019 年 5~12 月实际登记入住 30021 人次，共计开房 18580 间，高于酒店自身系统中的数据，按照客房 150 元的单价计算，客房部 2019 年 5~12 月实际销售收入约为 278.7 万元（含税），高于酒店会计账目中的 248.59 万元（含税）近 30 万元。

通过内查外联相结合的税务风险分析方法，分析人员进一步进行了案头分析和约谈举证。就所发现的新疑点与该酒店负责人及财务经理进行了再次约谈，最终确定了该酒店存在未计入财务账目的销售收入 30.08 万元（含税），即未申报销售收入 28.38 万元（不含税）。

四、税收征管中"固定管户"向"分类分级管户"的转变和风险应对

（一）政策依据

按照《深化国税、地税征管体制改革方案》中关于"对纳税人实施分类分级管理"的要求，国家税务总局制定了《纳税人分类分级管理办法》（税总发〔2016〕99 号）；分类分级管理是在保持税款入库级次不变的前提下，对纳税人和涉税事项进行科学分类，对税务机关各层级、各部门管理职责进行合理划

分，运用风险管理的理念和方法，依托现代信息技术，提升部分复杂涉税事项的管理层级，将有限的征管资源配置于税收风险或税收集中度高的纳税人，实施规范化、专业化、差异化管理的税收征管方式。

（二）分类分级管理的具体要求与案例分析

（1）根据《纳税人分类分级管理办法》（税总发〔2016〕99号）的具体要求，企业纳税人分类以规模和行业为主，兼顾特定业务类型，将企业纳税人按规模分为大企业、重点税源企业和一般税源企业具体来说，大企业专指税务总局确定并牵头管理的、资产或纳税规模达到一定标准的企业集团，重点税源企业是指省以下税务机关牵头管理的、资产或纳税规模达到一定标准的企业纳税人，具体标准由省税务机关确定，一般税源企业是指除大企业、重点税源企业以外的企业纳税人。

【案例1-10】 2020年8月11日，据国家税务总局网站报道，为深入贯彻落实国务院关于全面推行"双随机、一公开"监管部署要求，国家税务总局分两批随机抽查69户集团企业及其5.32万户成员企业，共查补税款621.46亿元。针对集团企业经营管理高度集中和成员单位数量众多等特点，税务部门集中专业优势，充分运用大数据分析方法，采用团队化、项目化的组织方式，组建专业检查团队对接集团总部，全面掌握集团企业成员单位构成、集团业务板块、整体经营和纳税情况以及主要经营业务流程和财务制度，组织协调集团总部及成员单位的检查工作，全面排查涉税风险。通过开展随机抽查，税务相关部门帮助企业化解了潜在税收风险，增强了防范税收风险意识，提升了税法遵从度，堵塞了税收漏洞。

（2）根据《纳税人分类分级管理办法》（税总发〔2016〕99号）的具体要求，自然人分类以收入和资产为主，兼顾特定管理类型，将自然人按照收入和资产分为高收入、高净值自然人和一般自然人。具体来说，高收入、高净值自然人是指税务总局确定的、收入或资产净值超过一定额度的自然人；一般自然人是指除高收入、高净值自然人以外的自然人。要求省以下税务机关可根据管理需要和税务总局有关职能部门工作要求，确定本级高收入、高净值自然人以及特定管理类型自然人，实施分类管理。

（3）根据《国家税务总局关于进一步加强高收入者个人所得税征收管理的通知》（国税发〔2010〕54号）的规定，要求切实加强高收入者下列所得项目的征收管理：①财产转让所得；②利息、股息、红利所得；③规模较大的个人独资企业、合伙企业和个体工商户的生产、经营所得；④劳务报酬所得和工资、薪金所得比对管理；⑤外籍个人取得所得。

（4）根据《国家税务总局关于切实加强高收入者个人所得税征管的通知》（国税发〔2011〕50号）的规定，要求继续加强高收入行业和人群的个人所得税征管，做好高收入行业工资薪金所得征管工作，具体措施包括：①重点关注高收入行业企业的中高层管理人员各项工资、薪金所得，尤其是各类奖金、补贴、股票期权和限制性股票等激励所得。②加强高收入行业企业扣缴个人所得税的工资、薪金所得总额与企业所得税申报表中工资费用支出总额的比对，强化企业所得税和个人所得税的联动管理。③对以各种发票冲抵个人收入，从而偷逃个人所得税的行为，严格按照税收征管法的规定予以处罚。

【案例1-11】 江苏某市税务机关通过网络爬虫发现一名自然人在江苏设立一家新公司，出资额1000万元，和企业的申报信息比对，申报信息只有少量工资薪金，再和第三方信息比对发现，无出售房屋行为和贷款行为，并且该自然人名下别无其他企业，大额资金存在纳税风险。经核实确认，该自然人从企业以非专利使用费的名义取得资金用于投资。最后，补缴"特许权使用费"的个人所得税160万元。

（三）自然人股东分红的个人所得税筹划方法应用

1. 利用挂牌公司股息红利差别化个人所得税优惠政策

（1）政策依据。《关于继续实施全国中小企业股份转让系统挂牌公司股息红利差别化个人所得税政策的公告》（财政部 税务总局 证监会公告2019年第78号）第一条规定，个人持有挂牌公司的股票，持股期限超过1年的，对股息红利所得暂免征收个人所得税。

（2）具体应用解析。依据78号公告第五条的规定，个人持有挂牌公司的股票包括在全国中小企业股份转让系统挂牌前取得的股票；并且个人投资者证券账户已持有的挂牌公司、两网公司、退市公司股票，其持股时间自取得之日起计算。

【案例1-12】 我是某公司的员工，2013年通过员工股权激励持有公司股权，2019年1月该公司在新三板挂牌，6月公司分红，目前我持有股票没有卖出。像我这样的原始股东，2019年是否可以享受文件规定的优惠政策？

【国家税务总局四川省税务局解答】 财政部税务总局公告2019年第78号规定，个人持有挂牌公司的股票，持股期限超过1年的，对股息红利所得暂免征收个人所得税；您持有新三板挂牌公司股票的期限已经超过 1 年，2019 年取得挂牌公司派发的股息红利所得可以按照文件规定，享受暂免征收个人所得税的优惠政策。

2. 利用外籍身份享受免征个人所得税政策

（1）政策依据。《财政部 国家税务总局关于个人所得税若干政策问题的通知》（财税字〔1994〕20 号）第二条规定，外籍个人从外商投资企业取得的股息、红利所得，暂免征收个人所得税。

（2）具体应用解析。依据《关于外籍个人所得税纳税检查问题的通知》（国税函〔1996〕353 号）规定，外籍个人包括非中国国籍的人士，也包括华侨、港澳台同胞。

根据《关于界定华侨外籍华人归侨侨眷身份的规定》（国侨发〔2009〕5 号）的规定，华侨是指定居在国外的中国公民。具体界定如下：

第一，"定居"是指中国公民已取得住在国长期或者永久居留权，并已在住在国连续居留两年，两年内累计居留不少于 18 个月。

第二，中国公民虽未取得住在国长期或者永久居留权，但已取得住在国连续 5 年以上（含 5 年合法居留资格，5 年内在住在国累计居留不少于 30 个月，视为华侨。

【提示】 值得注意的是，此种筹划方法不是所有国家都能使用，例如，中美两国达成协议，双方暂不给予对方税收饶让抵免优惠，因此，在美国拿到绿卡的华侨不适合使用上述优惠政策筹划个人所得税。

3. 利用农业企业免征个人所得税政策

（1）政策依据。①《增值税暂行条例实施细则》第三十五条规定，条例第十五条规定的部分免税项目的范围，限定如下：所称农业，是指种植业、养殖业、林业、牧业、水产业。农业生产者，包括从事农业生产的单位和个人。②《关于个人独资企业和合伙企业投资者取得种植业 养殖业饲养业捕捞业所得有关个人所得税问题的批复》（财税〔2010〕96 号）规定：对个人独资企业和合伙企业从事种植业、养殖业、饲养业和捕捞业，其投资者取得的"四业"所得暂不征收个人所得税。

（2）具体应用解析。以房地产开发企业为例，某房地产开发企业的股东分红的个人所得税筹划如下：第一，该房地产开发企业几个股东选择亲属作为合伙人，成立一个合伙企业；第二，合伙企业从事适合小区绿化使用的农业绿化业务，包括苗木种植和销售；第三，经过一个生产周期成长，该合伙企业将农产品卖给为房地产开发企业做绿化工程的建筑施工企业；第四，自然人合伙人在合伙企业取得所得免征个人所得税。

4.利用公司之间分红免税政策，实现暂缓缴纳个人所得税

（1）政策依据。《企业所得税法》第二十六条规定，符合条件的居民企业之间的股息、红利等权益性投资收益为免税收入。

（2）具体应用解析。调整企业股权架构，把个人持股变更为有限公司间接持股，分红由新股东的有限公司获得，只要这些分红不再进行分配，那么暂缓缴纳 20% 的个人所得税。

五、以"信用 + 风险"监管为基础的税务监管新体系的应用和风险应对

（一）纳税信用评价

（1）纳税信用评价是税务机关根据采集的纳税人纳税信用信息，按照《国家税务总局关于发布〈纳税信用管理办法（试行）〉的公告》（国家税务总局公告 2014 年第 40 号）和《国家税务总局关于发布〈纳税信用评价指标和评价方式（试行）〉的公告》（国家税务总局公告 2014 年第 48 号）的规定，就纳税人在一定周期内的纳税信用状况进行评价。

（2）税务部门每年依据主观态度、遵从能力、实际结果和失信程度 4 个维度、近 100 项评价指标，对企业纳税人信用状况进行评价，纳税信用级别分为 A、B、M、C、D 五个级别。税务机关按照守信激励、失信惩戒的原则，对不同纳税信用级别的纳税人实行分类管理和服务。

纳税信用评价采取年度评价指标得分和直接判级方式。具体评价得分与评价等级如表 1-1 所示：

表 1-1

等级	评价得分
A 级	年度评价指标得分 90 分以上
B 级	年度评价指标得分 70 分以上不满 90 分
M 级	新设立企业或评价年度内无生产经营业务收入且年度评价指标得分 70 分以上
C 级	年度评价指标得分 40 分以上不满 70 分
D 级	年度评价指标得分不满 40 分或者直接判级确定

（3）根据国家税务总局公告2014年第40号的相关规定，纳税信用评价周期为一个纳税年度，税务机关每年4月确定上一年度纳税信用评价结果，并为纳税人提供自我查询服务。

（4）根据国家税务总局近几年评价数据显示，在日常生产经营中，企业最经常被纳税信用扣分的事项主要有：第一，未按规定期限纳税申报或代扣代缴；第二，未按规定保管纸质发票并造成发票损毁、遗失或擅自损毁发票；第三，办理纳税申报后未按规定期限及时缴纳税款。这些情形几乎都是最基础也最容易履行的义务，企业却反而屡屡出错。

（二）纳税信用等级对企业的影响

1. 纳税信用等级对出口企业的影响

根据《出口退（免）税企业分类管理办法》（国家税务总局公告2016年第46号）第五条的规定，一类出口企业的评定标准要求评定时纳税信用级别为A级或B级。

2. 纳税信用等级对企业享受税收优惠的影响

（1）《财政部、国家税务总局关于新型墙体材料增值税政策的通知》（财税〔2015〕73号）规定，纳税人销售自产的《目录》所列新型墙体材料，其申请享受本通知规定的增值税即征即退50%的政策增值税优惠政策时，纳税信用等级不属于税务机关评定的C级或D级。

（2）《财政部、国家税务总局关于印发〈资源综合利用产品和劳务增值税优惠目录〉的通知》（财税〔2015〕78号）规定，纳税人从事《资源综合利用产品和劳务增值税优惠目录》所列的资源综合利用项目，其申请享受本通知规定的增值税即征即退政策时，纳税信用等级不属于税务机关评定的C级或D级。

（3）《财政部、国家税务总局关于促进残疾人就业增值税优惠政策的通知》（财税〔2016〕52号）规定，对安置残疾人的单位和个体工商户，实行由税务机关按纳税人安置残疾人的人数，限额即征即退增值税办法的，纳税信用等级不属于税务机关评定的C级或D级。

3. 纳税信用等级对企业增值税留抵退税的影响

（1）《财政部、税务总局关于2018年退还部分行业增值税留抵税额有关税收政策的通知》（财税〔2018〕70号）规定，装备制造等先进制造业、研发等现代服务业和电网企业实行退还增值税期末留抵税额政策的，纳税人的纳税信用等级应为 A 级或 B 级。

（2）《财政部、税务总局、海关总署关于深化增值税改革有关政策的公告》（财政部、税务总局、海关总署公告 2019 年第 39 号）规定，自 2019 年 4 月 1 日起，试行增值税期末留抵税额退税制度，纳税人向主管税务机关申请退还增量留抵税额的，纳税信用等级应为 A 级或者 B 级。

4. 纳税信用等级对非营利组织的影响

《财政部、国家税务总局关于非营利组织免税资格认定管理有关问题的通知》（财税〔2018〕13 号）规定，已认定的享受免税优惠政策的非营利组织，纳税信用等级为税务部门评定的 C 级或 D 级的，应自该情形发生年度起取消其资格。

5. 纳税信用等级对异常增值税扣税凭证管理的影响

《国家税务总局关于异常增值税扣税凭证管理等有关事项的公告》（国家税务总局公告 2019 年第 38 号）规定，纳税信用 A 级纳税人取得异常凭证且已经申报抵扣增值税、办理出口退税或抵扣消费税的，可以自接到税务机关通知之日起 10 个工作日内，向主管税务机关提出核实申请。

【提示】 纳税信用 A 级纳税人可以先抵税再按照规定期限提出核实申请，非 A 级纳税人不得抵税或抵税转出后再提出核实申请。

6. 纳税信用等级对企业注销的影响

《关于推进企业注销便利化工作的通知》（国市监注〔2019〕30 号）规定，优化税务注销即办服务，对未处于税务检查状态、无欠税（滞纳金）及罚款、已缴销增值税专用发票及税控专用设备的纳税信用级别 A 级和 B 级的纳税人、控股母公司纳税信用级别为 A 级的 M 级纳税人，采取"承诺制"容缺办理税务注销。

【提示】 只有纳税信用评级 A 和 B 的企业才可以适用"承诺制"容缺办理税务注销。

（三）企业纳税信用等级的维护与管理

1. 纳税信用复评

根据《国家税务总局关于明确纳税信用补评和复评事项的公告》（国家税务总局公告 2015 年第 46 号）的规定，纳税人对纳税信用评价结果有异议的，可在纳税信用评价结果确定的当年内，填写《纳税信用复评申请表》，向主管税务机关申请复评；即企业在获知税务机关的纳税信用评价后，对纳税信用评价的结果有异议，在税务机关发布纳税信用结果的当年可以是申请复评，一般情况下税务机关会在 4 月完成企业纳税信用评价，在 5 月中下旬发布上年度的企业纳税信用评价结果，那么企业可以申请企业纳税信用复评的时间为企业纳税信用评价结果发布当年的 12 月 31 日前。

2. 纳税信用修复

根据《国家税务总局关于纳税信用修复有关事项的公告》（国家税务总局公告 2019 年第 37 号）的规定，纳入纳税信用管理的企业纳税人，符合规定条件的，可在规定期限内向主管税务机关申请纳税信用修复。主管税务机关自受理纳税信用修复申请之日起 15 个工作日内完成审核，并向纳税人反馈信用修复结果。

3. 纳税信用复评和纳税信用修复的区别与联系

（1）纳税信用复评是对纳税信用评价结果有异议；纳税信用修复是对纳税评价无异议。

（2）纳税信用复评适用于纳税人对纳税信用评价结果有异议，认为部分纳税信用指标扣分或直接判级有误或属于非自身原因导致，而采取的一种维护自身权益的行为。

（3）纳税信用修复适用于纳税人发生了失信行为并且主动纠正、消除不良影响后向税务机关申请恢复其纳税信用的情形。

（4）纳税信用复评可以对所有的纳税信用评价指标进行复评；纳税信用复评只能对国家税务总局公告 2019 年第 37 号所列的 19 种指标进行修复。

（5）纳税信用复评申请复评的时间为纳税信用评价发布的当年；纳税信用修复的时间为其失信行为被税务机关列入失信记录后的 30 日至次年年末。

（四）实务应用与案例分析

【案例 1-13】　我公司在 2×20 年 4 月成立时纳税信用级别为 M 级，如果我公司在 2×21 年 4 月 10 日被税务机关评价为纳税信用级别 B 级，同时也符合其他申请留抵退税的条件，可以在 2×21 年 4 月 15 日申请增量留抵退税吗？

【解析】　根据《国家税务总局关于取消增值税扣税凭证认证确认期限等增值税征管问题的公告》（国家税务总局公告 2019 年第 45 号）第二条的规定，纳税人适用增值税留抵退税政策，有纳税信用级别条件要求的，以纳税人向主管税务机关申请办理增值税留抵退税提交《退（抵）税申请表》时的纳税信用级别确定。如果你公司的纳税信用级别已在 2×21 年 4 月 10 日被评价为 B 级，则可以在 2×21 年 4 月 15 日完成当期增值税纳税申报后申请增量留抵退税。

【提示】 增值税留抵退税是退还增值税进项税额，采用按时点法判断纳税信用级别并办理退税金额，申请增量留抵退税时点纳税信用等级达标可退税，不达标则不可退税。

【案例1-14】 我公司主要利用废玻璃生产玻璃熟料，公司纳税信用级别一直为 A 级。后因违反税收规定，2×21 年 4 月变为 C 级，2×21 年 7 月修复为 B 级。2×21 年 9 月，我公司向税务机关提出退还 2×21 年 1~8 月所属期税款的申请（此前税款已按规定退还），请问我公司可以就哪段时间享受增值税即征即退政策？

【解析】 你公司 2×21 年 1~3 月为 A 级，4~6 月为 C 级，修复后 7~8 月为 B 级，税务机关可以退还 2×21 年 1~3 月和 7~8 月所属期资源综合利用项目的应退税款。

【提示】 即征即退政策是退还增值税应纳税额，采取时期法按月判断纳税信用级别并办理退税金额，当月纳税信用等级达标可退税、不达标则不可退税。

【链接】 2021 年全国纳税信用评价工作中共有 3300 多万户企业纳入此次评价，A 级企业数量和占比明显上升，A 级企业 275 万户，占评价总户数的 8.28%，较上年提高了 2.4 个百分点，A 级企业数量和占比从 2018 年开始已连续保持增长；B 级和 M 级企业数量增加。B 级和 M 级企业共 2747 万户，增加 258 万户，占评价总户数的 82.58%；C 级和 D 级企业占比下降。C 级和 D 级企业共 304 万户，占评价总户数的 9.14%，占比较上年降低 0.34 个百分点。

第二节　数据比对在税务风险识别中应用与案例分析

在金税三期环境下，税务机关通过数据比对和风险评分对企业税务风险进行评估，数据比对是对纳税人的财务信息、征管信息和第三方信息等进行合规性比对。

一、数据比对在税务风险识别中应用示例

（一）发票比对

税务机关通过发票比对进行涉税风险分析是税务风险识别的基础方法。

【模型1】　自然人农产品开票金额大于100万元的企业指标

（1）功能描述：按照本省人均耕地占有面积以及农作物平均价格，自然人一年所销售的农作物金额一般不会太高，分析销售农产品金额超过100万元的自然人，从中分析筛选疑点。

（2）数据取得：①电子底账系统提取普通发票表"tspzbz"为"02"的数据。②身份证号码要满足第二代身份证编码规则。③同一个销货方身份证号码下的年度开具发票总金额超过100万元。

（3）疑点判断：可能存在虚开农产品增值税发票、虚抵进项税额的风险。

【模型2】　取得农业生产合作社开具异常销售发票数额较大、所占比重较高指标

（1）功能描述：发票信息中，销货方名称含"合作社"字样的企业开具的发票明细信息，筛选出农业生产合作社开具异常销售发票数额较大、所占比重较高的，从中筛选疑点企业。将上述企业作为目标企业逐户分析，将农业合作社超产能开具发票、上下游购销不符的企业作为疑点企业。

（2）数据取得：①通过电子底账系统提取所属期内本省企业取得的，所有销货方名称含"合作社"字样的企业开具的发票明细信息。②筛选所属期内取得农业生产合作社开具发票金额大于200万元的企业。

（3）疑点判断：可能存在虚开农产品增值税发票、虚抵进项税额的风险。

（二）税表比对

税务机关将财务报表与税种申报表比对，查找涉税疑点。

【模型1】　借款合同印花税申报异常指标

（1）功能描述：在一个纳税年度内，当短期借款与长期借款本期增额大于借款合同印花税计税依据10万元时，纳税人存在未按规定足额缴纳借款合同印花税风险。

（2）数据来源："短期借款""长期借款"年初余额、期末余额来源于《资产负债表》（年报）；已缴借款合同印花税计税依据来源于《印花税纳税申报（报告）表》–借款合同的计税金额（短期借款期末余额＋长期借款期末余额–

短期借款年初余额 – 长期借款年初余额）– 已缴借款合同印花税计税依据。

（3）疑点判断：企业可能存在借款合同未足额申报缴纳印花税的风险。

【模型 2】 不动产在建工程不按规定结转少缴房产税指标

（1）功能描述：纳税人连续 12 个月内在建工程增加超过 1000 万元，或者期末余额大于 5000 万元，且申报期内的前 6 个月内有水泥、混凝土、钢结构发票取得，但房产税申报金额不变，可能存在不动产在建工程不按规定结转固定资产少缴房产税问题。

（2）数据来源：金税三期的资产负债表、《房产税纳税申报表》，电子底账系统取得的发票信息。①期末在建工程余额 – 期初在建工程余额＞1000 万元。②期末在建工程余额＞5000 万元。③所属期当年 10～12 月房产税申报税额 – 所属期上一年 10～12 月房产税申报税额≤0。④水泥、混凝土、钢结构发票金额＞10 万元，水泥、混凝土、钢结构发票金额取自 1～6 月电子底账系统取得的发票信息。商品编码前 7 位为 "1080101"、前 9 位为 "108010301"、前 7 位为 "1080401" 的发票金额栏合计数。

对同时符合条件①③④的纳税人预警，或者对同时符合条件②③④的纳税人预警。

（3）疑点判断：可能存在未及时申报房产税的风险。

（三）税税比对

税务机关利用关联税种申报表比对识别检测税务风险。

【模型 1】 增值税应缴税负与企业所得税销售毛利率比对异常指标

（1）功能描述：企业实现的销售毛利额不足以支付实现的增值税，表面上看增值税税负较高，销售毛利率较低，实际上是企业虚增了主营业务成本逃避企业所得税。

（2）数据取得：①增值税应缴税负 = Σ（应纳增值税额 + 当期申报抵扣的固定资产进项税额 + 当期申报抵扣的无形资产进项税额）÷ Σ 计征增值税销售收入。②销售毛利率 =（营业收入 – 营业成本）÷ 营业收入 ×100%。③增值税应缴税负＞企业所得税销售毛利率。

（3）疑点判断：当销售毛利率小于增值税税负时，企业可能虚增企业所得税成本。

【模型 2】 增值税申报收入与企业所得税申报收入配比差异值过大指标

（1）功能描述：增值税收入和企业所得税收入申报数据比对这是税务稽查

常用的方法，通过三者的比对分析对收入的完整性进行有效判断。

（2）数据取得：两税收入差异率 = ｜当季增值税收入 – 当季企业所得税收入｜ ÷ 当季增值税收入；预警值，10%（全国平均值）。

（3）疑点判断：当超过预警值 10% 时，企业可能少计增值税收入或企业所得税收入。

【模型3】　房产税申报记录与城镇土地使用税申报记录比对

（1）功能描述：有房产税申报数据无城镇土地使用税申报数据。

（2）数据取得：金税三期系统内所属期的房产税、城镇土地使用税申报数据。

（3）疑点判断：一般情况下，纳税人在缴纳房产税的同时需要缴纳城镇土地使用税，两者不同步，则纳税人可能存在少缴城镇土地使用税的风险。

【模型4】　个人所得税的工资薪金与企业所得税的工资薪金匹配值差异值过大指标

（1）功能描述：工资薪金支出大于个人所得税申报的工资所得额，虚列人工成本。

（2）数据来源：自有数据。判断公式：［A105050 工资薪金支出（实际发生额）– 个人所得税申报的收入额］ ÷ 工资薪金支出（实际发生额）≥ 10%。

（3）疑点描述：A105050 表中的工资薪金支出（实际发生额）与《扣缴个人所得税报告表》中的工资薪金收入额应基本一致。如果 A105050 表中的工资薪金支出（实际发生额）远大于《扣缴个人所得税报告表》中的收入额，则可能存在虚列人工成本的问题。

（四）表表比对

税务机关利用企业提供的财务报表，利用比较分析法、比率分析法和趋势分析法等，对财务报表内部项目进行比对，查找涉税风险点：

【模型1】　其他应付款期末余额严重异常风险指标

（1）功能描述：①隐匿收到的货款，少申报增值税、企业所得税等销售税金；②收到财政返还款或无需偿付的债务，少申报缴纳企业所得税；③向个人借入资金，支付利息计入财务费用未取得发票，未代扣代缴个人所得税。

（2）数据取得：［其他应付款］ > 1000 万元。

（3）疑点判断：可能存在少申报缴纳企业所得税或少扣缴个人所得税的风险。

【模型 2 】 其他营业外支出比例过高指标

（1）功能描述：企业所得税申报时，其他营业外支出占比过高，可能存在资产损失未按规定列支、所列支项目是否允许税前扣除、营业外支出未按规定进行纳税调整等问题。

（2）数据来源："营业外支出"取自 A102010《一般企业成本支出明细表》第 16 行，"其他"取自 A102010《一般企业成本支出明细表》第 26 行。计算公式：其他营业外支出 ÷ 营业外支出 > 20%。

（3）疑点判断：可能存在营业外支出未按规定进行纳税调整以及少转出进项税额的风险。

【模型 3 】 企业销售费用占期间费用比例过高指标

（1）功能描述：批发业期间费用率过大疑点，可能存在虚开发票多列支费用。

（2）数据来源：自有数据计算公式：（销售费用 + 管理费用 + 财务费用）÷ 营业收入 > 0.1。

（3）疑点判断：批发业纳税人期间费用占比过大，可能存在多列支费用，少计应纳税所得额，少缴企业所得税的问题。

【模型 4 】 企业固定资产综合折旧率变动异常指标

（1）功能描述：固定资产综合折旧率变动异常，可能存在多提折旧的问题。

（2）数据来源：指标值 =（本期综合折旧率 − 基期综合折旧率）÷ 基期综合折旧率 ×100%。

综合折旧率 = 固定资产折旧 ÷ 固定资产原值；预警值为 20%。

（3）疑点判断：固定资产综合折旧变动率在 20% 以上的，应判断为异常，需查明纳税人有无改变固定资产折旧方法、多提折旧的风险。

（五）票表比对

利用企业已开具发票数据与纳税申报比对检测识别税务风险。

【模型 1 】 动产租赁费申报异常风险指标

（1）功能概述：建筑企业将自有建筑工程机械有偿出租给挂靠、承包单位或其他建筑企业现象普遍，营改增后动产租赁应按 13% 的税率缴纳增值税，部分建筑企业混为建筑工程按 9% 的税率缴纳增值税，甚至不纳税。本指标通过纳税人自有建筑工程机械固定资产金额，与开具的 "3040502 经营租赁" 发票进行比对分析，筛选自有建筑工程机械金额较大且无动产租赁发票的，列为收取设备租赁费未申报或选择低税率（9%）申报增值税、未缴或少缴增值税的风险企业。

（2）数据取得：固定资产（不含不动产）金额＞1000万和经营租赁发票开具金额=0。

（3）疑点判断：可能存在未按规定开具增值税发票、少缴纳增值税的风险。

【模型2】 承租土地未按规定申报缴纳城镇土地使用税指标

（1）功能描述：直接从非企业纳税人的集体经济组织承租土地，但未申报缴纳城镇土地使用税。

（2）数据来源：税务机关代开的名称含有"场地租赁"字样的发票，付款方为单位纳税人（有税号），来源于《代开发票信息采集》。土地使用税取自《土地使用税纳税申报表》的"本期应补（退）税额"。

（3）疑点判断：租用集体土地未缴纳城镇土地使用税。

（六）第三方信息比对

税务机关利用第三方数据比对识别检测税务风险：

【模型1】 城市基础配套费未缴纳契税风险指标

（1）功能描述：已缴纳城市基础配套费但未及时缴纳契税的风险。

（2）数据来源：财政厅缴纳城市基础配套费的第三方数据。计算公式：应缴纳契税 = 缴纳城市基础配套费金额 × 适用税率。

（3）疑点判断：可能存在少缴纳城市基础配套费相应契税的风险。

【模型2】 企业取得财政补贴申报异常指标

（1）功能描述：企业取得财政补贴是否完整准确进行纳税申报。

（2）数据来源：外部数据。判断公式：（$\sum$财政补贴金额 – A101010"政府补助利得"）× 25% ＞ 25000。

（3）疑点描述：政府提供补贴金额与企业所得税申报政府补助利得存在差异，未足额缴纳企业所得税风险。

【模型3】 股权转让合同印花税申报差异指标

（1）功能描述：企业股权转让业务是否完整准确进行纳税申报。

（2）数据来源：外部数据。判断公式：（评估期内投资方投资变动金额 – 评估期申报的产权转移书据印花税计税金额）× 0.0005 ＞ 500。

（3）疑点描述：纳税人发生股权转让行为，未按合同所载金额万分之五足额计算缴纳产权转移书据的印花税。

二、案例分析

【案例1-15】 北京××置业有限公司，税务机关的风险监控模型扫描显示，2016～2017年该企业开具品名为"房屋租金"的发票200余份，金额累计达2700多万元。其房产税一直按自用从价计征缴纳，存在少缴风险。

经核查，该企业确认共有6套房产对外出租未从租计征缴纳房产税。此外，税务人员通过分析其发票备注栏的房屋地址，发现该企业另有3套房产未在税务机关进行房源登记，未申报缴纳房产税。最终，该企业补缴房产税295.18万元，加征滞纳金39.70万元。

【解析】 此案例通过开具的房租发票识别出企业未从租计征缴纳房产税，通过发票备注栏的房产地址识别出企业未如实登记房源漏缴税款。国地税合并之前，跨部门获取、比对数据较为困难。合并之后业务充分融合，数据比对显露出巨大威力。对税务机关而言，发现和查处明显的漏征漏管将成为实现税收收入增长的主要着力点之一，严格征管、应收尽收将逐渐成为现实。

【案例1-16】 某市税务局依托系统进行大数据分析时发现，A公司2018年、2019年的财务费用金额较大，其中，2019年营业收入变动率与财务费用变动率配比值为 −2.12，偏离了同类企业的正常指标范围，且营业收入变动率为负、财务费用变动率为正，指标显示异常，说明A公司2019年营业收入变化与财务费用变化不匹配。

在检查过程中，税务人员了解到，A公司2018年、2019年加大了对环保设备的投资，资金来源主要有银行贷款5500万元、应付票据5000万元、其他民间借款4000万元等。税务人员依据对该公司的日常征管情况判断，该公司借款规模与其实际生产经营情况不相符。进一步检查发现，A公司与其关联企业之间存在相互借款的情况。

于是，税务人员转变了检查方向，按照法定程序调取并核查了A公司2018年银行存款、其他应收款明细账及相关原始凭证。核查发现，2018年3月，A公司有一笔资金往来业务金额较大，账务处理为"借：其他应收款－B公司2779万元 贷：银行存款2779万元"。经查，实为A公司将银行贷款中的2779万元转借给B公司使用，且查实B公司系A公司的关联企业，该笔贷款涉及的利息费用410.79万元，全部由A公司承担并在企业所得税税前扣除。

根据企业所得税法相关规定，在计算应纳税所得额时，与取得收入无关的其他支出不得扣除。A 公司为关联企业 B 公司承担的利息费用，不属于实际发生的与取得收入有关的、合理的支出，不得在计算应纳税所得额时扣除，因此，应当调增 A 公司的应纳税所得额。

【案例 1-17】 房地产开发企业的其他财务费用占比过大预警，经查，该企业因为业务需要向银行申请贷款，银行就收取的超过银行同期同类贷款利率部分的加息开具了"融资顾问费"的增值税专用发票，该部分融资费用是否可在企业所得税前扣除？进项税额能否抵扣？

【解析】 对企业支付的融资顾问费，需要企业提供与银行签订的协议等资料并对"融资顾问费"具体内容进行约定，只提供增值税发票，无法证明其行为真实性，不得作为融资费用在企业所得税前扣除。

如果企业通过分解利息收入的方式获得部分融资顾问费的进项税额抵扣，同时规避利息支出中关于同期同类贷款金额的限制，建议企业通过经济交易真实性和支付金额合理性的方式应对。

【案例 1-18】 税务人员对某医药药材企业的电子底账数据进行分析，发现其销售金额大、品目种类多，增值税税负偏低，特别是 2017 年和 2018 年税负极低。分析人员初步判定企业可能存在隐瞒收入风险。随后税务人员通过采集医保结算收入并与企业申报销售收入进行比对，发现该公司的医保定点药店在 2016 年和 2018 年少申报税款及在 2017 年逾期申报销售收入，存在少计缴增值税风险和逾期申报加收滞纳金风险。

【解析】 税务人员重点获取各期医保部门的结算数据，与增值税申报表比对，发现是否存在现金收入不入账或医保结算收入与申报收入不一致等问题。同时，对库存商品出库明细与销售明细进行比对，发现是否存在通过往来款项隐瞒收入。

【案例 1-19】 A 公司采取"包干经营"模式，业务主要内容为向客户提供运输中报关、报检、仓储，装卸，搬运等货运代理服务，同时提供进出口通关，倒短，无运输工具承运等交通运输服务。在进出口通关过程中，产生的运输费用和代理费用由 A 公司获取发票，再由 A 公司开具发票给委托方收取相关费用。

税务人员通过编写 SQL 语句进行大数据分析，发现 2016 年货运代理行业平均行业税负为 3.61%，A 公司 2016 年税负由前两年的 5% 左右下降至 0.08%，增值税税负相较往年大幅下降，需进一步核实其业务开展情况。

【解析】 货运代理公司的无运输工具承运业务，按照交通运输服务缴纳增值税，应开具税率 11%（现 9%）的货物运输发票，但经营过程中存在开具税率 6% 的货运代理发票，收取税率 11%（现 9%）的运输发票进行抵扣的行为，存在不按规定开具发票少缴增值税的风险。货运代理企业，特别是税负明显偏低、大幅低于行业平均税负的代理企业，可以通过 SQL 语句在金税三期数据仓库进行大数据分析，筛选货运代理行业中税负异常的企业，利用电子底账系统查看其发票取得及开具情况，核查进项与销项比例，确定其主要业务开展情况。

【案例 1-20】 [①] 某创投合伙企业（有限合伙）主要从事股权投资、投资咨询、投资管理（不含证券、保险、基金、金融业务及其他限制项目）等业务。主管税务机关通过第三方金融客户端，获取该企业营改增至今合伙制私募基金股权减持（大宗交易）记录，并比对网上公开信息与金税三期系统申报数据，发现该公司交易金额与申报金额存在较大差异，存在少缴纳增值税风险。

通过查看该纳税人基金运营交易账册明细，确认分析期内金融商品转让交易总额；查看纳税人金融商品购入成本核算相关证据，确认转让时可扣除的买入价，确定计算计税销售额，查看纳税人在中国证券登记结算有限公司交易账号中的记录，确认交易价格。该公司分 3 次出售某企业股票。2017 年 9 月 27 日出售 2348622 股，每股售价为 16.95 元，成本价为 9.19 元；2017 年 10 月 10 日出售 1511929 股，每股售价为 17.74 元，成本价为 9.19 元；2017 年 12 月 27 日出售 1930200 股，每股售价为 14.08 元，成本价为 9.19 元。

【解析】 税务人员的具体核查路径如下：

（1）第三方金融系统获取合伙制私募基金股权减持（大宗交易）记录，确认金融商品转让事宜是否发生、发生时点、交易金额等。

（2）比对金税三期系统数据中分析期内的增值税申报记录，确认分析期内是否足额申报增值税收入。

（3）查看纳税人基金运营交易账册明细，确认分析期内金融商品转让交易总额。

（4）查看纳税人金融商品购入成本核算相关证据，确认转让时可扣除的买入价，以计算计税销售额。

---

① 国家税务总局大企业管理公司：《大企业税收风险分析典型案例汇编》，中国税务出版社 2019 年版。

（5）对二级市场进行的股票交易，可查看纳税人在中国证券登记结算有限公司交易账号中的记录，确认交易价格。

【案例1-21】　广东肇庆市税务机关在日常管理中，将加强限售股股权转让活动监控，作为强化高净值自然人税收征管的重要措施，税务人员应用网络爬虫技术采集上市公司公告数据和信息，并借助个人限售股选案模型，分析互联网信息及征管数据，以及时发现个人转让限售股的线索。

近日，肇庆市税务人员从巨潮资讯网、东方财富网等多家行业网站中采集公告信息数据进行风险分析。税务人员发现，本地上市企业F公司大股东吴某近期分批在外地证券公司减持其持有的解禁限售股，总金额逾亿元。但比对吴某减持年度在肇庆市税务机关的年度个税综合收入申报信息，却发现吴某并未在"财产转让所得"一栏中申报该项股份转让事项。税务人员认为，F上市公司大股东吴某存在转让限售股后未足额申报个人财产转让所得疑点，于是决定跟进调查。最终确认该公司大股东吴某在出售限售股后，未足额缴纳个人所得税。税务人员最终向吴某成功追缴限售股转让个人所得税款1700多万元。

【解析】　目前，各地税务机关都强化了自然人限售股股权交易风险预警分析，税务机关征管部门已建立上市公司限售股原值信息台账，并在征管系统中设立了限售股申报原值比对指标、同一纳税人多地交易解禁限售股个税申报比对指标等。税务机关结合从外部获取的减持交易信息，对上市公司自然人股东的限售股交易申报信息和个人年所得收入申报数据进行实时监控，如发现股东有减持行为，却无相关收入信息，并且减持交易具有股份原值成本较高等风险特征时，会及时开展税收核查，以防止税款流失。

附：税务机关常用的风险检测预警指标模型

（一）收入确认相关的风险检测预警指标模型示例

1. 增值税销售额与营业收入配比
2. 增值税申报收入与企业所得税计税收入配比差异
3. 增值税未开具发票销售额占全部销售收入比例的增长率
4. 应收账款余额较大且与全部销售收入的占比

5. 主营业务收入变动率与主营业务成本变动率差异异常

6. 其他应付款余额较大且占增值税全部销售收入比例

7. 预收账款余额较大且占增值税全部销售收入比例

8. 其他业务收入占增值税全部销售收入比例

9. 企业所得税营业外收入增长率

10. 企业政府补贴申报金额差异

11. 消极收入纳税调整金额增长率

12. 企业的纳税调减项目金额异常

（二）企业所得税税前扣除相关的风险检测预警指标模型示例

1. 成本费用变动率与主营业务收入变动率差异

2. 工资薪酬支出与主营业务收入占比

3. 人工费支出与主营业务成本的配比

4. 职工薪酬调整与职工薪酬占比偏低（退休人员工资纳税调整）

5. 广告业务宣传费理论测算值与申报数据差异率

6. 差旅费与同期销售收入占比

7. 期间费用中咨询顾问费占期间费用比例的增长率

8. 期间费用中租赁费占期间费用比例的增长率

9. 期间费用中修理费用占期间费用比例的增长率

10. 期间费用中其他费用占期间费用比例的增长率

11. 期间费用中业务招待费占营业收入比例的增长率

12. 营业收入变动率与财务费用变动率配比值

13. 企业所得税营业外支出增长率

（三）企业财产行为税相关的风险检测预警指标模型示例

1. 房产税本期租金与不动产经营租赁服务增值税计税依据差异

2. 房产税的计税依据与房产原值的差异额

3. 企业所得税土地使用权与房产税计税依据差异额偏大

4. 在建工程长期挂账与房产税比对差异

5. 房产税申报额与土地使用税申报额差异值

6. 土地使用权账载金额增长率与土地总面积合计增长率差异

7. 印花税购销合同计税金额与主营业务收入成本合计配比

8. 租赁费发生额与租赁合同印花税计税依据差异额

9. 保险费发生额与该类合同印花税计税依据差异额

10. 运输仓储费用发生额与该类合同印花税计税依据差异额

11. 借款合同印花税与贷款平均余额同步增长系数

12. 城市维护建设税的计税依据与"二税"及免抵退税金额合计的差异额

13. 增值税销售不动产申报收入额与土地增值税申报收入额差异

第二章　企业设立环节税收风险控制与税务规划

第一节　股东出资环节的涉税处理与筹划设计

一、企业接受股东出资印花税的涉税风险与应对

（一）政策依据

（1）《中华人民共和国印花税法》（中华人民共和国主席令第八十九号）第五条规定，应税营业账簿的计税依据，为账簿记载的实收资本（股本）、资本公积合计金额。

（2）《中华人民共和国印花税法》第十一条规定，已缴纳印花税的营业账簿，以后年度记载的实收资本（股本）、资本公积合计金额比已缴纳印花税的实收资本（股本）、资本公积合计金额增加的，按照增加部分计算应纳税额。

（3）《国家税务总局关于外国银行分行营运资金缴纳印花税问题的批复》（国税函〔2002〕104号）规定，外国银行在我国境内设立的分行，其境外总行需拨付的"营运资金"，分行在账户设置上不设"实收资本"和"资本公积"账户的，应按核拨的账面资金数额计税贴花。

（4）《财政部、税务总局关于对营业账簿减免印花税的通知》（财税〔2018〕50号）规定，自2018年5月1日起，对按万分之五税率贴花的资金账簿减半征收印花税，对按件贴花五元的其他账簿免征印花税。

（5）《财政部、税务总局关于实施小微企业普惠性税收减免政策的通知》（财税〔2019〕13号）规定，由省、自治区、直辖市人民政府根据本地区实际情况，以及宏观调控需要确定，对增值税小规模纳税人可以在50%的税额幅度内减征资源税、城市维护建设税、房产税、城镇土地使用税、印花税（不含证券交易印花税）、耕地占用税和教育费附加、地方教育附加。增值税小规模纳税人已依法享受资源税、城市维护建设税、房产税、城镇土地使用税、印花税、耕地占用税、教育费附加、地方教育附加其他优惠政策的，可叠加享受本

通知第三条规定的优惠政策。

【提示】 小规模纳税人的"记载资金的账簿"的印花税可以叠加享受优惠，即按照按万分之五税率贴花的资金账簿减半征收印花税的，可以在50%的税额幅度内再减免。

（二）企业记载资金账簿的印花税计税依据

（1）企业新设立时，计税依据为"实收资本"和"资本公积"的合计金额。

（2）以后年度，均以年初的"实收资本"和"资本公积"合计金额计算，将增加部分作为计税依据。

思考 企业多缴的印花税可否申请抵减或退税？

【解析】 多缴的印花税可否退抵，需根据具体缴纳方式确定。凡自行购买印花税票并贴花划销的，根据《印花税暂行条例施行细则》第二十四条规定，不得申请退税或者抵用。采用其他缴税方式的，确系因计算错误等原因多缴税款的，可根据《中华人民共和国税收征收管理法》第五十一条的相关规定，自结算缴纳税款之日起3年内，申请抵缴或退税。

【链接】《中华人民共和国印花税法》第十七条规定，印花税可以采用粘贴印花税票或者由税务机关依法开具其他完税凭证的方式缴纳。

（三）企业注册资本认缴未实缴的印花税问题

1.政策依据

（1）《公司法》第三条规定，"公司是企业法人，有独立的法人财产，享有法人财产权。公司以其全部财产对公司的债务承担责任。有限责任公司的股东以其认缴的出资额为限对公司承担责任；股份有限公司的股东以其认购的股份为限对公司承担责任"。

（2）《企业会计准则应用指南》的附录"会计科目和主要账务处理"中规定：

4001"实收资本"科目核算企业接受投资者投入的实收资本。企业收到投资者出资超过其在注册资本或股本中所占份额的部分，作为资本溢价或股本溢价，在"资本公积"科目核算。

2.计税依据与风险控制

（1）依据上述规定，注册资本实缴登记制度转变为认缴登记制度后，工商部门只登记公司认缴的注册资本，无须登记实收资本，不再收取验资证明文件。在财务处理上即按股东实缴额贷记"实收资本"科目，尚未缴足的部分不在"实收资本"科目反映，同时按照股东的实缴额缴纳印花税。因此，投资者未实际投入的资金会计上未记入"实收资本"和"资本公积"科目，也不需要贴花，待实际出资时再贴花。

（2）在实务中，如果企业财务人员对认缴未实缴的注册资本进行了账务处理，即"借：其他应收款（股东），贷：实收资本"，企业不仅要按照实收资本金额提前缴纳印花税，还应将"其他应收款"的余额变成股东借款，若超期就要按照"利息、股息、红利所得"计征个人所得税（金额 × 20%）。

思考 合伙企业各合伙人的出资额，是否要缴纳资金账簿印花税？

【解析】 合伙企业合伙人的出资额，在工商登记时不作为注册资本，按照国家统一会计制度的规定，不在"实收资本"和"资本公积"科目核算，因此，对合伙人的出资额无需缴纳资金账簿印花税。如果合伙企业各合伙人的出资额计入资金账簿的"实收资本"和"资本公积"科目，则可能有应按规定计算缴纳印花税的风险。

【提示】 按一般合伙企业的会计核算办法，合伙人出资计入"合伙人出资""合伙人资本"等会计科目核算，并按不同合伙人分设明细账；按《证券投资基金会计核算业务指引》进行会计核算，各合伙人的出资额计入"实收基金"科目核算。

思考 企业认缴未实缴，"0"计价转让股权是否缴纳印花税？

【案例 2-1】 我是一家企业的自然人股东，持有该公司 40% 的股份，公司注册资本 50 万元，我认缴出资额 20 万元，尚未实缴注册资本。2×21 年我将持有的股份转让给市民赵先生，转让协议上注明的价款为 0 元。截至转让时，公司净资产为负数，我股权转让是否需要缴纳印花税？

【解析】 根据《中华人民共和国印花税法》（中华人民共和国主席令第八十九号）的规定，"产权转移书据"征税范围包括：土地使用权出让书据、土地使用权、房屋等建筑物和构筑物所有权转让书据、股权转让书据和商标专用权、著作权、专利权、专有技术使用权转让书据。

根据《中华人民共和国印花税法》（中华人民共和国主席令第八十九号）的规定，除商标专用权、著作权、专利权、专有技术使用权转让书据、按照价款的万分之三贴花，其余产权转移书据按照价款的万分之五贴花。

因此，若您认缴而未实际出资，股权转让协议约定的股权转让价格为零，则印花税计税依据为零。

【链接】《中华人民共和国印花税法》（中华人民共和国主席令第八十九号）第六条规定，应税合同、产权转移书据未列明金额的，印花税的计税依据按照实际结算的金额确定。计税依据按照前款规定仍不能确定的，按照书立合同、产权转移书据时的市场价格确定；依法应当执行政府定价或者政府指导价的，按照国家有关规定确定。

二、企业股东出资不到位而发生利息支出的税前扣除争议与筹划

问题 1：
股东认缴未实缴而企业发生的借款利息支出能否税前扣除？

（一）政策依据

《国家税务总局关于企业投资者投资未到位而发生的利息支出企业所得税前扣除问题的批复》（国税函〔2009〕312 号）批复如下："关于企业由于投资者投资未到位而发生的利息支出扣除问题，根据《中华人民共和国企业所得税法实施条例》第二十七条规定，凡企业投资者在规定期限内未缴足其应缴资本额的，该企业对外借款所发生的利息，相当于投资者实缴资本额与在规定期限内应缴资本额的差额应计付的利息，其不属于企业合理的支出，应由企业投资者负担，不得在计算企业应纳税所得额时扣除"。

（二）企业股东认缴未实缴发生的借款利息的扣除与风险应对

根据国税函〔2009〕312 号的规定，"凡企业投资者在规定期限内未缴足其应缴资本额的"，上述政策强调两点：第一，投资者未按规定期限缴纳出资；第二，投资者未按规定足额缴纳出资。

（1）公司章程规定的认缴期限到了，但股东未履行或未全部履行出资义务，则属未缴足应缴资本额；实缴与应缴差额应计付的利息，不得税前扣除；也就是说，在认缴期限到期后，实缴资本额小于应缴资本额的情况下，差额部分对应期间的利息支出，不得税前扣除。

（2）公司章程约定的出资期限未到期之前，未缴出资或者未缴足出资并不

属于在规定的期限内未缴足出资的情形，故认缴期限未满之前发生的借款利息支出是可以正常税前扣除的。

【提示】 依据《公司法》第二十五条的规定，公司章程中应该明确股东的出资方式、出资额和出资时间；如果股东未按公司章程约定数额缴纳出资，则应依据 312 号文中的规定，计算其投资未到位部分不得税前扣除的利息数额。否则，认缴期限未满之前发生的借款利息支出是可以正常税前扣除的。

三、非现金资产出资的涉税处理与筹划设计

（一）法人股东以旧设备出资的税务处理与筹划

1. 企业取得旧设备的入账凭证

（1）《中华人民共和国增值税暂行条例实施细则》（财政部、国家税务总局令第 50 号）第四条的规定，"单位或个体经营者将自产、委托加工或购买的货物作为投资、提供给其他单位或个体经营者的视同货物销售行为，应当征收增值税，纳税义务发生时间为货物移送的当天"；即股东用旧设备出资应该缴纳增值税，企业应该取得增值税发票作为合法有效入账凭证。

【提示】 根据《增值税暂行条例》和《增值税暂行条例实施细则》的规定，其他个人销售自己使用过的物品，免征增值税。因此，个人将自己使用过的设备向企业进行投资，到税务机关代开发票时，应免缴增值税，给企业开具免税增值税发票。

（2）《财政部、国家税务总局关于部分货物适用增值税低税率和简易办法征收增值税政策的通知》（财税〔2009〕9 号）规定，"纳税人销售自己使用过的物品，按下列政策执行：一般纳税人销售自己使用过的属于税法规定不得抵扣且未抵扣进项税额的固定资产，按简易办法依 4% 征收率减半征收增值税；一般纳税人销售自己使用过的其他固定资产，按照适用税率征收增值税"。

（3）《国家税务总局关于一般纳税人销售自己使用过的固定资产增值税有关问题的公告》（国家税务总局公告 2012 年第 1 号）规定，增值税一般纳税人销售自己使用过的固定资产，如果购进或者自制固定资产时为小规模纳税人，或者增值税一般纳税人发生按简易办法征收增值税应税行为，销售其按照规定不得抵扣且未抵扣进项税额的固定资产，可按简易办法依 3% 征收率、减按 2% 征收增值税。

（4）《国家税务总局关于增值税简易征收政策有关管理问题的通知》（国税

函〔2009〕90号）规定，一般纳税人销售自己使用过的固定资产，凡根据财税〔2008〕170号和财税〔2009〕9号文件等规定，适用按简易办法依3%征收率、减按2%征收增值税政策的，应开具普通发票，不得开具增值税专用发票。

（5）《国家税务总局关于营业税改征增值税试点期间有关增值税问题的公告国家税务总局公告》（国家税务总局公告2015年第90号）规定，纳税人销售自己使用过的固定资产，适用简易办法依照3%征收率、减按2%征收增值税政策的，可以放弃减税，按照简易办法依照3%征收率缴纳增值税，并可以开具增值税专用发票。

【筹划】 法人股东与被投资企业属于一般纳税人，且选择一般计税方法，法人股东给被投资企业开具增值税专用发票的，增值税整体税负为零。

【案例2-2】 甲公司为增值税一般纳税人，2017年5月购置汽车一辆，原值280000元。由于购置汽车时，甲公司名下只有一个简易计税的老项目，所以，2017年5月购置时未认证抵扣增值税专用发票。甲公司于2021年2月对外转让，已提折旧70000元，出售价款为160000元。

请问：甲公司以上业务如何计算缴纳增值税？

【解析】 根据国家税务总局公告2012年第1号的规定，增值税一般纳税人销售自己使用过的固定资产，如果购进或者自制固定资产时为增值税一般纳税人发生按简易办法征收增值税应税行为，销售其按照规定不得抵扣且未抵扣进项税额的固定资产，可按简易办法依3%征收率、减按2%征收增值税。

【提示】 如果增值税一般纳税人购置汽车符合抵扣条件，则无论是否做进项税额抵扣，实际转让时，均不得采用简易计税方法，应适用13%的增值税税率计算缴纳增值税。

问题2：
小规模纳税人取得增值税专用发票在以后可以抵扣进项税额吗？

【解析】《国家税务总局关于纳税人认定或登记为一般纳税人前进项税额抵扣问题的公告》（国家税务总局公告2015年第59号）规定，纳税人自办理税务登记至认定或登记为一般纳税人期间，未取得生产经营收入，未按照销售额和征收率简易计算应纳税额申报缴纳增值税的，其在此期间取得的增值税扣税凭证，可以在认定或登记为一般纳税人后抵扣进项税额。

【提示】 新设立的企业，从办理税务登记，到开始生产经营，往往要经过一定的筹建期，进行基础建设、购买办公和生产设备、建账建制、招聘员工、联系进销渠道等。在此期间，企业也会取得一定数量的增值税扣税凭证。企业在筹建期间未能及时认定为一般纳税人，在税务机关的征管系统中存在一段时期的小规模纳税人状态，但在此期间并未开展生产经营取得收入，并且未按照简易方法缴纳过增值税的纳税人，其在此期间取得的增值税扣税凭证，可以在认定或登记为一般纳税人后抵扣进项税额。但通过隐瞒收入形成的"未取得生产经营收入，未按照销售额和征收率简易计算应纳税额申报缴纳增值税"不在国家税务总局公告 2015 年第 59 号规定之列。

2. 企业取得旧设备的折旧年限确定

（1）《企业所得税法实施条例》（国务院令第 512 号）第六十条规定，除国务院财政、税务主管部门另有规定外，飞机、火车、轮船、机器、机械和其他生产设备，计算折旧的最低年限为 10 年。

（2）《国家税务总局关于企业固定资产加速折旧所得税处理有关问题的通知》（国税发〔2009〕81 号）第三条规定，企业采取缩短折旧年限方法的，若为购置已使用过的固定资产，其最低折旧年限不得低于《实施条例》规定的最低折旧年限减去已使用年限后剩余年限的 60%。

（3）根据上述文件的规定，企业取得旧设备的折旧年限应区分以下几种情形分别进行确定：

第一，企业购买已使用过的固定资产，凡投资方能够提供该项资产原始资料（包括发票和固定资产使用卡片或相关资料）复印件（加盖单位公章或财务专用章）的，可按税法规定该项资产的剩余年限计算折旧。企业购进旧固定资产的折旧年限，不得短于税法最低折旧年限减去已经计提折旧的年限。

第二，企业无法取得初始购置发票、出厂日期等能够证明已使用年限的证据的，应当根据已使用过固定资产的新旧磨损程度、使用情况以及是否进行改良等因素合理估计新旧程度，然后与该固定资产的法定折旧年限相乘确定。

（二）股东以不动产出资的契税筹划设计

1. 政策依据

《财政部、税务总局关于继续支持企业事业单位改制重组有关契税政策的通知》（财税〔2018〕17 号）第六条规定，同一投资主体内部所属企业之间土地、房屋权属的划转，包括母公司与其全资子公司之间，同一公司所属全资子公司之间，同一自然人与其设立的个人独资企业、一人有限公司之间土地、房屋权属的划转，免征契税。

【提示】　土地、房屋权属的划转免征契税优惠政策，适用于母子公司之间；兄弟公司之间；自然人与其设立的个人独资企业、一人有限公司之间三种情形。

2. 案例分析与筹划设计

【案例2-3】　张三与李四合作成立一个A公司，张三和李四分别用2000万元房产和现金出资，房产的评估价值2000万元，双方各占50%的股份。请问A公司接受房产投资是否缴纳契税？如何筹划不缴契税？

【解析】　依据财税〔2018〕17号第六条的规定，该案例筹划方案设计如下：

方案1：先全资、再转让。

李四借给张三现金2000万元，张三用现金2000万元和房产2000万元，成立一家全资子公司；然后张三将50%股权卖给李四，转让价格2000万元。

方案2：先全资、再增资。

张三用房产2000万元成立一家全资子公司，然后李四用现金2000万元增资，增资后张三和李四各占50%股份。

【提示】　筹划的基本原理：现金买房交契税，房子投资又要交契税；修改成直接现金出资，然后被投资企业用现金买房子，只需要缴一道契税。

第二节　企业拿地环节契税涉税风险
管控与重点问题筹划

一、契税课税范围的确定与风险应对

（一）政策依据

《中华人民共和国契税法》第一条规定，在中华人民共和国境内转移土地、房屋权属，承受的单位和个人为契税的纳税人，应当依照本法规定缴纳契税。

【提示】　我国契税的纳税义务强调的是房地产权属必须转移，无论是否办理房地产登记，只要房地产权属转移合同有效，承受单位就应该缴纳契税。

（二）契税的课税范围与风险管控

（1）企业建成办公楼、车间厂房，办理产权证，未发生产权转移，不征契税。

（2）企业大产权证分割为小产产权证，也不属于产权转移，不征契税。

（3）企业收购其他公司股权，被收购公司所拥有的土地房屋未发生产权转移，不征契税。

（4）企业房地产所有权人更名（组织代码不变）不属于产权转移，不征契税。

—— **思考** 企业取得的有偿划拨的国有土地是否应该缴纳契税？

【解析】《国家税务总局稽查局关于 2015 年度重点税源企业随机抽查工作的指导意见》（稽查总局便签〔2017〕361 号）明确：根据契税暂行条例规定，只对出让和转让国有土地使用权征收契税，划拨国有土地使用权不属于契税征收范围。因此，企业取得的有偿划拨的国有土地不应征收契税。

二、契税的计税基础确定与筹划设计

（一）政策依据

（1）《中华人民共和国契税法》第四条规定，土地使用权出让、出售，房屋买卖，契税的计税依据为土地、房屋权属转移合同确定的成交价格，包括应交付的货币以及实物、其他经济利益对应的价款。

（2）《中华人民共和国契税暂行条例细则》（财法字〔1997〕52 号）第九条规定，条例所称成交价格，是指土地、房屋权属转移合同确定的价格，包括承受者应交付的货币、实物、无形资产或者其他经济利益。

（3）《财政部、国家税务总局关于国有土地使用权出让等有关契税问题的通知》（财税〔2004〕134 号）规定，出让国有土地使用权的，其契税计税价格为承受人为取得该土地使用权而支付的全部经济利益。

第一，以协议方式出让的，其契税计税价格为成交价格。成交价格包括土地出让金、土地补偿费、安置补助费、地上附着物和青苗补偿费、拆迁补偿费、市政建设配套费等承受者应支付的货币、实物、无形资产及其他经济利益。

第二，以竞价方式出让的，其契税计税价格，一般应确定为竞价的成交价格，土地出让金、市政建设配套费以及各种补偿费用应包括在内。

【提示】　财税〔2004〕134 号是财政部对《契税暂行条例》第四条第（一）项"成交价格"作出的具体应用性行政解释，行政解释的结果应当受到《契税暂行条例》第四条"成交价格"的本义和《契税暂行条例实施细则》第九条对"成交价格"的授权法定解释的约束，即"成交价格"是"土地、房屋权属转移合同确定的价格"。但在实务工作中将契税计税依据认定范围扩大至"土地、房屋权属转移合同确定的价格"之外，而囊括土地受让人为在受让土地上建造房屋而另行缴纳的与《土地出让合同》无关的政府性基金或行政事业性收费，即构成"与上位法规定相冲突"，企业应该表示反对。

（二）契税计税基础的筹划设计[①]

（1）契税的计税依据为成交价格，即土地、房屋权属转移合同确定的价格，包括承受者应交付的货币、实物、无形资产或者其他经济利益。因此，合同确定的成交价格中包含的所有价款都属于契税计税依据范围。

（2）根据《财政部、国家税务总局关于契税征收中几个问题的批复》（财税字〔1998〕96 号）的解释，土地使用权出让或转让、房屋买卖的成交价格中所包含的行政事业性收费，属于成交价格的组成部分，不应从中剔除，纳税人应按合同确定的成交价格全额计算缴纳契税。

【小结】　契税计税依据是以《土地出让合同》为准绳，合同确定的成交价格中包含政府基金和行政事业收费作为计税依据；反之，不能计入契税计税依据，不应缴纳契税。

（3）实务中，如果出现土地属于"毛地出让"，即政府不负责拆迁，而由企业自行完成拆迁，向被拆迁人或拆迁服务公司支付的拆迁补偿款和拆迁服务费用，是在土地出让行为发生之后才发生的与出让合同无关的费用，不应构成契税计税依据，企业不应该缴纳契税。

（4）企业未按照土地出让合同、补充协议或变更协议的约定及时缴纳土地出让金，被政府相关部门计收的违约金，由于不属于土地出让的成交价格，因此，不计入契税的计税依据，企业不应缴纳契税。

（5）因企业未按照合同约定的地价支付日期足额支付地价，依照合同规定的利率向国土局支付的"延期付款利息"，不构成"合同成交价格"（土地、房

---

① 孙飞:《房地产开发行业涉税问题分析》, 问晓税务微信公众号。

屋权属转移合同确定的价格），企业不应缴纳契税。

【提示】 吉地税发〔2012〕24 号第五条规定没有上位法依据，涉嫌越权解释，不具有法律效力，纳税人不应遵从。

问题 3：

市政配套费是否应作为契税的计税依据？

【解析】

（1）实务中各个省市的做法有两种不同的观点。

观点 1：征收契税。例如，《大连市地方税务局关于进一步加强城市基础设施配套费契税征收管理的意见》要求，各基层局应当严格执行《财政部、国家税务总局关于国有土地使用权出让等有关契税问题的通知》（财税〔2004〕134号）规定，对出让国有土地使用权的，其契税计税价格为承受人为取得该土地使用权而支付的全部经济利益，即，契税计税价格应当包括城市基础设施配套费等承受者应支付的相关费用。

再比如，《海南省地方税务局关于土地契税缴纳事宜的复函》（琼地税函〔2013〕431号）规定，通过"招、拍、挂"程序取得的出让土地，在立项报建环节才发生的向城市规划部门和建设管理部门收取的费用，如市政建设配套费等，应作为契税计税依据依法征收契税。

观点 2：暂不征收契税。例如，成都市地方税务局财产与行为税处《关于城市基础设施配套费暂缓计入契税计税依据的通知》（财行便函〔2017〕14号）明确：总局和省局均认为，房地产开发商在取得土地使用权后按开发的房产建筑面积向建委缴纳的城市基础设施配套费（一般计入开发成本）是在取得土地使用权之后环节发生的费用，该费用不是为取得土地使用权而支付的，应暂缓征收契税。

（2）企业税务管理的应对思路。

第一，企业需要关注土地出让合同中关于土地价款的描述，合同是否对缴纳城市基础设施配套费有约定，如土地合同约定需要缴纳，应该属于竞价的成交价格组成部分，应缴纳契税；如土地合同中并无关于城市基础设施配套费的缴纳约定，则不属于竞价的成交价格，不需缴纳契税。

第二，企业先要根据各地政府测算基准地价中所列明的价格构成是否包含城市基础设施配套费，如已经列明包含城市基础设施配套费，则后续缴纳的各种类别的配套费均无需缴纳契税。例如《2017年福州市四城区土地级别及基准地价修编成果》，明确基准地价的价格构成包括土地取得成本、土地前期开发成本、按规定收取的相关费用和土地出让收益四个部分，其中包括城市基础设施配套费，不包括契税。

第三，城市基础设施配套费的缴纳环节各个城市不相同，但是缴纳的依据一般都是按照建筑面积而非占地面积计算，后续缴纳的城市基础设施配套费不属于土地"竞价的成交价格"，不应作为契税的计税依据。例如有些地方规定建设单位或个人应当在领取建设工程规划许可证前，向建设项目所在地的征收机构申报并按规定标准缴纳配套费，就不属于土地"竞价的成交价格"，不应作为契税的计税依据。

第四，各地的市政基础设施配套费已经全部并入城市基础设施配套费，故财税〔2004〕134号中列示的市政配套费与城市基础设施配套费描述并无实质性差异。同时根据《2019年政府收支分类科目》规定，国有土地使用权出让收入与城市基础设施配套费收入为并行的政府性基金预算收入，即依据财税〔2004〕134号的规定，应缴纳契税的市政建设配套费为取得土地使用权时支付的市政建设配套费金额，企业后续缴纳的城市基础设施配套费不属于契税的计税基础。

【结论】 企业应以《土地出让合同》为准绳，合同确定的成交价格中包含市政建设配套费的作为计税依据；反之，不应作为契税的计税依据。不缴纳契税。

三、企业集团内"母公司拿地、子公司占用"的筹划设计

（一）政策依据

（1）根据《招标拍卖挂牌出让国有土地使用权规范》（国土资发〔2006〕114号）的规定，申请人竞得土地后，拟成立新公司进行开发建设的，应在申请书中明确新公司的出资构成、成立时间等内容。出让人可以根据招标拍卖挂牌出让结果，先与竞得人签订《国有土地使用权出让合同》，在竞得人按约定办理完新公司注册登记手续后，再与新公司签订《国有土地使用权出让合同变更协议》；也可按约定直接与新公司签订《国有土地使用权出让合同》。

（2）根据《财政部、国家税务总局关于明确金融房地产开发　教育辅助服务等增值税政策的通知》（财税〔2016〕140号）第八条的规定，房地产开发企业（包括多个房地产开发企业组成的联合体）受让土地向政府部门支付土地价

款后，设立项目公司对该受让土地进行开发，同时符合下列条件的，可由项目公司按规定扣除房地产开发企业向政府部门支付的土地价款：①房地产开发企业、项目公司、政府部门三方签订变更协议或补充合同，将土地受让人变更为项目公司；②政府部门出让土地的用途、规划等条件不变的情况下，签署变更协议或补充合同时，土地价款总额不变；③项目公司的全部股权由受让土地的房地产开发企业持有。

（二）实务操作与规划设计

在实际工作中，企业集团母公司举牌竞拍成功，取得成交确认书以后，操作思路如下：

（1）母公司与政府国土部门（甲方）签订合同时需要明确约定：乙方在×××工作日以内在×××注册独立法人的子公司，本合同项下的权利和义务均由子公司承担。

（2）母公司将需要支付的土地出让金所有款项打到子公司账户，由子公司支付给国土部门，国土部门将土地出让金财政票据开具给子公司，并将土地使用证办理到子公司名下；母公司对于超过投资部分的投入资金作为代垫保证金，通过"其他应付款"科目核算。

（3）针对房地产开发企业，特别需要注意业务流程规范化，将来增值税销项税额递减和土地增值税清算都需要有合法有效凭据。

（三）案例分析与风险控制

【案例 2-4】 A 公司 2018 年 1 月在异地参与土地"招、拍、挂"，成功拍到土地，总金额 10 亿元，按照政府要求，A 公司缴纳土地出让金的首付款 3 亿元，国土部门开具 3 亿元的票据给 A 公司；后当地政府强迫 A 公司在当地设立了全资子公司 B 公司，将土地开发权转移给了 B 公司，土地原价不变，B 公司缴纳了剩余土地款 7 亿元并取得国土部门的票据。（其他因素暂不考虑）。请问 A 公司如何补救才能避免多缴税？

【解析】

（1）根据国土资发〔2006〕114 号和财税〔2016〕140 号的相关规定，政府国土部门、A 公司、B 公司三方应签订补充协议，变更受让人为 B 公司，或直接由 B 公司签订《国有土地使用权出让合同》。

（2）将 A 公司取得的土地款财政票据更换为 B 公司的财政票据，或者与政府国土部门协商，直接将 A 公司的土地款财政票据上的受让方改为 B 公司并由国土部门盖章确认；同时 B 公司与 A 公司签订代为支付协议，将 B 公司对 A 公司的应付账款进行支付，保证现金流和业务流的统一，即可满足土地价款在增值税销项税额的抵减要求。如果 B 公司属于房地产开发企业，计算增值税销项税额时，可按规定扣除房地产开发企业向政府部门支付的土地价款 10 亿元。

（3）通过补充协议的形式，将合同一方的权利义务转与第三人承继，由第三人继续履行，即应该由 B 公司缴纳印花税，补充协议不需要重新缴纳土地出让合同的印花税，即"谁保管合同协议、谁缴印花税"。

（4）依据《财政部、国家税务总局关于企业以售后回租方式进行融资等有关契税政策的通知》（财税〔2012〕82 号）的规定，以"招、拍、挂"方式出让国有土地使用权的，契税纳税人为最终与土地管理部门签订出让合同的土地使用权承受人，即应该由 B 公司缴纳契税。

【提示】　实务中，土地受让人与国土局签订《补充协议》，变更原《土地出让合同》的受让人，无论新受让人与原受让人之间的关系如何（全资子公司或者合资子公司或者无直接产权关系），皆属于合同主体变更（经出让人同意受让人转让合同权利义务），不属于土地使用权的两次转移，不得按"出让 + 转让"征收两次契税。财务人员在办理业务时无论口头还是书面表达，均不可错误表述为"A 公司将土地使用权转让给 B 公司"或者"A 公司以土地使用权注资 B 公司"，以免误导税务人员，导致被要求按土地使用权转让或者投资而重复征收两次契税。

四、企业"红线"外配建项目支出的涉税风险与筹划设计

（一）实务中各省市的土地增值税清算处理方法

1. 观点 1：不得扣除。

（1）《关于土地增值税有关业务问题的公告》（苏地税规〔2012〕1 号）的规定，房地产开发企业建造的各项公共配套设施，建成后移交给全体业主或无偿移交给政府、公共事业单位用于非营利性社会公共事业的，准予扣除相关成本、费用；未移交的，不得扣除相关成本、费用。项目规划范围之外的，其开发成本、费用一律不予扣除。

（2）《房地产开发企业土地增值税清算管理办法》的公告（山西省地方税

务局公告 2014 第 3 号）第 19 条规定，"土地红线外的绿化、修路、配套等支出，不得扣除"。

2. 观点 2：能提供与项目存在关联的证据则可以扣除，否则不得扣除。

（1）《关于印发 2014 年土地增值税清算工作有关问题的处理指引的通知》（穗地税函〔2014〕175 号）第三条规定，纳税人为取得土地使用权，在项目建设用地红线外为政府建设公共设施或其他工程发生的支出，根据《国家税务总局关于房地产开发企业土地增值税清算管理有关问题的通知》（国税发〔2006〕187 号）第四条第（一）项确定的相关性原则，纳税人如果能提供国土房管部门的协议、补充协议，或者相关政府主管部门出具的证明文件的，允许作为取得土地使用权所支付的金额予以扣除。

（2）《关于明确土地增值税清算若干政策问题的通知》（桂地税发〔2008〕44 号）第五条规定，房地产开发商按照当地政府要求建设的道路、桥梁等公共设施所产生的成本费用，凡属于房地产开发项目立项时所确定的各类设施投资，可据实扣除；与开发项目立项无关的，则不予扣除。

（3）《广西桂林市土地增值税清算工作指南（试行）》第十三条规定，对于房地产开发企业发生的、满足下列条件之一的项目建设用地边界外（即"红线"外）的市政建设费用（支出），可以凭建安工程发票或财政部门开具的收据计入本项目取得土地使用权所支付的金额予以扣除：

第一，房地产企业在与国土资源管理部门签订的《国有土地使用权出让合同》中约定或国土资源管理部门在《国有土地使用权招拍挂出让公告》中注明有房地产开发企业在项目建设用地边界外应政府要求建设公共设施或其他工程等内容的；第二，房地产企业在项目建设用地边界外应政府要求建设公共设施或其他工程所发生的支出，能提供与本项目存在关联关系的直接依据（如新建、扩建出入小区的市政道路、桥梁等）和县级以上（包括县级、市辖城区）人民政府的正式文件的。

（二）企业"红线"外配建项目支出的筹划设计

（1）企业应取得协议或会议纪要或补充协议等形式要件，形式要件描述为必须与取得土地联系起来，即基于企业拿地，应地方政府要求必须建造的；或换一个角度，拿地企业出钱、找第三方建造，作为城市建设配套费处理，企业在签订《土地出让合同》时不得出现"自愿 + 无偿 + 配建"等字样。

（2）企业在签订《土地出让合同》时，《土地出让合同》约定的对价应包括两部分，即支付土地出让金和配建红线外设施市场价两个部分；依据财税〔2004〕134 号文件，"土地成交价格包括土地出让金、土地补偿费、安置补助费、地上附着物和青苗补偿费、拆迁补偿费、市政建设配套费等承受者应支付的货币、实物、无形资产及其他经济利益"，"红线"外配建项目支出应当计入土地成本，作为契税计税依据，企业需要缴纳契税；

（3）企业应当在《土地出让合同》中约定：配建项目竣工验收合格并当天移交给政府，企业给政府开具房地产增值税发票；同时要求政府给企业开具土地出让金收据。

五、企业拿地支付拆迁补偿的合同签订和税前扣除凭证的规划

（1）如果涉及到政府拆迁的，则需要收集当地政府的政府拆迁公告或文件。

（2）企业必须与获得青苗补偿费、拆迁补偿款和土地补偿款的农户或相关的企业签订补偿合同（协议），在合同（协议）中必须按照国家相关补偿规定，合同（协议）需明确载明补偿标准。

（3）如果青苗补偿费、拆迁补偿款和土地补偿款的获得者是个人，必须收集个人身份证复印件，接受补偿的个人必须在其身份证复印件上签字。

（4）由于支付青苗补偿费、拆迁补偿款和土地补偿款，不属于经营活动，不是增值税征收范围，因此，企业支付的青苗补偿费、拆迁补偿款和土地补偿款，可以将收款人提供的收据作为合法有效凭证，不要开具增值税发票。

（5）依据《财政部、国家税务总局关于城镇房屋拆迁有关税收政策的通知》（财税〔2005〕45 号）的规定，对被拆迁人按照国家有关城镇房屋拆迁管理办法规定的标准取得的拆迁补偿款，免征个人所得税；即企业支付拆迁补偿款、青苗补偿费和土地补偿款等，企业没有个人所得税代扣代缴义务。

六、企业购买土地取得土地款返还的涉税风险与筹划

问题 4:

企业购买土地取得土地款返还如何进行财税处理？

（一）政策依据

国土资源部发布的《节约集约利用土地规定》（自 2014 年 9 月 1 日起实施）第二十二条规定："经营性用地应当以招标拍卖挂牌的方式确定土地使用者

和土地价格。各类有偿使用的土地供应不得低于国家规定的用地最低价标准。禁止以土地换项目、先征后返、补贴、奖励等形式变相地减免土地出让价款。"

【提示】 企业通过"招、拍、挂"程序拿地后，地方政府再返还土地出让金是违法行为。

（二）企业购买土地取得土地款返还的税务处理

1. 土地增值税处理

例如，《江苏省地方税务局关于土地增值税有关业务问题的公告》（苏地税规〔2012〕1号）第五条规定，"纳税人为取得土地使用权所支付的地价款，在计算土地增值税时，应以纳税人实际支付土地出让金（包括后期补缴的土地出让金），减去因受让该宗土地政府以各种形式支付给纳税人的经济利益后予以确认。"

再如，《大连市地方税务局关于进一步加强土地增值税清算工作的通知》（大地税函〔2008〕188号）第一条规定，"凡取得票据或者其他资料，但未实际支付土地出让金或购置土地使用权价款或支付土地出让金、购置土地使用权价款后又返还的，不允许计入扣除项目。"

2. 企业所得税处理

例如，原山东青岛地方税务局在《2010年所得税问题解答》（青岛地税函〔2011〕4号）中曾明确，企业采取"招拍挂"方式取得土地后，政府给予的土地返还款不得冲减土地成本，而应并入收入总额缴纳企业所得税。

3. 契税处理

依据《关于免征土地出让金出让国有土地使用权征收契税的批复》（国税函〔2005〕436号）规定，根据《契税暂行条例》及其细则的有关规定，对承受国有土地使用权所应支付的土地出让金，要计征契税。不得因减免土地出让金，而减免契税。

【提示】 关于土地返还款的处理，目前大部分地区采取了"三张皮"的做法，即企业所得税一次性做收入，土地增值税冲减土地成本，契税计税依据不得冲减返还的土地出让金；上述这种做法严重不合理，应该是无论企业所得税、契税还是土地增值税，都要冲减土地成本，而不应该采取以"先收税、多收税"为导向的税务处理方法。

（三）企业购买土地后取得土地款返还的筹划

（1）企业在签订《土地出让合同》过程中，如获地方政府地价返还优惠，一般企业应当努力说服政府国土部门直接减少《土地出让合同》中的约定价款，减少契税的计税依据，企业可以少缴纳契税。

（2）企业取得地方政府按公司缴纳地价款的一定比例给予返还，以返还给拿地公司之外的其他关联公司（最好亏损的或低税率关联企业）为上策，以返还给拿地公司自身为下策；且尽量以财政拨付的名义取得应尽可能争取"企业信息化专项资金补助"等名目，避免"地价返还"名目，特别是房地产开发企业，需要规避被主管税务机关认定为"地价减免"而从地价成本中扣减，造成多缴土地增值税的风险。

【提示】　房地产开发企业应当视土地出让与政府补助是两笔独立的业务。

（3）企业所在地人民政府按企业缴纳的各项税收的地方政府分成部分，给予企业一定比例的返还、土地出让金返还等，应以财政局拨付"地方政府奖励企业发展资金"等名义进行公文、会计和税务处理，且要有明确的资金管理办法或具体管理要求；不准以"税收返还"名义进行财税处理，防范审计署审计风险。

第三节　企业城镇土地使用税的风险管控与规划

一、城镇土地使用税的涉税风险分析与筹划设计

问题 5：
企业如何规避"未占地、先交税"的税务风险？

（一）政策依据

（1）《城镇土地使用税暂行条例》第二条规定，"在城市、县城、建制镇、工矿区范围内使用土地的单位和个人，为城镇土地使用税的纳税人"。

（2）《城镇土地使用税暂行条例》第三条规定，"以实际占用的土地面积为

计税依据"。

（3）《财政部、国家税务总局关于房改房用地未办理土地使用权过户期间城镇土地使用税政策的通知》（财税〔2013〕44 号）规定，应税单位应按照国家住房制度改革有关规定，将住房出售给职工并按规定进行核销账务处理后，住房用地在未办理土地使用权过户期间的城镇土地使用税征免，比照各省、自治区、直辖市对个人所有住房用地的现行政策执行。

【提示】 土地使用税的纳税义务确认强调"实际占用"，与企业是否办理《土地使用权证》无关，因此，如果企业有充足的、可验证的证据证明没有占用的土地，即使已办理《土地使用权证》，则企业不应缴纳土地使用税。

（4）《财政部、国家税务总局关于房产税、城镇土地使用税有关政策的通知》（财税〔2018〕186 号）第二条规定，"以出让或转让方式有偿取得土地使用权的，应由受让方从合同约定交付土地时间的次月起缴纳城镇土地使用税；合同未约定交付土地时间的，由受让方从合同签订的次月起缴纳城镇土地使用税"。

（二）企业"未占地、先缴税"的税收风险分析与控制

（1）《中华人民共和国城镇土地使用税暂行条例》第九条规定，"征用的非耕地，自批准征收次月起缴纳土地使用税"，但财税〔2006〕186 号解释为"《土地出让合同》约定交地日的次月"为纳税义务发生时间；如果《土地使用权证》办证时间、实际交地时间与约定交地时间不一致，则"以合同约定交地时间之次月起计税"企业会产生"未占地、先交税"的不合理纳税现象。

（2）个别省市的地方规范性文件的解释，也会出现"未占地、先缴税"现象，例如《重庆市地方税务局关于明确房地产开发企业城镇土地使用税有关政策问题的通知》（渝地税发〔2011〕111 号）第一条规定，房地产开发企业通过出让等方式，从土地行政主管部门取得的土地，城镇土地使用税纳税义务起始时间，按"实际取得土地时间与土地使用权登记时间孰先"的原则确定。

（3）《辽宁省地方税务局关于明确房产税和城镇土地使用税有关业务问题的通知》（辽地税函〔2011〕225 号）第二条规定，按照财税〔2006〕186 号的有关规定，对由于政府动迁不及时等原因，政府没有按照合同约定的时间将土地交付给受让者的，土地受让人应与出让者签订补充协议，重新明确交付土地的时间；也可由国土部门出具有效证明，证明该宗土地确因政府原因改变交付土地的时间。经主管地方税务机关确认后，可按补充合同或政府有关部门证明

的时间，确定城镇土地使用税纳税义务发生的时间。

（4）《海南省地方税务局关于土地使用税有关问题的通知》（琼地税发〔2009〕57号）规定，对因政府规划等原因，造成纳税人有证却无法使用土地，并且纳税人已履行了应有责任的情况，纳税人能够提供县级以上（含本级）人民政府或国土、规划等部门文件证明的，经直属地方税务局审核，不征收土地使用税。

【提示】 对因政府规划、政府动迁不及时等客观原因，企业有《土地使用权证》却无法使用土地，纳税人应提供县级以上（含本级）人民政府或国土、规划等部门文件证明的，不应该征收土地使用税。

【案例2-5】 我企业取得土地使用证或已签订土地转让合同，但由于政府动迁不及时等原因，政府没有按照合同约定时间将土地交付给受让者，我企业的土地使用税纳税义务发生时间如何确定？

【解析】 对于这种情况，土地受让人应与出让者签订补充协议（或重新签订协议），重新明确交付土地的时间，或由当地政府出具有关证明资料，经主管地税机关确认后，可按补充协议或当地政府证明资料的时间确定土地使用税纳税义务发生的时间。

【案例2-6】 甲公司通过"招、拍、挂"在湖岸边购买了一地块，但是由于中央环保检查，该地块现在不予开发，该地块土地使用税可否不缴？

【解析】 对因政府规划等原因，造成企业有证却无法使用土地，凭无法使用土地的情况说明，要求县级以上（含本级）人民政府或国土、规划等部门出具证明，向直属县级税务局申请，不应该征收城镇土地使用税。

（三）企业城镇土地使用税的涉税风险控制与筹划思路

1. 一级市场受让土地使用权

（1）企业签订《土地出让合同》须明确约定交地日期，无法约定具体日期的，可约定"以双方共同确认的、达到交付条件日"为实际交付日，为避免产生早缴税的损失，原则上不允许业务部门签订"交地日期空白"的合同；同时签订《土地出让合同》应明确约定延迟交地的违约责任（例如按日支付已付地价款1‰违约金），避免出现交了土地出让金后公司长期拿不到地也得不到合理赔偿的现象。

（2）企业签订《土地出让合同》后发生客观原因无法按约定时间交地的，应与国土局签订《补充协议》，重新约定交地时间，土地使用税应从重新约定的交地日次月起计税。

（3）企业与国土局签订《土地出让合同》之前，已经先行与被征地单位直接办理土地交接手续的，即"先占地、后出让"的情况，因财税〔2006〕186号文件第二条规定"自合同约定交地日次月"计税，故不必考虑出让合同签订之前的纳税义务人问题（书面与被征地单位另有约定的除外）；但与原用地单位签署的《土地交地确认书》，不宜出示给税务机关，以避免引起税务争端。

（4）《财政部、国家税务总局关于企业范围内的荒山、林地、湖泊等占地城镇土地使用税有关政策的通知》（财税〔2014〕1号）规定，自2016年1月1日起，企业范围内荒山、林地、湖泊等占地，全额征收城镇土地使用税。因此，无法开发利用的荒山、滩涂、湖泊、河流、海滩等，企业在拿地时应注意不要列入《土地出让合同》的范围，但可以接受以"市政公园"等属于开放式的、公共用途土地名义行政划拨。

（5）除企业资金部因融资需要而提出特别要求外，在实际交地之前，原则上不提前办理《土地使用权证》，避免被税务局以"已经取得土地使用权"为由征收土地使用税（未拿地、先纳税）。

2.二级市场和三级市场买入土地使用权

（1）企业从二级市场买入土地使用权的，其土地使用税纳税义务始于转让合同约定的交地时间的次月。如果发生实际交地时间与合同约定时间、土地使用权证过户时间不相同的情况，按财税〔2006〕186号文件的解释，买卖双方应当以"合同约定交地时间"为时点划断，之前由卖方纳税，之后由买方纳税。

为防止双方重复征税，买卖双方应在《土地转让合同》中将这一内容明确约定；并在违约责任中约定："卖方违约延迟交地的，卖方应补偿买方延迟交地期间应交的土地使用税"；《土地转让合同》遇不可抗力等原因无法按约定时间交地的，买卖双方可重新约定交地时间。

（2）企业如果从三级市场买入房屋拆迁后重建的，依据《国家税务总局关于房产税、城镇土地使用税有关政策规定的通知》（国税发〔2003〕89号）的解释，土地使用税纳税义务始于办理《土地使用权证》过户的次月，而与买卖"合同约定交房时间"及"实际交房时间"无关。

二、土地使用税征管过程中的几个争议问题解析与风险控制

 问题 6:
企业租入使用集体所有建设用地是否缴纳城镇土地使用税？

（一）城镇土地使用税征收范围内使用集体所有建设用地

1. 政策依据

（1）《财政部、国家税务总局关于集体土地城镇土地使用税有关政策的通知》（财税〔2006〕56 号）规定，"在城镇土地使用税征税范围内实际使用应税集体所有建设用地、但未办理土地使用权流转手续的，由实际使用集体土地的单位和个人按规定缴纳城镇土地使用税"。

（2）《财政部、税务总局关于承租集体土地城镇土地使用税有关政策的通知》（财税〔2017〕29 号）规定，"在城镇土地使用税征税范围内，承租集体所有建设用地的，由直接从集体经济组织承租土地的单位和个人，缴纳城镇土地使用税。"

【提示】 城镇土地使用税不一定由最终使用土地的单位和个人缴纳。

2. 案例分析

【案例 2-7】 某镇政府为便于管理，与辖区内村集体达成协议，政府招商后，再将土地租给企业。请问谁是土地使用税的纳税义务人？

【解析】 基于镇政府与集体组织之间的合同来判断承租人：

（1）委托代理合同。《民法总则》第一百六十二条规定，代理人在代理权限内，以被代理人名义实施的民事法律行为，对被代理人发生效力。

（2）行政合同。行政合同也称行政契约，指行政机关为达到维护与增进公共利益，实现行政管理目标之目的，与相对人之间经过协商一致达成的协议。

（3）租赁合同。只有签订租赁合同的情况下，镇政府才是土地使用税的纳税义务人。

【案例 2-8】 南京市稽查局在对某科技公司进行纳税检查时，发现该公司 2018 年从某招商公司承租位于江宁的集体土地一块，2019 年在该土地上自建房屋一幢用于办公，并按照"从价"方式申报缴纳房产税，对于城镇土地使用税，财务人员认为是租来的地，所以没有城镇土地使用税纳税义务，请问该企业说法是否正确？

【解析】 该案例是招商公司直接从村委会承租集体土地，然后又出租给科技公司，根据财税〔2017〕29 号的规定，"在城镇土地使用税征税范围内，承租集体所有建设用地的，由直接从集体经济组织承租土地的单位和个人，缴纳城镇土地使用税"。按照以上规定，在该案例中，招商公司直接从村委会承租集体土地，应由其缴纳城镇土地使用税，所以，该科技公司不应缴纳城镇土地使用税。

（二）企业土地使用税纳税义务终止截止时点的确定

1. 政策依据

依据《财政部、国家税务总局关于房产税城镇土地使用税有关问题的通知》（财税〔2008〕152 号）第三条规定，因土地的实物或权利状态发生变化而依法终止城镇土地使用税纳税义务的，其应纳税款的计算应截止到土地的实物或权利状态发生变化的当月月末。

2. 实务操作

例如，以房地产企业为例，土地使用税纳税义务终止截止时点是：

（1）房地产开发企业在房屋竣工向业主交房（以业主签收《入住通知单》日期为准）次月起不再缴纳土地使用税。企业自交房之月起，逐月汇总统计已交楼土地面积，作为计算土地使用税时扣减的依据；即从交付第一套商品房的次月起，按月计提，按期缴纳。

本月应纳城镇土地使用税 = 全部占地面积 × 年单位税额 ÷ 12 个月 ×（1−截至上月末累计交付的建筑面积 ÷ 总可售建筑面积）

（2）房地产开发企业在红线内建设治安室、居委会用房、社区服务中心等公共服务设施的，应当自向政府部门及公共事业单位办理房屋移交之日次月起停止缴纳土地使用税。

（三）土地使用税减税优惠政策在筹划中应用与风险控制

1. 政策依据

（1）《城镇土地使用税暂行条例》第六条规定，"直接用于农、林、牧、渔业的生产用地免缴土地使用税"。

（2）《广西壮族自治区地方税务局关于城镇土地使用税相关政策问题的批复》（桂地税函〔2015〕480 号）规定，纳税人只有将其取得的建设用地，在经土地管理部门批准转变成农牧业用地之后，其用地才可依照"直接用于农、林、牧、渔业的生产用地"的规定免缴城镇土地使用税。

（3）《海南省地方税务局关于城镇土地使用税有关问题的通知》（琼地税发〔2014〕27号）第一条规定，单位和个人利用商服用地、工矿仓储用地、住宅用地从事种植、养殖、饲养的，不适用"直接用于农、林、牧、渔业的生产用地"免征城镇土地使用税的规定。

（4）《财政部、税务总局关于实施小微企业普惠性税收减免政策的通知》（财税〔2019〕13号）规定，由省、自治区、直辖市人民政府根据本地区实际情况，以及宏观调控需要确定，对增值税小规模纳税人可以在50%的税额幅度内减征资源税、城市维护建设税、房产税、城镇土地使用税、印花税（不含证券交易印花税）、耕地占用税和教育费附加、地方教育附加。

2. 案例分析

【案例2-9】 我司是北京一家专业从事农产品食用菌的种植与栽培的公司，土地确实是直接用于农业生产，但《土地使用证》所载用途为工业用地。

请问：直接用于食用菌种植生产的土地是否可以享受土地使用免税优惠？

【解析】 在经土地管理部门批准转变成农牧业用地之前，其用地不可依照"直接用于农、林、牧、渔业的生产用地"的规定免缴城镇土地使用税。

【案例2-10】 某集团公司新设立的房地产开发公司，取得项目土地使用权后，在未登记为一般纳税人之前，可以按照增值税小规模纳税人享受减半缴纳城镇土地使用税。值得企业需要注意的是，财税〔2019〕13号的执行期限为2019年1月1日至2021年12月31日。

（四）城镇土地使用税的会计处理

1. 一般企业实际占用土地所缴纳的土地使用税应计入"税金及附加"科目

2. 房地产开发企业

（1）开发项目竣工前，开发企业交纳的土地使用税计入"开发成本"科目。

（2）开发项目竣工后，开发企业交纳的土地使用税计入"税金及附加"科目。

【案例2-11】 房地产开发企业交纳的土地使用税在竣工前是否可以计入开发成本？

【国家税务总局2013年1月15日12366解答】 房地产开发企业与一般工商企业在土地使用税核算方面确有不同之处，一般工商企业缴纳的土地使用税计入管理费用（现是税金及附加科目），房地产企业在开发项目竣工之前，所缴纳的土地使用税按受益原则计入房地产开发成本的部分，在税务总局对该问题进一步明确之前，暂可以视为开发成本的一部分。

第四节　房产税的涉税风险与税务规划

一、房产税的课税范围与风险控制

（一）政策依据

《财政部、国家税务总局关于房产税和车船使用税几个业务问题的解释与法规》（财税地字〔1987〕3 号）规定，"房产"是以房屋形态表现的财产。房屋是指有屋面和围护结构（有墙或两边有柱），能够遮风避雨，可供人们在其中生产、工作、学习、娱乐、居住或储藏物资的场所。

【提示】《房地产统计指标解释》规定，房屋一般是指有屋顶，周围有墙，能防风避雨，御寒保暖，供人们在其中工作、生活、学习、娱乐和储藏物资并具有固定基础，层高一般在 2.2 米以上的永久性场所；这与财税地字〔1987〕3 号表述基本一致，需要明确的是房产税相关法规摒弃了"层高 2.2 米"和"永久性场所"的表述。

（二）房产税的课税范围确定与风险控制

（1）房产税的征税对象是"房产"，包括房屋地下室、地下停车场（无论有无产权证）、地下防空洞（受限制产权）；但不包括露天停车位和只有顶棚没有围墙的停车棚，安装于地下室的机械停车设施不属于房屋（属机器设备），不征收房产税。

（2）根据《财政部、国家税务总局关于加油站罩棚房产税问题的通知》（财税〔2008〕123 号）的规定，加油站罩棚不属于房产，不征收房产税。

（3）依据《关于发电厂干煤棚征免房产税问题的批复》（赣地税函〔2009〕114 号）的规定，对两端无遮挡的构筑物，如发电厂的干煤棚，功能是储存煤炭和通风晾干，结构是钢架两端开口大棚，避雨不遮风，故不属于"房产"范围，不征收房产税。

（4）依据《国家税务总局内蒙古自治区税务局关于内蒙古明华能源物流有限公司储煤棚房产税有关问题的批复》（内税函〔2018〕82号）的批复，内蒙古明华能源物流有限公司为了减少煤尘污染、保护生态环境，根据环保部门的相关要求，在前期防风抑尘网的基础上，增加钢结构环保防尘网罩，形成独立罩棚体系。根据房管部门的相关证明，该储煤棚属于网状环保构筑物。因此，该储煤棚不属于应税房产，不征收房产税。

【提示】　企业的罩棚、煤棚、自行车棚等非永久性场所，不应征收房产税。

（5）房地产开发企业竣工验收的房产（包括地下车位）待出售的，通过"开发产品"会计科目核算，出售前不征收房产税；出售前自用或者出租的，通过"固定资产"会计科目核算，需要缴纳房产税。

（6）房地产开发企业的毛地出让项目，由本公司负责拆迁的，公司从一、二级市场买入房产用于实物安置被拆迁人的，购入的房产应当单独设立存货一级科目"安置房"核算，在过户登记至被拆迁人名下之前，不需要缴纳房产税。

（7）根据《关于房产税若干具体问题的解释和暂行规定》（财税地字〔1986〕8号）的规定，企业基建工地为基建服务的各种临时房屋（工棚、材料棚、休息棚、办公室、食堂、茶炉房、汽车房等），在施工期间免征房产税。基建工程结束后如果不拆除而是移交公司自用的，由公司从接收使用的次月起缴纳房产税；移交公司办理《销售许可证》出售的，不征收房产税。

【提示】　公司从接收使用的次月起，需向规划局办理变更规划审批手续以避免成为"违章建筑"。

二、房产税的计税依据确定与风险控制

问题7：
企业采取租赁形式租入房产，其加装修房产是否缴纳房产税？

（一）政策依据

（1）《中华人民共和国房产税暂行条例》第二条规定，房产税由产权所有人缴纳。

【提示】　不论是否取得房产证，只要属于房产税的纳税义务人，则应按规

定缴纳房产税。

（2）《中华人民共和国房产税暂行条例》第三条规定，房产税依照房产原值一次减除 10%～30% 后的余值计算缴纳。房产出租的，以房产租金收入为房产税的计税依据。

（3）《国家税务总局关于进一步明确房屋附属设备和配套设施计征房产税有关问题的通知》（国税发〔2005〕173 号）规定，为了维持和增加房屋的使用功能或使房屋满足设计要求，凡以房屋为载体，不可随意移动的附属设备和配套设施，如给排水、采暖、消防、中央空调、电气及智能化楼宇设备等，无论在会计核算中是否单独记账与核算，都应计入房产原值，计征房产税。

【提示】 房产税的计税依据确定特别强调"以房屋为载体＋不可随意移动"两个实质性要件。

（二）房产税的计税依据具体确定

（1）房产税以房屋产权为课征对象，无所有权不予课税；转租的租金收入不属于房产税应税范围。

（2）依据《关于租赁房产加装修房产设备征收房产税问题的批复》（粤地税函〔2008〕452 号）的批复，企业的营业网点采取租赁形式租入房产的，不是该房产的纳税人，因此，其加装修房产、设备等不应征收房产税。

（3）企业出租外墙、内墙、货架空间、电梯口给他人做广告，所得租金不属于房屋租金，不缴纳房产税。

（4）房产原值包括房产主体工程、装饰工程和使房屋具备基本功能而必需且不可分割之附属设备（冷暖装置、消防通风、照明、煤气、电梯、电力设施、中央空调等）。企业应注意以下常见的风险点：①独立的变压器、围墙、室外游泳池、停车设备（立体车库）等房屋应用性功能所需设施不应计入房产原值；②属于窗式空调、分体空调（壁挂式、柜式，含一拖二、一拖三）等独立空调不应计入房产原值；③监控摄像头不属于与房屋不可分割的附属设备，同时应当是单独计算了价值的配套设施，不需要计入房产原值。

（5）对于更换房屋附属设备和配套设施的，在将其价值计入房产原值时，可扣减原来相应设备和设施的价值；对附属设备和配套设施中易损坏、需要经常更换的零配件，更新后不再计入房产原值。

【案例 2-12】 甲企业有一栋办公楼，原值 3000 万元（包括中央空调原值 300 万元）。截至 2020 年 12 月 31 日，由于中央空调已使用多年、年久失修需要更换，假设该栋办公楼账面价值为 2000 万元（其中中央空调账面价值 200 万元），新中央空调的买价为 800 万元；假设不考虑其他因素。

【解析】　①会计处理。依据《企业会计准则—固定资产》以及应用指南的规定，更新后的办公楼入账价值 =2000-200+800=2600（万元）；

②房产税的计税依据 =3000-300+800=3500（万元）。因此，企业财务人员应该正确核算税会差异，避免少缴纳房产税的风险。

（6）企业未决算先使用的自建房产，会计上应按工程预算额暂估入账，以暂估价值作为账面原值计税，工程决算后账面价值调整的，已纳房产税不再调整补税或退税，即"多不补税、少不退税"；在下一个纳税期才按决算后的房产原值计税。

【链接】《关于印发房产税、车船使用税若干具体问题的解释和规定的通知》（粤税三字〔1987〕第 6 号）规定，已税房产进行扩建、改建、装修竣工后的原值不论是否比原有的原值增加或减少，在纳税有效期内，都不进行补税或退税，在下一个纳税期才按扩建、改建、装修后的房产原值计税。即在扩建、改建、装修的过程中，不改变房产税计税基础，从下一个纳税期才按扩建、改建、装修后的房产原值计税。

（三）关于房产税计税依据确定的重点问题解析与风险控制

1. 关于地价计入房屋原值的规定与实务操作

（1）政策依据。根据《财政部、国家税务总局关于安置残疾人就业单位城镇土地使用税等政策的通知》（财税〔2010〕121 号）第三条的规定，对按照房产原值计税的房产，无论会计上如何核算，房产原值均应包含地价，包括为取得土地使用权支付的价款、开发土地发生的成本费用等。宗地容积率低于 0.5 的，按房产建筑面积的 2 倍计算土地面积并据此确定计入房产原值的地价。

（2）关于计入房产原值的地价确认问题。①计入房产原值的地价 = 应税房产建筑面积 ÷ 容积率 × 土地单价；②若宗地容积率低于 0.5（含 0.5），则计入房产原值的地价 = 应税房产建筑面积 × 2 × 土地单价。

【提示】　企业在同一宗土地上既有建成投入使用的房产，又有在建或者待建房产时，按照现行房产税有关规定，在建房产和待建房产不属于应税房产，不需要缴纳房产税，其占用土地的价值可按建筑面积进行分摊，不计入房产原值缴纳房产税。对于待建房产的确认，按以下方法处理：

第一，企业实际建成房产的容积率等于或高于批准建造的容积率，企业如有待建房产，则需提供县级以上规划部门关于该待建房产的规划许可证明材料。

第二，企业实际建成房产的容积率低于批准建筑的容积率，企业如有待建房产，由企业提供相关证明材料后，该待建房产分摊的土地价值可不并入房产原值。

第三，企业实际建成房产的容积率与批准建筑的容积率不一致且无在建、待建房产的，按实际容积率计算。

【案例 2-13】 某宗土地上房产总建筑面积为 5000 平方米，其中企业拥有的应税房产建筑面积为 3000 平方米，另外该宗土地面积 1000 平方米，地价 200 万元（土地单价 2000 元 / 平方米），宗地容积率为 5。

【解析】 计入房产原值的地价 = 应税房产建筑面积 ÷ 容积率 × 土地单价 = 3000 平方米 ÷5×2000 元 / 平方米 =120（万元）。

【案例 2-14】 某工厂有一宗土地，占地 20000 平方米，每平方米平均地价 1000 元，该宗土地上房屋建筑面积 8000 平方米（假定均为应税房产），宗地容积率为 0.4。

【解析】 计入房产原值的地价 = 应税房产建筑面积 ×2× 土地单价 =8000 平方米 ×2×1000 元 / 平方米 =1600（万元）。

【案例 2-15】 甲房地产开发公司新获取一块土地，占地面积 60000 平方米，容积率 3.0，土地取得成本 21000 万元；目前甲公司仅在该块土地建设一栋售楼部，售楼部占地面积 4500 平方米，建筑面积 13500 平方米，房屋建设成本 6000 万元。

税务机关认为：该地块只有售楼部一栋房屋，计算的容积率低于 0.5，依据财税〔2010〕121 号文第三条规定：

售楼部房产原值 =21000×（4500×2）÷60000+6000=9150（万元）

应缴纳的房产税 =9150×0.7×1.2%=76.86（万元）

请问：税务机关做法是否正确？

【解析】（1）依据财税〔2010〕121 号的规定，宗地容积率大于 0.5，视同全覆盖，应按整个地块的土地成本并入地上所有房产的原值计算房产税。

（2）宗地面积 60000 平方米，容积率为 3.0，大于 0.5，但由于尚未开发建设，仅对售楼处征收房产税；企业应按照售楼处的建筑面积占整个地块总可售建筑面积的比例对土地成本进行划分，计算并入房屋的土地原值。

售楼处建筑面积 13500 平方米，总可售面积 60000×3=180000（平方米）；

年应纳房产税的计税基础 =21000×（13500÷180000）+6000=6575（万元）；

应缴纳的房产税 =6575×0.7×1.2%=55.23（万元）。

（3）企业在政策执行过程中需要注意的问题。

1）独立于房屋之外的建筑物，如围墙、烟囱、水塔、变电塔、油池油柜、酒窖菜窖、酒精池、糖蜜池、室外游泳池、玻璃暖房、砖瓦石灰窑以及各种油气罐、加油站罩棚等不属于房产；以上非应税建筑物所占土地的价值可根据建筑面积按比例拆分，不并入房产原值缴纳房产税。

2）在建房产和待建房产均不属于应税房产，不需要缴纳房产税，其占用土地的价值可按建筑面积进行分摊，不计入房产原值缴纳房产税。

3）集体土地上的房产暂不将取得土地支付的价款并入房产原值征收房产税。

4）对租入、借入他人土地建房，且不作土地使用权核算的，不需要将地价计入房产原值征收房产税。

5）部分企业的土地是无偿划拨的，企业为取得土地使用权支付的价款为零，改制评估价值不属于取得土地使用权支付的价款，不需要计入房产原值；即土地划拨方式取得土地使用权的，计入房产原值的地价为零。

6）新建商品房、二手房是连房带地一并交易，销售价格中已含有该房产相应分割的土地价格并全额计入房产原值，因此，不需再重新将地价计入房产原值。

2. 企业地下建筑物的房产税计税依据的确定

根据《财政部、国家税务总局关于具备房屋功能的地下建筑征收房产税的通知》（财税〔2005〕181 号）的规定，自用的地下建筑，按以下方式计税：

（1）工业用途房产以房屋原价的 50%～60% 作为应税房产原值。

（2）商业和其他用途房产以房屋原价的 70%～80% 作为应税房产原值。

【提示】 如果是单独建造的地下建筑物则可以享受折扣优惠，但如果是与地上建筑物相连的建筑物则没有折扣优惠，需要按照地上建筑物的相关规定计算房产税的；即对于与地上房屋相连的地下建筑，应将地下部分与地上房屋视为一个整体按照地上房屋建筑的有关规定计算征收房产税。

第五节　企业筹建期开办费的财税处理与风险控制

企业在筹建期间内发生的开办费包括人员工资、办公费、培训费、差旅费、印刷费、注册登记费，以及不计入固定资产、无形资产的借款费用等。

一、筹建期的确定

关于筹建期的定义，新《企业所得税法》对此没有解释，原《企业所得税暂行条例实施细则》第三十四条与原《外商投资企业和外国企业所得税法实施条例》第四十九条均规定："筹建期，是指从企业被批准筹建之日起至开始生产、经营（包括试生产、试营业）之日的期间。"

（一）开始日期

《国家税务局关于贯彻执行外商投资企业和外国企业所得税法若干业务处理问题的通知》（国税发〔1991〕165 号）曾规定，"中外合资经营企业、中外合作经营企业的被批准筹办之日，是指所签订的合资、合作协议、合同被批准之日；外资企业，是指开办企业的申请被批准之日。"

内资公司的筹建只需要工商部门审批即可，工商部门审批之日不是营业执照颁发之日，应当是工商部门审核上报资料核准名称登记之日。核准名称登记的前提是申请办理工商执照的手续已经通过工商部门审核。即工商名称核准登记之日（含本日）起，至试生产、试营业之前这段期间发生的除固定资产（下同）以外的费用，应作为开办费处理，所有费用发票的抬头应开具新公司名称。

（二）终止日期

税法规定，开始生产、经营（包括试生产、试营业）之日，即试生产、试营业之日（不含本日）为筹建期的终点。筹建期开始至试生产、试营业之前发生的费用属于开办费。其中，试生产是针对工业企业而言，试营业是针对商业、建筑安装业、运输业、服务业等企业而言。

"试生产""试营业"需要针对不同行业加以判断，通常认为：工业企业，第一次领用原材料当天；商业企业，取得第一笔收入的当天；投资管理公司，签订第一份投资协议、第一次购买证券作为开始经营之日；企业管理咨询公司，签订第一份咨询合同作为开始生产经营之日；房地产开发企业，首次取得房地产开发经营项目（立项规划审批）之日（参考国税发〔1995〕153号）；科技开发公司，开发活动开始之日，等等。

另外，国家税务总局在《关于从事林业种植外商投资企业在取得林木销售收入前所发生费用税务处理的批复》（国税函〔2006〕806号）规定：仅从事林木种植的企业在筹办期发生的筹办费用支出，以及在开始生产、经营（种植林木）至开始商业性林木采伐首次取得林木销售收入的期间发生的与生产、经营有关的费用支出，除应计入相关资产原值的以外，均可以累计归集，自首次取得林木销售收入之日所属月份的次月起，在不少于五年的期限内分期摊销。企业在开始商业性采伐取得销售收入前，发生零星销售所购入或租入土地原生林木所取得的收入，除应依照有关税务规定缴纳流转税等税收外，在所得税处理上可以冲减当期费用支出，不作为销售收入处理；即开始生产、经营（种植林木）至开始商业性林木采伐首次取得林木销售收入的期间视同筹建期间。

二、筹建期发票的开具与会计处理

（一）筹建期间发票的开具

筹建期间取得的发票抬头名称如果不是核准成立的公司，按照税法规定其成本费用不允许在税前扣除。因此，笔者建议：

（1）暂缓开票，待项目公司核准成立后再开具发票；

（2）发票抬头开具为"某某项目公司（筹）"（增值税专用发票的开具除外），待公司核准成立后再入账。但此办法需事前取得主管税务机关的认可；

（3）成立过渡性公司，保持项目核准前后公司名称的一致性。项目需要核准的情况下，在项目还没有得到国家有关部门核准前，可先成立经营范围不需要行业审批的过渡性同名公司，如北京项目成立一般业务性质的"××（北京）有限公司"，并注入小额资本金，待项目核准后再进行增资和经营范围工商变更，取得行业生产特殊资格，前期取得的增值税发票便可顺利入账。

（二）开办费的会计处理

《企业会计准则指南》规定，企业在筹建期间内发生的开办费，包括人员工资、办公费、培训费、差旅费、印刷费、注册登记费以及不计入固定资产成本的借款费用等在实际发生时，借记"管理费用"科目（开办费），贷记"银行存款"等科目。

三、开办费的税务处理

（一）政策依据

（1）《国家税务总局关于企业所得税若干税务事项衔接问题的通知》（国税函〔2009〕98 号）中规定，"企业开（筹）办费可以在开始经营之日的当年一次性扣除，也可以按新税法有关长期待摊费用的处理规定处理（指不低于三年分期摊销），但一经选定，不得改变"。

（2）《国家税务总局关于企业所得税应纳税所得额若干税务处理问题的公告》（国家税务总局公告 2012 年 15 号）中规定，企业在筹建期间，发生的与筹办活动有关的业务招待费支出，可按实际发生额的 60% 计入企业筹办费，并按有关规定在税前扣除；发生的广告费和业务宣传费，可按实际发生额计入企业筹办费，并按有关规定在税前扣除。即将"开办费"理解为跟正常生产经营期间的各类费用相互并列的一项独立费用；开办期间不作处理，生产经营后，开办费摊销中业务招待费只认可 60%，广告费和业务宣传费全额扣除，不必考虑开办期间经营收入，也不必并入未来经营期间计算限额扣除的比较。

【提示】 由于在筹建期业务招待费只能按实际发生额的 60% 计入筹办费扣除，建议实务中企业的筹建期应尽早结束为好。

（二）具体税务处理与案例分析

【案例 2-16】 某公司自 2×20 年 6 月开始筹建，至年底筹建结束，共发生筹办费 100 万元，其中业务招待费 10 万元。2×21 年 1 月，该公司开始生产经营，当年实现营业收入 2500 万元，成本费用 2300 万元，其中发生业务招待费 20 万元，不考虑其他因素，该公司 2×21 年度企业所得税应纳税所得额如何计算？筹建期业务招待费如何在所得税前扣除？

【提示】 按照筹办费的规定扣除，2×21 年可扣除的开办费为：100 − [10×（1−60%）] =96（万元）。

2×21 年发生业务招待费 20 万元，由于 20×60% ＜ 2500×5‰；因此，

2×21 年应纳税所得额 =（2500−2300−96）+ [20×（1−60%）] =112（万元）。

【涉税风险】 筹建期的业务招待费和广告及业务宣传费计入筹办费后扣除无需考虑当年营业收入比例限额。

四、筹建期的企业所得税汇算清缴问题

 问题 8:
筹建期企业是否需要进行企业所得税汇算清缴?

（一）政策依据

（1）《企业所得税汇算清缴管理办法》（国税发〔2009〕79号）第三条规定，凡在纳税年度内从事生产、经营（包括试生产、试经营）或在纳税年度中间终止经营活动的纳税人，无论是否在减税、免税期间，也无论盈利或亏损，均应按照企业所得税法及其实施条例和本办法的有关规定进行企业所得税汇算清缴。

（2）《国家税务总局关于贯彻落实企业所得税法若干税收问题的通知》（国税函〔2010〕79号）第七条规定，"企业自开始生产经营的年度，为开始计算企业损益的年度。企业从事生产经营之前进行筹办活动期间发生筹办费用支出，不得计算为当期的亏损，应按照《国家税务总局关于企业所得税若干税务事项衔接问题的通知》（国税函〔2009〕98号）第九条规定执行"。

【提示】 需要提醒企业财务人员注意的是，国税函〔2010〕79号文件最大意义在于能实际享受到更多亏损弥补期的问题。

（二）具体申报处理与案例分析

1. 企业所得税汇算清缴

依据国税发〔2009〕79号和国税函〔2010〕79号的规定，企业尚未从事生产、经营（包括试生产、试经营），不需要按照企业所得税法及其实施条例和本办法的有关规定进行企业所得税汇算清缴。这是因为筹建期间的开办费通过"管理费"科目核算，只有在开始生产经营当年计入企业所得税汇算清缴的扣除项目，即企业只有到了生产经营年度，这才是一笔真正意义上的可以扣除的管理费用。

【小结】 依据《企业所得税汇算清缴管理办法》的规定，企业生产经营（包括试生产、试营业）年度才需要进行企业所得税汇算清缴，同时筹建期间

发生的费用税收上也有相关处理规定，因此，筹建期间不需要企业所得税汇算清缴。但实际征管工作中，为了提高申报率，很多主管税务机关都要求企业进行零申报。

2. 纳税申报

"零申报"如何申报呢？即企业在筹建期填写《企业所得年度税纳税申报表》时，由于企业没有收入，所发生的费用全部在 A105000《纳税调整明细表》中第 30（十七）"其他"栏调减，使 A100000《中华人民共和国企业所得税年度纳税申报表（A 类）》第 23 行"应纳税所得额"为零，并且 A106000《企业所得税弥补亏损明细表》是空白不填。

3. 案例分析

【案例 2-17】　甲企业 2×20 年 10 月份设立，2×22 年 3 月 1 日开始经营，执行企业会计准则，假设除开办费外没有其他纳税调整项目。其基本情况如表 2-1 所示。

表 2-1

序号	年份事项	2×20	2×21	2×22	2×23	2×24	2×25	2×26
1	管理费用（开办费）	560	300	100				
2	管理费用（其他）			1100	1000	1000	1000	3000
3	利润总额	−560	−300	−660	100	110	120	1350

【解析】　由于企业在筹建期间没有经营收入，产生亏损，如果筹建期间超过一年以上，且计算为亏损年度，意味着亏损弥补期（5 年）势必减少，不利于纳税人。依据《国家税务总局关于贯彻落实企业所得税法若干税收问题的通知》（国税函〔2010〕79 号）第七条规定，企业从事生产经营之前进行筹办活动期间发生筹办费用支出，不得计算为当期的亏损，就延长了纳税人亏损弥补期限。

表 2-2

序号	年份事项	2×20	2×21	2×22	2×23	2×24	2×25	2×26
1	管理费用（开办费）	560	300	100				
2	管理费用（其他）			1100	1000	1000	1000	3000
3	利润总额	−560	−300	−660	100	110	120	1350

序号	年份事项	2×20	2×21	2×22	2×23	2×24	2×25	2×26
4	应纳税所得			−1520	100	110	120	1350
5	弥补亏损				100	110	120	1190
6	应纳税所得额							160

通过表 2-2 可以看出，税法确定的亏损年度是甲企业开始经营的年度即 2×22 年，2×20～2×22 年三年的累计亏损 1520 万元，在 2×26 年以前都可以得到弥补。若筹建期间就作为亏损年度，2×20 年的亏损则有 230 万元得不到税前弥补。

第三章　企业采购与付款业务循环税收风险控制及规划

第一节　企业采购业务中供应商选择决策与筹划设计

一、企业采购比价管理与决策标准

 问题9：
企业采购决策是否应当以采购价格最低作为决策标准？

企业想要有效控制增值税税负，采购比价是企业采购管理过程中非常重要的一个环节。

（一）一般纳税人采购的供应商类型

从税收角度看，增值税一般纳税人采购应税货物、劳务和应税服务的供应商主要有四种类型：

（1）能够按税率开具增值税专用发票的一般纳税人；

（2）能够按征收率开具增值税专用发票的小规模纳税人或一般纳税人；

（3）能够开具增值税普通发票的一般纳税人或小规模纳税人；

（4）不能够开具增值税发票的一般纳税人或小规模纳税人。

（二）供应商选择决策标准

由于企业从小规模纳税人处购进的应税货物、劳务和应税服务很难抵扣进项税额或只能抵扣较少的进项税额，因此，许多企业在选择供应商时便出现一边倒的现象，总是选择增值税一般纳税人作为其供应商或者报价低的企业作为其供应商。这是一种错误的做法。这是因为企业缴纳增值税最低就并不一定对企业最有利。企业在选择供应商时不能只看价格和允许抵扣的进项税额，而应该全面考虑企业的实际经济效益，即企业采购决策应以利润最大化作为决策标准。

（三）企业采购比价的计算原理与具体应用

既然企业应以利润最大化作为供应商选择的决策标准，那么影响企业利润的核心要素主要是不含税的成本，同时，企业采购取得的增值税进项税额不同，缴纳的增值税就不同，进而影响企业缴纳的城市维护建设税及教育费附加金额；对于同一个企业而言，其企业所得税率是相同的，剔除企业所得税影响，因此，企业采购决策主要考虑不含税成本和少缴的城市维护建设税及教育费附加等影响损益的因素。

1.计算推导过程

（1）假设一般纳税人（税率 A）含税售价为 X，小规模纳税人（征收率 B）含税售价为 Y，城市维护建设税及附加为 12%，且供应商均能开具增值税专用发票。

（2）不同采购价格的利润平衡点计算：

$X \div (1+A) - X \div (1+A) \times A \times 12\% = Y \div (1+B) - Y \div (1+B) \times B \times 12\%$

$Y \div X = [(1 - A \times 12\%) \times (1+B)] \div [(1+A) \times (1 - B \times 12\%)]$

即采购折扣百分比 $= 1 - Y \div X$

（3）根据以上公式推导，企业采购比价的计算结果（保留两位小数，下同）如下：

① A=13%，B=3%，Y÷X=90.05%，折扣百分比 9.95%；

② A=9%，B=3%，Y÷X=93.81%，折扣百分比 6.19%；

③ A=6%，B=3%，Y÷X=96.82%，折扣百分比 3.18%。

（4）如果小规模纳税人只能开具增值税普通发票，不同采购价格的利润平衡点重新计算如下：

$X \div (1+A) - X \div (1+A) \times A \times 12\% = Y \div (1+0) - Y \div (1+0) \times 0 \times 12\%$

$Y \div X = [(1 - A \times 12\%) \times (1+0)] \div [(1+A) \times (1 - 0 \times 12\%)]$

即采购折扣百分比 $= 1 - Y \div X$

根据以上公式推导，如果小规模纳税人只能开具增值税普通发票，企业采购比价的计算结果如下：

① A=13%，取得普通增值税发票，B=0，Y÷X=87.12%，折扣百分比 12.88%；

② A=9%，取得普通增值税发票，B=0，Y÷X=90.75%，折扣百分比 9.25%；

③ A=6%，取得普通增值税发票，B=0，Y÷X=93.66%，折扣百分比 6.34%。

【提示】 如果供应商不能开具增值税发票，依据企业所得税规定，属于没有取得合法有效凭证，企业采购支出不能税前扣除，那么，企业通常需要在上述计算结果的基础再打 75 折进行采购决策。

2. 针对不同类型的供应商，企业采购折扣计算表与决策标准如下：

（1）企业采购税率为 13% 的货物、劳务和服务（见表 3-1）。

表 3-1　　　　　　　　企业采购税率为 13% 的货物、劳务和服务

供应商及抵扣率		折扣临界点	供应商的选择	
			折扣>临界点	折扣<临界点
供应商 A	供应商 B	9.95%	供应商 B	供应商 A
13%	3%			
供应商 A	供应商 C	12.88%	供应商 C	供应商 A
13%	0			
供应商 B	供应商 C	3.26%	供应商 C	供应商 B
3%	0			

（2）企业采购税率为 9% 的劳务和服务（见表 3-2）。

表 3-2　　　　　　　　企业采购税率为 9% 的劳务和服务

供应商及抵扣率		折扣临界点	供应商的选择	
			折扣>临界点	折扣<临界点
供应商 A	供应商 B	6.19%	供应商 B	供应商 A
9%	3%			
供应商 A	供应商 C	9.25%	供应商 C	供应商 A
9%	0			
供应商 B	供应商 C	3.26%	供应商 C	供应商 B
3%	0			

（3）企业采购税率为6%的劳务和服务（见表3-3）。

表3-3　　　　　　　　　　企业采购税率为6%的劳务和服务

供应商及抵扣率		折扣临界点	供应商的选择	
			折扣＞临界点	折扣＜临界点
供应商 A	供应商 B	3.18%	供应商 B	供应商 A
6%	3%			
供应商 A	供应商 C	6.34%	供应商 C	供应商 A
6%	0			
供应商 B	供应商 C	3.26%	供应商 C	供应商 B
3%	0			

3. 案例分析与验证计算

【案例3-1】　甲公司是提供生活服务的增值税一般纳税人，增值税税率6%，当月的现金销售收入（含税）是1060万元，当月付现采购办公用品一批，工资薪金600万元；假设城建税及附加12%，且不考虑企业所得税等其他因素。假设按照上述采购折扣计算表，针对不同供应商计算的含税报价金额如下：

供应商1：开具税率13%增值税专用发票，报价113万元；

供应商2：开具税率3%增值税专用发票，报价101.76万元（折扣9.95%）；

供应商3：开具增值税普通发票，报价98.44万元（折扣12.88%）；

【解析】　针对不同供应商报价的计算应交税费和利润水平，验证如下：

供应商1：应缴纳增值税 = 60 − [113 ÷（1+13%）×13%] = 47（万元），应缴纳城建税及附加 = 47×12% = 5.64（万元），税前扣除成本705.64万元（100+600+5.64）。

供应商2：应缴纳增值税 = 60 − [101.76 ÷（1+3%）×3%] = 57.04（万元），应缴纳城建税及附加 = 57.04×12% = 6.84（万元），税前扣除成本705.64万元 [101.76 ÷（1+3%）+600+6.84]。

供应商3：应缴纳增值税 = 60 − 0 = 60（万元），应缴纳城建税及附加 = 60×12% = 7.2（万元），税前扣除成本705.64万元（98.44+600+7.2）。

不同供应商不同报价计算应交税费和利润对比，如表 3-4 所示

表 3-4　　　　不同供应商不同报价计算应交税费和利润对比　　　　单位：万元

项目	供应商 1	供应商 2	供应商 3
营业收入	1000	1000	1000
营业成本	705.64	705.64	705.64
缴纳增值税	47	57.04	60
缴纳城建税及附加	5.64	6.84	7.2
利润总额	294.36	294.36	294.36
现金净流量	294.36	294.36	294.36

【小结】　在质量、品种和规格均相同且采用送货制的情况下，企业在采购决策中要将发票类型、税率和采购报价进行综合考虑，才能符合企业财务管理的最优化决策目标。

二、企业采购决策中评标价格的计算与应用

（一）可比评标价格

1. 计算公式

可比评标价格＝投标价税合计金额 ÷（1+A）×（1-A× 城建税及附加税率之和）

其中：A 为投标人提供增值税专用发票的税率，若投标人只能提供增值税普通发票，则 A 为 0。

【案例 3-2】　某商贸企业为增值税一般纳税人，适用增值税税率 13%，需要用现金外购一批甲商品 100 吨。现有 A、B、C 三家企业提供货源，其中，A 为增值税一般纳税人，能够出具税率 13% 增值税专用发票；B 为小规模纳税人，能够出具税率 3% 增值税专用发票；C 为小规模纳税人，仅能提供增值税普通发票。A、B、C 三个企业所提供的甲商品的质量、品种和规格均相同，但含税价格却不同，分别为每吨 2 万元、1.55 万元、1.45 万元，假设采用送货制，城建税及附加税率为 12%，且不考虑其他因素。

请问：如何选择较为合适的供货企业？采购人员购入同质低价物资是否能给企业带来利润？

【解析】

计算可比评标价格：

①供应商 A 的可比评标价格 =20000÷（1+13%）×（1-13%×12%）= 17423（元）；

②供应商 B 的可比评标价格 =15500÷（1+3%）×（1-3%×12%）= 14994（元）；

③供应商 C 的可比评标价格 =14500÷（1+0）×（1-0）=14500（元）。

因此，在甲商品的质量、品种和规格均相同且采用送货制的情况下，企业应该选择供应商 C 供应甲商品。

2. 不同供应商利润水平的测算与验证

承前例，假设该商贸企业的不含税现金销售收入为 500 万元。

不同供应商不同报价计算应交税费和利润对比，如表 3-5 所示。

表 3-5　　　　　不同供应商不同报价计算应交税费和利润对比　　　单位：万元

项目	A 企业	B 企业	C 企业
营业收入	500	500	500
营业成本	176.99	150.49	145
缴纳增值税	42	60.49	65
缴纳城建税及附加	5.04	7.26	7.8
利润总额	317.97	342.25	347.2
现金净流量	317.97	342.25	347.2

因此，在甲商品的质量、品种和规格均相同且采用送货制的情况下，供应商 C 的报价计算的利润和现金净流量最大，属于最优化方案。

（二）案例分析与决策

【案例 3-3】　某增值税一般纳税人位于市区，城市维护建设税的税率 7%，教育费附加 3%，地方教育费附加 2%。计划外购一批货物，质量、品种、规格均满足要求，假设均采用送货制，在购进时有下列三家供应商报价：

供应商 A：增值税一般纳税人，该货物的不含税价为 400 万元，增值税税款为 52 万元，为购进该批货物企业应支付 452 万元，销售方开具增值税专用发票；

供应商 B：小规模纳税人，不含税价格为 396 万元，增值税款为 11.88 万元，为购进该批货物企业应支付 407.88 万元，销售方按 3% 征收率开具增值税专用发票；

供应商 C：小规模纳税人，价格为 395 万元，为购进该批货物企业应支付 395 万元，销售方开具增值税普通发票。

请问：此时该企业应该选择哪个供应商供货？

【解析】

（1）供应商 A 的可比评标价格 =452÷1.13×（1–13%×12%）=393.76（万元）；

（2）供应商 B 的可比评标价格 =407.88÷1.03×（1–3%×12%）=394.57（万元）；

（3）供应商 C 的可比评标价格 =395÷1×（1–0×12%）=395（万元）；

因此，甲企业应当选择供应商 A 供货。

另外，当一般纳税人供应商 A 报价 452 万元，并开具税率 13% 的增值税专用发票时，小规模纳税人供应商 B 合理报价应该是：393.76×（1+3%）÷（1–3%×12%）=407.04（万元）；换句话讲，在 407.88 万元的基础上，还需砍价 0.84 万元，才与一般纳税人供应商 A 的报价方案相当；即小规模纳税人供应商 B 报价低于 407.04 万元，选择供应商 B 更划算。

【案例3-4】 某汽车制造企业位于北京市区，城市维护建设税的税率7%，教育费附加3%，地方教育费附加2%。企业现需要对一项企业并购业务作税务咨询，现在有 3 家税务师事务所给出报价：

方案1：北京市 A 税务师事务所为一般纳税人，含增值税的咨询费用为 850000 元，能够开具税率为 6% 的增值税专用发票；

方案2：上海市 B 税务师事务所为小规模纳税人，含增值税的咨询费用为 820000 元，能够开具 3% 税率的增值税专用发票；

方案3：天津市 C 税务师事务所为小规模纳税人，咨询费用为 750000 元，只能开增值税普通发票。

假设 3 家税务师事务所均属于 5A 级资质，计划提供的咨询服务方案基本相同。

请问：此时该汽车制造企业应该选择哪一家税务师事务所？又如何在谈判中要求供应商对价格进行调整？

【解析】

（1）A税务师事务所的可比评标价格＝850000÷1.06×（1-6%×12%）＝796113（元）；

（2）B税务师事务所的可比评标价格＝820000÷1.03×（1-3%×12%）＝793250（元）；

（3）C税务师事务所的可比评标价格＝750000÷1×（1-0×12%）＝750000（元）；

因此，甲企业应该选择C税务师事务所提供税务咨询服务。

另外，当小规模纳税人C税务师事务所报价750000元，并开具增值税普通发票时：一般纳税人A税务师事务所合理报价应该是：750000×（1+6%）÷（1-6%×12%）＝800766（元）；换句话讲，在850000元的基础上，还需砍价49234元，才与小规模纳税人C税务师事务所的报价相当；即一般纳税人A税务师事务所报价低于800766元，选择A税务师事务所更划算。

（三）企业在供应商选择决策过程中需要注意的问题

（1）企业采购招投标决策需要将会计利润思维和现金流思维结合起来进行综合考量，且需要比较企业在整个上下游产业链的中"江湖地位"，即可供选择的供应商数量空间、性价比空间是否足够大。如果企业没有议价能力的，尽量足额取得增值税专用发票。

【链接】《成品油零售加油站增值税征收管理办法》（国家税务总局令第2号）第十二条规定，预售单位在发售加油卡或加油凭证时可开具普通发票，如购油单位要求开具增值税专用发票，待用户凭卡或加油凭证加油后，根据加油卡或加油凭证回笼记录，向购油单位开具增值税专用发票。接受加油卡或加油凭证销售成品油的单位与预售单位结算油款时，接受加油卡或加油凭证销售成品油的单位根据实际结算的油款向预售单位开具增值税专用发票。

（2）供应商选择决策过程只适用于一般纳税人且选择一般计税方法，选择供应商的标准是利润最大化，而非纳税最少或支出最少，因此，不同供应商的报价不能直接进行比较。

（3）增值税缴纳产生资金分配流向问题，而资金分配流向会产生资金成本问题，资金成本会影响企业的会计利润，这就需要考虑采购价格与付款条件之间的关系，即通常价格越低、付款周期会缩短，价格越高、付款周期会延长，也就是付款比例和赊账周期对企业最终利润会产生影响。

三、企业采购合同涉税条款设计与风险防范

供应商是企业税务风险的源头之一，为防范采购的税务风险，企业应规范采购合同，并满足以下基本要求：

（一）合同中约定价款必须价税分离

增值税属于价外税，合同价款必须明确是含税价和不含税价，最好做到价税分开约定。

【链接】《中华人民共和国印花税法（2021 年 6 月 10 日第十三届全国人民代表大会常务委员会第二十九次会议通过）》第五条规定，印花税的计税依据如下：应税合同的计税依据，为合同所列的金额，不包括列明的增值税税款。

（二）明确按规定提供发票的义务

企业向供应商采购货物或代收代付费用，必须在采购合同中明确供应商按规定提供发票的义务；同时，应在合同中明确区分混合销售和兼营行为，并对发票的开具做出明确约定。

（三）明确供应商提供发票的时间要求

企业购买货物、接受劳务或服务有不同的结算方式，企业在采购时，必须结合自身的情况，在合同中明确约定结算方式，并明确约定供应商提供发票的时间，即约定收到发票后付款还是付款后提供发票。同时，企业可在采购合同中明确约定，供应商在开具发票时必须通知企业，企业在验证发票符合规定后付款。

（四）明确提供发票类型和税率要求

企业应在合同中明确约定供应商（承包商）提供发票的类型和适用税率；同时明确约定汇总开具增值税专用发票时必须提供供应商防伪税控系统开具的《销售货物或者提供应税劳务清单》，并加盖发票专用章。

（五）明确税率变动情形下合同执行要求

（1）在合同中设置税率变动特别条款，以明确税率降低后双方是否调整含税价。

（2）购买方若占据谈判的主动权，合同中可以约定结算时不含税价，含税结算金额在具体结算时依国家法定税率确定。

（3）销售方若占据谈判的主动权，则可在合同中约定具体税率含税结算价，并明确无论税率如何变动，最终结算价不进行调整。

（4）在合同结算条款中留有补充约定的相关条款，以便于在执行合同遇到争议时，通过补充约定的方式对合同结算条款进行调整。

（六）明确发票不符合规定所导致的赔偿责任和义务

为防止发票问题所导致的损失，企业在采购合同中应明确约定供应商对发票问题的赔偿责任和应履行的义务，且明确约定以下内容：

（1）企业因供应商提供的发票而被税务机关调查，供应商有协助配合企业做好调查、解释、说明工作的义务。

（2）若存在退货退款、返利、折让等事项，供应商有提供证明和开具红字专用发票的相关义务。

（3）在采购合同中，明确约定"违约金"条款，且明确约定"违约金不与销售量或销售额挂钩"，规避增值税进项税额转出风险。

（4）因供应商不及时提供、交付发票或提供的发票不符合规定或私自作废发票而造成本企业损失的，供应商负有民事赔偿责任，包括但不限于税款、滞纳金、罚款及其相关损失。

（5）在合同约定时间内未按时开具增值税专用发票，造成企业未及时抵扣的，按银行同期贷款利率计算承担相应损失。损失计算方法如下：

损失 = 增值税税额 × 银行同期贷款利率 × 延迟时间

（6）供应商应提供发票而未提供或提供的发票不符合规定，造成企业增值税不能抵扣或抵扣后被税局检查要求转出的，供应商应向企业赔偿增值税及相关损失，包括但不限于税务机关对甲方执行的滞纳金及罚款等。损失计算方法如下：

增值税损失金额 = 按约定应开票含税结算额 ÷（1+ 适用税率）× 适用税率

城建税及附加损失金额 = 增值税损失金额 ×（城建税率 + 教育费附加费率 + 地方教育费附加费率）

（7）供应商应提供发票而未提供或提供的发票或收据不符合规定，造成甲方所得税损失的，供应商按 25% 或 15% 的税率计算，需要向甲方承担企业所得税损失包括但不限于税务机关对甲方执行的滞纳金及罚款等。其中，

企业所得税损失 = 按照约定应开票据（含税金额）× 25% 或 15%。

第二节　企业进项税额抵扣的风险控制与税务规划

一、进项税额抵扣"三流一致"的内涵与具体应用

 问题 10：
采购方与付款方不一致是否可以抵扣增值税进项税额？

（一）政策依据

（1）《国家税务总局关于加强增值税征收管理若干问题的通知》（国税发〔1995〕192 号）第三条规定，纳税人购进货物或应税劳务，支付运输费用，所支付款项的单位，必须与开具抵扣凭证的销货单位、提供劳务的单位一致，才能够申报抵扣进项税额，否则不予抵扣。

（2）《国家税务总局关于诺基亚公司实行统一结算方式增值税进项税额抵扣问题的批复》（国税函〔2006〕1211 号）批复如下：对诺基亚各分公司购买货物从供应商取得的增值税专用发票，由总公司统一支付货款，造成购进货物的实际付款单位与发票上注明的购货单位名称不一致的，不属于《国家税务总局关于加强增值税征收管理若干问题的通知》（国税发〔1995〕192 号）第一条第（三）款有关规定的情形，允许其抵扣增值税进项税额。

（3）《国家税务总局关于纳税人对外开具增值税专用发票有关问题的公告》（国家税务总局公告 2014 年第 39 号）规定，纳税人对外开具增值税专用发票同时符合以下情形的，不属于对外虚开增值税专用发票：①纳税人向受票方纳税人销售了货物，或者提供了增值税应税劳务、应税服务；②纳税人向受票方纳税人收取了所销售货物、所提供应税劳务或者应税服务的款项，或者取得了索取销售款项的凭据；③纳税人按规定向受票方纳税人开具的增值税专用发票相关内容，与所销售货物、所提供应税劳务或者应税服务相符，且该增值税专用发票是纳税人合法取得、并以自己名义开具的。

（二）进项税额抵扣的"三流一致"的内涵与基本要求

（1）依据国税发〔1995〕192号的规定，"三流一致"是要求收款方必须与增值税发票的开具方一致；即不管谁支付价款，只要实际收到价款的一方是开具增值税专用发票的销货单位、提供劳务单位，那么接受增值税专票的货物、劳务购买方就可以抵扣进项税额。至于，这个钱是购买方支付的，还是委托其他方支付，则不影响购买方进项税额抵扣。

（2）依据国税函〔2006〕1211号的批复，分公司采购，总公司付款，由于总公司把款项支付给的是分公司销售货物且开具增值税专用发票的单位，收款方和销售货物、提供劳务并开具发票的主体一致，就不属于国税发〔1995〕192号不得抵扣增值税专用发票的情形。

（3）依据国家税务总局公告2014年第39号的规定，"三流一致"的增值税抵扣原则强调是"货物流、资金流和发票流"相互一致，与国税发〔1995〕192号文规定精神一脉相承。

【提示】"三流一致"要求能够保证销售方与收款方一致，即使不是采购方直接付款，也不会影响采购方进项税额抵扣。

【案例3-5】 纳税人取得服务品名为住宿费的增值税专用发票，但住宿费是以个人账户支付的，这种情况能否允许抵扣进项税？是不是需要以单位对公账户转账付款才允许抵扣？

【国家税务总局在2016年5月26日总局视频会政策问题解答】 现行政策在住宿费的进项税抵扣方面，从未作出过类似的限制性规定，纳税人无论是通过私人账户还是对公账户支付住宿费，只要其购买的住宿服务符合现行规定，都可以抵扣进项税额。而且，需要补充说明的是，不仅是住宿费，对纳税人购进的其他任何货物、服务，都没有因付款账户不同而对进项税额抵扣作出限制性规定。

（三）进项税额抵扣的"三流一致"的具体应用与案例分析

1.委托付款

【案例3-6】 A公司销售货物给B公司，A公司与B公司已签订销售合同，且销售业务已实际发生。由于A公司欠C公司账款，A公司和B公司签订了委托还款协议，A公司委托B公司将销售货款支付给C公司、用于偿还A公司欠C公司账款，此时A公司就该项销售业务向B公司开具增值税专用发票是否存在风险？B 公司取得 A 公司开具的增值税专用发票能否抵扣？

【解析】 根据《国家税务总局关于纳税人对外开具增值税专用发票有关问题的公告》（国家税务总局公告 2014 年第 39 号）的规定，"纳税人向受票方纳税人收取了所销售货物、所提供应税劳务或者应税服务的款项，或者取得了索取销售款项的凭据"；39 号公告中结算方式认可"索取销售款项的凭据"可以作为价款结算方式之一，即应付账款也可作为价款结算方式之一。即在三方抵债协议中，以购销双方形成应收和应付为前提条件，应当认为购销双方已经结算，因此，A 公司就该项销售业务向 B 公司开具增值税专用发票符合"三流一致"的要求，B 公司取得 A 公司开具的增值税专用发票可以实现抵扣增值税进项税额。

【小结】 在存在"三流不一致"的情况下，企业要实现抵扣增值税进项税额，往往可以通过签订三方合同进行解决。具体体现两个方面：①符合委托方与受托方存在债权债务关系的情况下，通过签订三方委托支付协议或三方委托收款协议，可以实现抵扣增值税进项税额。②如果委托方与受托方不存在债权债务关系的情况下，可通过签订三方委托支付协议或三方委托收款协议，不可以实现抵扣增值税进项税额。

2. 挂靠经营

【案例 3-7】 王某没有药品经营资质，挂靠在医药公司 A 从事药品销售；王某以 A 公司名义签订销售合同并以 A 公司账户进行资金结算。同时，合同约定由 A 公司承担药品销售的相关风险。请问 A 公司开具增值税专用发票的行为是否属于虚开增值税专用发票？

【解析】《国家税务总局关于纳税人对外开具增值税专用发票有关问题的公告》（国家税务总局公告 2014 年第 39 号）的解读指出："如果挂靠方以被挂靠方名义，向受票方纳税人销售货物、提供增值税应税劳务或者应税服务，应以被挂靠方为纳税人；被挂靠方作为货物的销售方或者应税劳务、应税服务的提供方，按照相关规定向受票方开具增值税专用发票，则不属于虚开增值税专用发票，受票方可以抵扣进项税额"。因此，A 公司开具增值税专用发票的行为不属于虚开增值税专用发票，可以抵扣进项税额。

【提示】 如果挂靠方以自己名义向受票方纳税人销售货物、提供增值税应税劳务或者应税服务，被挂靠方与此项业务无关，则应以挂靠方为纳税人。这种情况下，被挂靠方向受票方纳税人就该项业务开具增值税专用发票，不在国家税务总局公告 2014 年第 39 号规定之列。

3. 提前开具增值税专用发票

【案例3-8】　A公司提供技术服务，其与B公司签订技术服务合同。合同签订时，A公司收取部分服务费并向B公司开具增值税专用发票，但A公司实际提供服务是在半年后；A公司向B公司开具增值税专用发票时，并未开始提供服务。请问A公司开具增值税专用发票的行为是否属于虚开发票？

【解析】《国家税务总局关于纳税人对外开具增值税专用发票有关问题的公告》（国家税务总局公告2014年第39号）的解读指出：某一正常经营的研发企业，与客户签订了研发合同，收取了研发费用，开具了专用发票，但研发服务还没有发生或者还没有完成。这种情况下不能因为国家税务总局公告2014年第39号列举了"向受票方纳税人销售了货物，或者提供了增值税应税劳务、应税服务"，就判定研发企业虚开增值税专用发票。因此，39号公告仅仅界定了纳税人的某一行为不属于虚开增值税专用发票，并不意味着非此即彼，从39号公告并不能反推出不符合三种情形的行为就是虚开。

4. 发票流与合同流不一致

【案例3-9】　建筑企业乙公司与发包方的甲公司签订建筑合同后，授权集团内第三方的丙公司为发包方的甲公司提供建筑服务并由第三方的丙公司直接与发包方的甲公司结算工程款的，由第三方的丙公司缴纳增值税，并向发包方甲公司开具增值税发票，与发包方签订合同的建筑企业乙公司不缴纳增值税。请问作为发包方的甲公司取得的增值税进项发票是否允许抵扣进项税额？

【解析】《国家税务总局关于进一步明确营改增有关征管问题的公告》（国家税务总局公告2017年第11号）第二条规定：建筑企业与发包方签订建筑合同后，以内部授权或者三方协议等方式，授权集团内其他纳税人（以下称"第三方"）为发包方提供建筑服务，并由第三方直接与发包方结算工程款的，由第三方缴纳增值税并向发包方开具增值税发票，与发包方签订建筑合同的建筑企业不缴纳增值税。发包方可凭实际提供建筑服务的纳税人开具的增值税专用发票抵扣进项税额。

【提示】　根据国家税务总局公告2017年第11号第二条规定，企业在实务中应该注意以下几点：

（1）总、分公司与发包方或母、子公司（孙公司）与发包方签订三方协议。

（2）总公司与分公司或母公司与子公司（孙公司）签订授权协议。

（3）三方协议或授权协议需明确以下事项：

第一，总公司授权分公司或者母公司授权子公司（孙公司）为发包方提供建筑服务。

第二，分公司或子公司（孙公司）直接与发包方结算工程款。

第三，分公司或子公司（孙公司）缴纳增值税并向发包方开具增值税发票。

二、"甲供材"式进项税额抵扣的争议问题分析与规划

（一）争议问题与案例分析

【案例 3-10】 某货运代理企业，设计一个税收筹划方案：该企业将加油卡交给实际承运人加油，并报销通行费，再将约定运费减去加油卡、通行费后的差额支付给实际承运人。货运代理企业从石油公司取得成品油增值税专用发票申报抵扣，按实际支付的运费申报缴纳增值税。实务中的处理有两种观点：

观点 1：企业购进成品油的增值税专用发票允许抵扣，但交给实际承运人加油部分的成品油视同销售，按成品油 13% 税率征税，未按规定申报纳税的按偷税论处。

观点 2：企业因实际未从加油站加油，而取得与实际不符的增值税专用发票不得抵扣，按虚开增值税专用发票论处，税额超过 5 万元，按规定移送司法，追究刑事责任。

【解析】 上述两种观点都是不正确的，这种"甲供材"式进项税额抵扣的筹划方案是符合税法规定的。

（二）政策依据

（1）《国家税务总局关于跨境应税行为免税备案等增值税问题的公告》（国家税务总局公告 2017 年第 30 号）第二条规定，纳税人以承运人身份与托运人签订运输服务合同，收取运费并承担承运人责任，然后委托实际承运人完成全部或部分运输服务时，自行采购并交给实际承运人使用的成品油和支付的道路、桥、闸通行费，同时符合下列条件的，其进项税额准予从销项税额中抵扣：①成品油和道路、桥、闸通行费，应用于纳税人委托实际承运人完成的运输服务；②取得的增值税扣税凭证符合现行规定。

【提示】 实务中，很多物流企业通过"货拉拉"等第三方约车平台，委托个体运输单位完成实际运输业务，物流企业虽未实际承运，但与托运人签订运

输服务合同，并收取运费承担承运人责任，属于提供交通运输服务。因此，在提供运输服务时所负担的进项税额允许纳税人依法抵扣。

（2）《中国铁路总公司关于全面实施营改增后在建项目物资管理有关事项的通知》（铁总财〔2016〕139号）规定，对施工企业选择简易计税方法的在建项目，将钢材、水泥、道砟、设备等自购物资，以及采用系统集成模式承包的"四电"工程中属《铁路建设项目甲供物资目录》（铁总物资〔2015〕117号）范围的主要"四电"物资结算方式调整为：

第一，供应商按照与施工企业确定的实际采购价格与建设单位直接结算，由供应商将增值税专用发票开具给建设单位；建设单位与施工企业进行工程价款结算时，将供应商与建设单位直接结算的物资按照其结算价款从工程结算价款中扣除。

第二，建设单位应与施工企业、供应商签订三方合同，对建设单位与施工企业、施工企业与供应商签订的原合同中价款结算等条款依法进行变更，明确由建设单位作为共同采购方，负责上述物资的结算和增值税专用发票取得，施工单位作为物资共同采购方对物资的采购、供应及质量等责任不变，"四电"系统集成模式和集成商原有责任不变。

【提示】　在实务中，如果由于乙方选择简易计税，作为一般纳税人的甲方都可以参照铁总财〔2016〕139号中做法，取得第三方供应商开具的增值税专用发票，可以实现更多的增值税进项税额抵扣。

（三）案例分析与应用

【案例3-11】　甲公司是一家建筑公司，为增值税一般纳税人，采用一般计税方式缴纳增值税；乙公司为一家商品混凝土生产销售企业，采用简易计税方式缴纳增值税，甲公司每年向乙公司采购商品混凝土3000万元（不含税）。

情形1：简易计税方式下，乙公司自行生产商品混凝土并销售给甲公司，甲公司可以抵扣的进项税额为：3000×3%=90（万元）。

情形2：若甲公司采用委托加工方式采购商品混凝土并支付加工费，假设甲公司采购水泥1000万元，取得增值税专用发票注明的税额130万元，甲公司支付加工费800万元（不含税），则甲公司可以抵扣的进项税额为：800×13%+130=234（万元）。

【结论】　在乙公司采取简易计税方式下，甲公司采用"自购水泥＋委托加工"方式可以抵扣较多进项税额。

情形 3：甲公司与乙公司、供应商签订三方合同，对甲公司与乙公司、乙公司与供应商签订的原合同中价款结算等条款依法进行变更，明确由甲公司作为共同采购方，负责上述水泥的结算和增值税专用发票取得，即由供应商将增值税专用发票开具给甲公司；甲公司与乙公司进行价款结算时，将供应商与甲公司直接结算的水泥按照其结算价款从结算总价款中扣除，甲公司也可以实现更多进项税额抵扣。

三、企业购买农产品进项税额抵扣的政策应用与风险控制

（一）购买农产品进项税额抵扣的一般方法

企业购进农产品，取得海关进口增值税专用缴款书和一般纳税人开具的增值税专用发票的，可按上述凭证上注明的增值税额从销项税额中抵扣，除此以外，还存在凭农产品销售发票或农产品收购发票以及 3% 税率专用发票计算抵扣的情形。具体抵扣方法如表 3-6 所示。

表 3-6　　　　　　　　　　　　　　　具体抵扣方法

方法	适用范围
票面抵扣法	一般纳税人开具的增值税专用发票和海关进口增值税专用缴款书的票面税额
计算抵扣法	农业生产者销售开具增值税普通发票或收购发票：买价和 9% 的扣除率计算
	小规模纳税人开具的增值税专用发票：不含税金额和 9% 的扣除率计算
加计扣除法	购进农产品用于生产销售或委托受托加工 13% 税率货物且分别核算的：当期生产领用农产品已按 9% 税率（扣除率）抵扣税额 $\div 9\% \times 1\%$

1. 农产品销售发票

（1）根据《财政部税务总局关于简并增值税税率有关政策的通知》（财税〔2017〕37 号）的规定，农产品销售发票是指农业生产者销售自产农产品适用免征增值税政策而开具的普通发票。具体包括两种类型：①从农业生产者个人购进其自产的免税农产品，农业生产者个人委托税务机关代开的免税的增值税普通发票。②从农业生产者个人以外的纳税人，包括农场、养殖场、农民专业合作社以及个体工商户等，无论小规模纳税人还是一般纳税人，购进其自产的免税农产品，农业生产者自行开具免税的增值税普通发票。

（2）农产品销售发票是否可以作为扣税凭证，关键在于销售方是否属于销售自产的农产品，且适用免税政策。具体可从两个角度判断：①企业应要

求销售方提供免税备案申请表（复印件加盖公章），以证明该农产品属于自产免税农产品。②此类发票的税率栏通常显示为"免税"（不能是"0"、税额为"×××"。

2. 农产品收购发票

（1）政策依据。《国家税务总局关于明确营改增试点若干征管问题的公告》（国家税务总局公告2016年第26号）第一条规定，餐饮行业增值税一般纳税人购进农业生产者自产农产品，可以使用国税机关监制的农产品收购发票，按照现行规定计算抵扣进项税额。

（2）符合条件的纳税人可向主管税务机关申请开通农产品收购发票开具权限，在向农业生产者个人收购其自产的农产品时，按照规定向其开具农产品收购发票，凭农产品收购发票上注明的农产品买价和9%的扣除率计算的进项税额，自当期增值税销项税额中抵扣。

（3）根据《增值税暂行条例》及相关规定，计算抵扣公式中的"农产品买价"是指纳税人购进农产品在农产品收购发票或者销售发票上注明的价款（含税额，如有）和按照规定缴纳的烟叶税。

企业取得农产品销售发票或者收购发票，且用于一般计税方法计税项目的，可按照发票上注明的农产品买价和9%的扣除率计算的进项税额，自当期增值税销项税额中抵扣。

3. 从小规模纳税人处取得的增值税专用发票

（1）政策依据。根据《财政部 国家税务总局关于简并增值税税率有关政策的通知》（财税〔2017〕37号）的规定：①如果分别核算用于生产销售13%的税率货物和其他货物服务的农产品进项税额的，按照增值税专用发票上注明的金额乘以9%计算抵扣。②如果没有分别核算用于生产销售13%的税率货物和其他货物服务的农产品进项税额的，按照统一按增值税专用发票上注明的增值税额为进项税额，即按照增值税专用发票上注明的金额乘以3%来抵扣；

（2）从小规模纳税人处取得增值税专用发票的相关账务处理。假设从小规模纳税人处采购农产品，取得增值税专用发票注明的价税合计为103万元：

①如果分别核算用于生产销售13%的税率货物和其他货物服务的

借：原材料 94

应交税费——应交增值税（进项税额） 9

贷：应付账款 103

【提示】 在生产领用环节再加计1%进项税额抵扣，账务处理如下：

借：生产成本 93

应交税费——应交增值税（进项税额） 1（100×1%）

贷：原材料 94

②如果没有分别核算用于生产销售 13% 的税率货物和其他货物服务的

借：原材料 100

应交税费——应交增值税（进项税额） 3

贷：应付账款 103

（二）农产品收购发票在进项税额筹划中的应用和风险控制

1. 企业必须符合收购凭证领购要求

（1）纳税人向农业生产者个人购买自产农产品，可以向主管税务机关申请领用收购发票。农业生产者个人，是指从事种植业、养殖业、林业、牧业、水产业生产的其他个人。

（2）纳税人向农业生产者个人购买自产农产品，开具收购发票；但纳税人向农业生产者个人以外的单位和个人购买农产品，应向对方索取增值税专用发票或普通发票，不得开具收购发票。

（3）纳税人通过增值税发票管理新系统，使用增值税普通发票模块开具收购发票，系统在发票左上角自动打印"收购"字样。

2. 企业应加强业财税融合，规避虚开增值税发票风险

（1）企业应建立专门的农产品收购台账，在台账中登记销售方姓名、身份证号码、联系电话和地址等基本信息；农产品的购进和出库等各环节要有专人记录、签字；付款额在一定金额以上通过银行转账且附转账凭证复印件。

（2）企业内部应加强对采购人员的培训，让其熟悉农产品的采购流程和发票使用、索取和开具等相关知识，避免因常识性错误导致无可挽回的经济和声誉损失。

（3）企业积极配合税务机关上报企业的生产规模、生产能力和合理损耗等信息，如按月向税务机关填报《农产品收购明细表凭单》《农产品验收入库登记表》和《付款方式备查明细表》等，从而规避企业虚开发票虚增成本的税务风险。

（4）由于收购发票被各省税务局明确规定"只能用于向农业生产者个人收购付款时开具"，禁止向其他单位或个人（包括个体商贩、农场）开具，因此，企业应当防范收购发票抵扣风险是防止供应商被税务机关证明"不是农业生产

者个人"，或者"所开商品不是其自己生产的"。企业可从以下几个方面考虑风险控制方法：

第一，如果是较大规模的生鲜供应商个人，使用收购发票金额较大的（例如年结算额超过 300 万元者），应要求其提供《土地或鱼塘承包合同》（土地生产能力应不低于其结算规模），并将复印件向税务局主管科室备案。

第二，逻辑合理性控制：同一个供应商自然人所供应的农产品品种数量应合乎常理；《自产自销证明》的出具地应当能够生产所供应的农产品。

第三，开票控制：收购发票所开品名应当属于财政部对农产品的范围注释（财税字〔1995〕52 号）；发票开具方法应当符合本省的特别规定。特别是不能将销货方名称、身份证号、品名、金额等必要项目空白，使发票被税务机关指控为"项目不齐的发票"。

第三节　企业集团内采购业务的涉税风险与税务规划

一、政策依据

（1）《企业所得税税前扣除凭证管理办法》（国家税务总局公告 2018 年第 28 号）第四条规定，"税前扣除凭证在管理中遵循真实性、合法性、关联性原则。真实性是指税前扣除凭证反映的经济业务真实，且支出已经实际发生；合法性是指税前扣除凭证的形式、来源符合国家法律、法规等相关规定；关联性是指税前扣除凭证与其反映的支出相关联且有证明力"。

（2）《企业所得税税前扣除凭证管理办法》（国家税务总局公告 2018 年第 28 号）第九条规定，"企业在境内发生的支出项目属于增值税应税项目的，对方为已办理税务登记的增值税纳税人，其支出以发票（包括按照规定由税务机关代开的发票）作为税前扣除凭证；对方为依法无需办理税务登记的单位或者从事小额零星经营业务的个人，其支出以税务机关代开的发票或者收款凭证及内部凭证作为税前扣除凭证，收款凭证应载明收款单位名称、个人姓名及身份证号、支出项目、收款金额等相关信息"。

（3）《企业所得税税前扣除凭证管理办法》（国家税务总局公告 2018 年第 28 号）第十八条规定，"企业与其他企业（包括关联企业）、个人在境内共同接受应纳增值税劳务发生的支出，采取分摊方式的，应当按照独立交易原则进行分摊，企业以发票和分割单作为税前扣除凭证，共同接受应税劳务的其他企业以企业开具的分割单作为税前扣除凭证"。

（4）《企业所得税税前扣除凭证管理办法》（国家税务总局公告 2018 年第28 号）第十九条规定，"企业租用（包括企业作为单一承租方租用）办公、生产用房等资产发生的水、电、燃气、冷气、暖气、通信线路、有线电视、网络等费用，出租方作为应税项目开具发票的，企业以发票作为税前扣除凭证；出租方采取分摊方式的，企业以出租方开具的其他外部凭证作为税前扣除凭证"。

（5）《国家税务总局关于母子公司间提供服务支付费用有关企业所得税处理问题的通知》（国税发〔2008〕86 号）规定：①母公司为其子公司提供各种服务而发生的费用，应按照独立企业之间公平交易原则确定服务的价格，作为企业正常的劳务费用进行税务处理。②母公司向其子公司提供各项服务，双方应签订服务合同或协议，明确规定提供服务的内容、收费标准及金额等，凡按上述合同或协议规定所发生的服务费，母公司应作为营业收入申报纳税；子公司作为成本费用在税前扣除。③母公司向其多个子公司提供同类项服务，其收取的服务费可以采取分项签订合同或协议收取；也可以采取服务分摊协议的方式，即，由母公司与各子公司签订服务费用分摊合同或协议，以母公司为其子公司提供服务所发生的实际费用并附加一定比例利润作为向子公司收取的总服务费，在各服务受益子公司（包括盈利企业、亏损企业和享受减免税企业）之间按《中华人民共和国企业所得税法》第四十一条第二款规定合理分摊。④母公司以管理费形式向子公司提取费用，子公司因此支付给母公司的管理费，不得在税前扣除。⑤子公司申报税前扣除向母公司支付的服务费用，应向主管税务机关提供与母公司签订的服务合同或者协议等与税前扣除该项费用相关的材料。不能提供相关材料的，支付的服务费用不得税前扣除。

（6）《国家税务总局办公厅关于对外支付大额费用反避税调查的通知》（税总办发〔2014〕146 号）第一条明确要求各地税务机关，对接受股东服务（包括对境内企业的经营、财务、人事等事项进行策划、管理、监控等活动）支付的股东服务费、为服从集团统一管理而支付的集团管理服务费等存在避税嫌疑的服务费支付予以重点关注。

（7）《财政部 税务总局关于租入固定资产进项税额抵扣等增值税政策的通知》（财税〔2017〕90 号）第一条规定，"自 2018 年 1 月 1 日起，纳税人租入固定资产、不动产，既用于一般计税方法计税项目，又用于简易计税方法计税项目、免征增值税项目、集体福利或者个人消费的，其进项税额准予从销项税额中全额抵扣"。

二、企业集团集中采购的模式选择与筹划

企业集团实施货物、劳务和服务的集中采购，可以获得规模经济利益，同时集团整体税务管理也是需要考量的重要环节。企业集团可通过设立集中采购中心，组织实施企业集团内所有单位的集中采购，实务中通常包括两种模式。

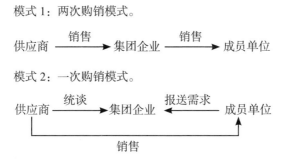

模式1：两次购销模式。

供应商　——销售——→　集团企业　——销售——→　成员单位

模式2：一次购销模式。

供应商　——统谈——→　集团企业　←——报送需求——　成员单位

销售

（一）两次购销模式

（1）集团公司是否可以"平进平出"，是否存在利润转移、存在避税的嫌疑。

（2）集团公司集中采购获得的采购返利如何在集团内成员单位之间分配。

（3）集团公司转售给需求成员单位，可能会遇到进销税率不一致、开具发票的品名超出经营范围而无法开票的情形，以及是否可以使用分割单代替增值税发票作为合法有效凭证存在争议。

（二）一次购销模式

企业集团集中采购的一次购销模式，包括以下四种管理模式：

（1）"统谈、统签、统付"模式。集中采购中心统一与供应商谈判，统一签订采购合同，统一支付款项；供应商向需求成员单位分别发货或提供劳务或服务，分别开具增值税发票。

（2）"统谈、分签、统付"模式。集中采购中心统一与供应商谈判，统一支付款项；供应商与需求成员单位分别签订合同分别发货或提供劳务或服务，分别开具增值税发票。

（3）"统谈、分签、分付"模式。集中采购中心统一与供应商谈判，供应商与需求成员单位分别签订合同，分别发货或提供劳务或服务，分别开具发票，需求成员单位分别向供货商支付款项。

（4）"统谈、统签、分付"模式。集中采购中心统一与供应商谈判，统一签订采购合同，供货商向需求成员单位分别发货或提供劳务或服务，分别开具增值税发票。需求成员单位分别向供货商支付货款。

（三）集团集中采购模式的决策

考虑到国税发〔1995〕192 号规定的进项税额抵扣的基本要求，同时考虑企业所得税属于法人税制，法人公司单独进行企业所得税汇算清缴，企业采购业务取得合法有效凭证是准予税前扣除的基本要求，如果再加上合同流，企业采购业务做到"四流一致"是最优化的选择。

因此，企业集团集中采购应选择一次购销模式并采用"统谈、分签、分付"管理模式，更有利于加强集团整体的税务管理，降低集团整体的税负。

三、企业集团内采购业务的疑难问题解析与筹划设计

【案例 3-12】 甲集团的母公司支付价款聘请会计师事务所为集团下属子公司进行审计业务，同时母公司向各子公司收取相应价款。母公司取得事务所开具的全额增值税专用发票后，可认证抵扣进项税额，通过成本分摊协议的方式向子公司收取审计费用，请问：子公司的审计费用如何实现税前扣除？

【解析】

方案 1：母公司就收取的费用向子公司开具增值税专用发票，由子公司抵扣进项税额，并由子公司作为税前扣除凭证。

方案 2：子公司使用母公司开具的分割单作为税前扣除凭证，但母公司已抵扣的进项税额中，分摊给子公司的成本由于没有确认销项税额，存在需要作进项税额转出的争议。

【结论】 方案 1 的转售模式，能够保持增值税链条完整，不会增加企业集团整体税负。

【案例 3-13】 甲公司是一家集团公司的母公司，盈利水平较高；其下属有多家处于成长中的子公司，且一直都处于前期亏损状态，母公司和子公司的企业所得税税率均为 25%。现在子公司需要购买一套价值 500 万元的生产线设备。请问该集团公司如何进行采购业务的税务规划以降低集团的整体税负？

方案 1：甲公司向子公司增资 500 万元（但不扩股），子公司购买设备。

方案 2：甲公司直接购入设备，再租赁给子公司使用。

【解析】　该集团公司应选择方案 2，即甲公司直接购入设备，再租赁给子公司使用。理由是：

（1）依据财税〔2017〕90 号第一条的规定，租入和购进固定资产享受同等的进项税额抵扣政策，即由母公司统一购进，再租赁给子公司使用，由母公司一次抵扣进项税额，同时享受享受加速折旧（含一次性扣除）企业所得税优惠；子公司按支付租金抵扣进项税额，同时可以规避子公司不符合留抵退税条件而无法退税的情形。

（2）在企业所得税方面，母公司租金收入确认和加速计提折旧的税前扣除形成时间差，享受递延缴纳企业所得税的好处。

（3）关于租赁方式的选择，由于母公司可以享受加速折旧的企业所得税优惠，依据企业所得税法规，融资租赁属于承租人的固定资产，而不属于出租人的固定资产，同时融资租入固定资产不得享受固定资产加速折旧的税收优惠，因此，集团公司应选择经营租赁方式出租给子公司。

（4）关于租金收取方式的选择，由于增值税法规和企业所得税法规均要求按照合同约定的收款时间确认租金收入，但租金支出税前扣除时却按照权责发生制。在分期收取的方式下，集团公司可以享受递延纳税（加速扣除折旧，分期确认租金收入），子公司可以分期获得进项抵扣，并按年在税前扣除租金支出。

四、企业向母公司支付服务费的涉税风险分析与规划

问题 11：
企业向母公司支付的管理服务费能否税前扣除？

（一）企业向母公司支付服务费的税前扣除风险分析

1. 风险描述

企业在没有真实提供管理咨询、技术支持等服务的情况下，虚构名目向关联企业收取管理费、服务费，存在通过转移利润、少缴企业所得税的风险。

2. 分析路径

（1）核查企业管理费用科目以及企业与境外关联公司签订的管理费、服务费协议，核实是否有实际人员、技术支持以及相应费用发生。

（2）子公司应该准备充分和有效的文件资料及证据以便证明：该集团内服务费的真实性；境内子公司为什么需要集团提供的服务；应从服务提供方和服务接收方两个角度同时进行受益性分析；服务提供方所提供的服务对于服务接受方所创造的价值；证明该服务并不是重复服务，也没有被包含在其他关联交易价款中被重复支付。

（二）企业向母公司支付服务费的证据链管理与税务规划

（1）对母、子公司之间服务交易频繁的企业集团，为降低该类交易的税务风险，可在集团内部成立具体的服务中心，如信息管理中心、财务处理中心和研发中心等，由各中心负责向子公司提供各类服务。

（2）集团内部成立的服务中心应独立核算，服务协议可明确约定具体的服务内容、使用权限等，有利于实现服务成果的具体化，为服务的真实性提供更加充足的证据。

（3）在形式要件上，母子公司双方应签订服务合同或协议，明确规定提供服务的内容、收费标准及金额等；同时，子公司应注意保存服务交易中的各项资料，避免因无法证明服务实质导致服务费不能税前扣除。

（4）母公司向其多个子公司提供同类项服务，其收取的服务费可以采取分项签订合同或协议收取，也可以采取服务分摊协议的方式：

第一，《企业所得税税前扣除凭证管理办法》（国家税务总局公告 2018 年第 28 号）第十八条规定，"企业与其他企业（包括关联企业）、个人在境内共同接受应纳增值税劳务发生的支出，采取分摊方式的，应当按照独立交易原则进行分摊，企业以发票和分割单作为税前扣除凭证，共同接受应税劳务的其他企业以企业开具的分割单作为税前扣除凭证"。

【提示】 如果采取分摊协议，增值税法律法规可能并不认可。因此，从增值税的角度考虑，我们还是建议采取分项签订合同或协议。

第二，母公司向其多个子公司提供同类项服务，分摊的比例可以参照《跨地区经营汇总纳税企业所得税征收管理办法》（国家税务总局公告 2012 年第 57 号）第十五条的规定，即总机构应按照上年度分支机构的营业收入、职工薪酬和资产总额三个因素计算各分支机构分摊所得税款的比例；三级及以下分支机构，其营业收入、职工薪酬和资产总额统一计入二级分支机构；三因素的权重依次为 0.35、0.35、0.30。

计算公式如下：

某分支机构分摊比例 =（该分支机构营业收入 ÷ 各分支机构营业收入之和）× 0.35+（该分支机构职工薪酬 ÷ 各分支机构职工薪酬之和）× 0.35+（该分支机构资产总额 ÷ 各分支机构资产总额之和）× 0.30

第四节　企业服务贸易对外支付的涉税风险与税务规划

一、企业服务贸易对外支付的增值税处理与风险控制

（一）政策依据

（1）根据《财政部国家税务总局关于全面推开营业税改征增值税试点的通知》（财税〔2016〕36号）的附件1《营业税改征增值税试点实施办法》第六条规定："中华人民共和国境外单位或者个人在境内发生应税行为，在境内未设有经营机构的，以购买方为增值税扣缴义务人。财政部和国家税务总局另有规定的除外。"

（2）《财政部、国家税务总局关于全面推开营业税改征增值税试点的通知》（财税〔2016〕36号）附件1《营业税改征增值税试点实施办法》第一条规定，在中华人民共和国境内销售服务、无形资产或者不动产的单位和个人，为增值税纳税人，应当按照本办法缴纳增值税。

（3）《财政部、国家税务总局关于全面推开营业税改征增值税试点的通知》（财税〔2016〕36号）附件1《营业税改征增值税试点实施办法》第十二条规定，在境内销售服务、无形资产或者不动产，是指：①服务（租赁不动产除外）或者无形资产（自然资源使用权除外）的销售方或者购买方在境内；②所销售或者租赁的不动产在境内；③所销售自然资源使用权的自然资源在境内；④财政部和国家税务总局规定的其他情形。

【案例3-14】《财政部、国家税务总局关于全面推开营业税改征增值税试点的通知》（财税〔2016〕36号）附件1《营业税改征增值税试点实施办法》第十三条规定，下列情形不属于在境内销售服务或者无形资产：①境外单位或者个人向境内单位或者个人销售完全在境外发生的服务。②境外单位或者个人向境内单位或者个人销售完全在境外使用的无形资产。③境外单位或者个人向境内单位或者个人出租完全在境外使用的有形动产。④财政部和国家税务总局

规定的其他情形。

【解析】 本条是对不属于在境内销售服务或者无形资产的具体规定，采取排除法明确了不属于在境内提供应税服务的三种情形。对上述三项规定的理解，需要把握三个要点：一是应税行为的销售方为境外单位或者个人；二是境内单位或者个人在境外购买；三是所购买的应税行为的必须完全在境外使用或消费。

（4）《国家税务总局关于营改增试点若干征管问题的公告》（国家税务总局公告 2016 年第 53 号）第一条规定，境外单位或者个人发生的下列行为不属于在境内销售服务或者无形资产：①为出境的函件、包裹在境外提供的邮政服务、收派服务；②向境内单位或者个人提供的工程施工地点在境外的建筑服务、工程监理服务；③向境内单位或者个人提供的工程、矿产资源在境外的工程勘察勘探服务；④向境内单位或者个人提供的会议展览地点在境外的会议展览服务。

【提示】 不是所有对境外支付的服务贸易费用都需要代扣代缴增值税，即完全在境外发生的服务，境内企业不需要代扣代缴增值税。

（二）"完全在境外发生的服务"的判断与案例分析

"完全在境外发生的服务"之"完全"，税收法律法规并没有明确界定，相关规定很不明晰，实务中更多的是以该项服务发生地、使用地是否均在境外来判断。

【案例 3-15】 境内某房地产开发企业的境内开发项目，由境外单位或个人在境外完成设计，且未派人到境内来。

【解析】 由于属于设计服务的发生地在境外，而其设计服务的使用地在境内项目，则不属于"完全在境外发生的服务"；如果境内房地产开发企业的境外开发项目，由境外单位或个人在境外完成设计的，服务的发生地、使用地均在境外，属于"完全在境外发生的服务"。

【案例 3-16】 境外企业为境内企业提供设计服务，设计师在境外工作，设计结果通过网络发送到境内使用，境内企业是否需要代扣代缴增值税？

【解析】 境外企业为境内企业提供设计服务，设计师在境外工作，设计结果通过网络发送到境内使用，不属于完全在境外发生的服务，境内企业应该代扣代缴增值税。

【案例 3-17】 境外公司为我公司提供软件，我公司直接在境内通过网络下

载使用，是否需要为境外企业代扣代缴增值税

【解析】 公司在境内下载使用软件，不属于境外单位或者个人向境内单位或者个人销售完全在境外发生的服务，需要为境外企业代扣代缴增值税。

【案例3-18】 出口企业将商品出口到境外，由境外咨询检测机构对出口的商品进行检测，支付的检测费是否需要代扣代缴增值税？

【解析】 出口企业将商品出口到境外，境外咨询检测机构对出口的商品进行检测，属于境外单位销售向境内单位完全在境外发生的服务，不需要代扣代缴增值税。

【案例3-19】 我企业向美国企业出口一批货物，是加拿大一家企业帮助联系的，境内企业与加拿大企业通过电话或邮件联系；加拿大企业收取佣金，问这个佣金是否需要代扣代缴增值税？

【解析】 加拿大企业帮境内企业宣传联系买家，整个产品推销过程都在境外，从开始到完成整个过程都在境外进行，属于完全在境外发生的服务，不需要代扣代缴增值税。

【小结】"完全在境外发生的服务"，指的是从开始到完成整个过程都在境外进行的或完全在境外消费的服务。

（三）代扣代缴增值税的计算方法

（1）《财政部、国家税务总局关于全面推开营业税改征增值税试点的通知》（财税〔2016〕36号）附件1《营业税改征增值税试点实施办法》第二十条规定，境外单位或者个人在境内发生应税行为，在境内未设有经营机构的，扣缴义务人按照下列公式计算应扣缴税额：

应扣缴税额 = 购买方支付的价款 ÷（1+ 税率）× 税率

【提示】 在计算应扣缴增值税税额时，应将向购买方支付的含税价款，换算为不含税价款，再乘以应税行为的增值税适用税率（不能适用增值税征收率），计算出应扣缴的增值税税额。

（2）从境外单位或者个人购进服务、无形资产或者不动产，自税务机关或者扣缴义务人取得的解缴税款的完税凭证上注明的增值税额准予从销项税额中抵扣。

纳税人凭完税凭证抵扣进项税额的，应当具备书面合同、付款证明和境外单位的对账单或者发票。

（四）城市维护建设税和教育费附加的代扣代缴

（1）《城市维护建设税法》（主席令第五十一号）第三条规定，对进口货物或者境外单位和个人向境内销售劳务、服务、无形资产缴纳的增值税、消费税税额，不征收城市维护建设税。

（2）《城市维护建设税法》（主席令第五十一号）第十一条规定，本法自 2021 年 9 月 1 日起施行。1985 年 2 月 8 日国务院发布的《中华人民共和国城市维护建设税暂行条例》同时废止。

【结论】 公司在 2021 年 9 月 1 日之前扣缴增值税同时也要扣缴城市维护建设税，自 2021 年 9 月 1 日之后扣缴增值税时不需要再扣缴城市维护建设税。

二、企业服务贸易对外支付的企业所得税处理与风险控制

问题 12:
企业对外支付的技术服务费是特许权使用费还是劳务费？

（一）政策依据

（1）《企业所得税法》第三条第三款规定，非居民企业在中国境内未设立机构、场所的，或者虽设立机构、场所但取得的所得与其所设机构、场所没有实际联系的，应当就其来源于中国境内的所得缴纳企业所得税。

（2）《企业所得税法实施条例》第七条规定，来源于中国境内、境外的所得按照以下原则确定：①提供劳务所得，按照劳务发生地确定；②利息所得、租金所得、特许权使用费所得，按照负担、支付所得的企业或者机构、场所所在地确定，或者按照负担、支付所得的个人的住所地确定。

（二）劳务所得与特许权使用费所得的划分

由于中国对境外劳务不予征税，而对支付给非居民的特许权使用费征收 10% 的预提所得税，因此，税企之间经常因为对外支付费用的性质问题发生争议。同时，在企业生产经营过程中，向境外支付的费用性质的正确界定，不仅可以降低税务成本，还可以减少企业税务风险。

1.特许权使用费所得范围

（1）技术使用权转让所得，而非技术所有权转让所得。

（2）不仅包括专有技术，还包括设备租赁及情报。

（3）适用特许权使用费条款的专有技术既包括转让前已存在技术，也包括技术使用过程中研发形成的保密性技术。

2.特许权使用费和劳务的区分原则

收取特许权使用费本质上是一种商业模式，如果一家企业取得了某项技术或者在某一领域积累了商誉，要么利用技术或者商誉自己生产产品或提供服务，要么许可别人使用自己的技术或商誉生产产品或提供服务。很显然，前者属于提供劳务，后者属于收取特许权使用费。因此，我们认为区分特许权使用费和劳务的原则包括以下三点：

第一，如果一项收费属于特许权使用费，那么被许可的技术通常已经存在，技术许可方通常不亲自参加技术的具体应用。

第二，如果一项收费属于劳务所得，则通常以特定使用目的为前提，且收费方为此目的向支付方提供了管理、咨询、营销等相关服务，即提供的服务必须真实存在。

第三，境外收取的费用必须与提供的服务相匹配，价格必须公允，即该项收费具有补偿性，如有超出部分则应考虑是否有特许权使用费因素。

3.特许权使用费和劳务的具体划分

（1）境外机构或个人仅根据境内需求提供劳务，劳动成果归境内所有，不涉及著作权、专利权或专有技术的许可适用，境内公司支付的所得应界定为提供劳务所得。

（2）如果双方合同明确规定，合同形成的成果所有权归境外所有，境内企业仅能在规定项目使用，且需要履行相关保密义务，这种合同约定下，该笔费用认定为特许权使用费所得。

（3）如果境外公司提供服务是在其原拥有的专利或非专利技术基础上进一步开发新的专利或非专利技术，无论是约定成果所有权归境内企业所有还是约定成果归双方所有，即境外公司实际将其原有的专利或非专利技术使用权向境内企业进行转让，应界定为"特许权使用费所得"。同时，在将其原有的专利和非专利技术使用权转让给境内企业后，再为境内企业在此基础上提供开发劳务行为，这部分应界定为"提供劳务所得"。

【提示】技术服务合同中引发特许权使用费风险条款包括：①保密条款、知识产权归属条款；②税务机关在判定特许权使用费还是技术服务费时，如果收费金额较大，会被质疑是否含有特许权使用的权限，如果是按照利润的比例收费，会被税务机关认为偏向于特许权使用费。

【案例 3-20】 某公司需要按年向境外关联方支付 IT 相关费用 50 万美元，包含软件许可费、软件维护费、信息安全服务、网站维护等，相关中国税负全部由该公司承担。主管税务机关按照特许权使用费判定该关联方 IT 费用需要缴纳 10% 预提所得税。

请问：企业应如何整改上述方案，才能降低税务风险？

【解析】

（1）企业合同签订过程中，需要区分 IT 费用中是特许权使用费和非特许权使用费，并且应该分别签订两个合同，即软件许可合同应该单独签订。

（2）企业合同签订过程中对收费方法约定，需要明确获取 IT 费用计算明细，应在合同中列明相关费用的收费方法和收费明细：例如，软件许可合同按许可的软件个数收费，信息技术服务合同（涵盖软件维护费、信息安全服务、网站维护等）按服务人员的小时费率等收费。

【案例 3-21】 A 公司是我国的一家进出口贸易企业，主营业务是生产纺织制成品和针纺织品等并销售至海外。为拓展美国市场，A 公司分别与美国 B 公司和 C 公司签订了外贸经纪人佣金合同，合同有效期为 2021 年 1 月 1 日至 2025 年 12 月 31 日，合同中特别约定，B 公司、C 公司提供的服务均发生在美国。A 公司与 B 公司签订的合同约定，B 公司为 A 公司介绍美国客户，按每笔合同成交金额的 3% 提取销售佣金。A 公司与 C 公司签订的合同约定，A 公司使用 C 公司在美国的客户名单及销售渠道，这些客户名单及销售渠道是 C 公司以前年度开发形成且发生过交易的，C 公司协助 A 公司维护客户关系，A 公司按每笔合同成交金额的 3% 支付销售佣金。请问上述佣金属于劳务还是特许权使用费？

【解析】 从形式上看，A 公司与美国 B 公司和 C 公司签订的合同均为外贸佣金合同，但从业务实质上分析，二者存在一定差异：

（1）在 A 公司与 B 公司签订的合同中，B 公司通过为 A 公司介绍客户取得报酬，符合佣金的定义，即具有独立地位和经营资格的中间人在商业活动中为他人提供服务所得到的报酬，属于劳务。

由于 B 公司为 A 公司提供的劳务服务发生地在美国，并非在我国境内，因此，B 公司取得的劳务所得无须缴纳增值税，A 公司无须代扣代缴预提所得税。

（2）根据 A 公司与 C 公司签订的合同，A 公司可以直接使用 C 公司在美国的客户名单和销售渠道。由于 A 公司使用的是与 C 公司发生过交易的客户名单和销售渠道，因而属于使用了 C 公司的营销性无形资产，其支付的款项属于特许权使用费。

同 B 公司一样，因 C 公司的业务完全发生在境外，无须代扣代缴增值税；但 A 公司需要按照 10% 的税率代扣代缴预提所得税。

（三）境内提供劳务是否构成常设机构的判断与税务处理

非居民企业在我国的营业活动构成税收协定中所说的劳务型常设机构的前提下，税务机关会对其营业利润征税，不仅涉及企业所得税、增值税和城建教育费附加，还涉及到个人所得税。

1. 是否构成常设机构的判断

非居民企业在华活动是否构成劳务性常设机构的判断标准为：一方企业直接或者通过雇员或者雇用的其他人员，在另一方为同一个项目或者相关联的项目提供的劳务，包括咨询劳务，仅以在任何 12 个月中连续或累计超过 6 个月（或 183 天）为限。这里的 6 个月（或 183 天）是我国与大多数国家签订双边税收协定中普遍约定的时间标准，但还有一些税收协定中约定的时间超过此标准。当非居民企业在我国的营业活动超过税收协定中约定的时间标准时，非居民纳税人的身份将会改变，将会被认定为常设机构。

2. 具体税务处理

在双方有税收协定的前提下，非居民企业在境内提供劳务根据是否构成劳务性常设机构，分别进行处理：

（1）如果非居民企业提供劳务不构成常设机构，则免征企业所得税和个人所得税，但仍需缴纳增值税和城建税及教育费附加。

（2）如果非居民企业构成常设机构，我国拥有对常设机构营业利润的征税权，适用的税率为 25%，需缴纳企业所得税，常设机构中工作的外籍人员每个月取得的工资需要交纳个人所得税。另外，构成常设机构后，非居民企业需办理税务登记和申报纳税等。

（四）企业所得税源泉扣缴方法

1. 法定源泉扣缴

依据《企业所得税法》第三十七条规定，以支付人为扣缴义务人。税款由扣缴义务人在每次支付或者到期应支付时，从支付或者到期应支付的款项中扣缴，企业所得税税率为 10% 或按协定税率（7% 或 5%）。

2. 指定源泉扣缴

依据《企业所得税法》第三十八条规定，对非居民企业在中国境内取得工程作业和劳务所得应缴纳的所得税，税务机关可以指定工程价款或者劳务费的支付人为扣缴义务人，企业所得税税率为 25%。

（1）根据《非居民企业所得税核定征收管理办法》（国税发〔2010〕19 号）第七条的规定，凡其提供的服务同时发生在中国境内外的，应以劳务发生地为原则划分其境内外收入，并就其在中国境内取得的劳务收入申报缴纳企业所得税。税务机关对其境内外收入划分的合理性和真实性有疑义的，可以要求非居民企业提供真实有效的证明，并根据工作量、工作时间、成本费用等因素合理划分其境内外收入；如非居民企业不能提供真实有效的证明，税务机关可视同其提供的服务全部发生在中国境内，确定其劳务收入并据以征收企业所得税。

（2）根据《非居民企业所得税核定征收管理办法》（国税发〔2010〕19 号）第五条的规定，税务机关可按照以下标准确定非居民企业的利润率：①从事承包工程作业、设计和咨询劳务的，利润率为 15%～30%；②从事管理服务的，利润率为 30%～50%；③从事其他劳务或劳务以外经营活动的，利润率不低于 15%。

三、企业服务贸易对外支付代扣代缴税款的计算

（一）基本要求

（1）根据《国家税务总局关于营业税改征增值税试点中非居民企业缴纳企业所得税有关问题的公告》（国家税务总局公告 2013 年第 9 号）的规定，非居民企业取得《企业所得税法》第三条第三款规定的所得，在计算缴纳企业所得税时，应以不含增值税的收入全额作为应纳税所得额。

（2）根据《国家税务总局关于非居民企业所得税源泉扣缴有关问题的公告》（国家税务总局公告 2017 年第 37 号）第六条的规定，扣缴义务人与非居民企业签订与《企业所得税法》第三条第三款规定的所得有关的业务合同时，凡合同中约定由扣缴义务人实际承担应纳税款的，应将非居民企业取得的不含税所得换算为含税所得，计算并解缴应扣税款。

（二）法定源泉扣缴

1.外方承担所有税款

（1）应扣缴企业所得税＝支付金额÷（1+增值税率）×企业所得税率。

（2）应扣缴增值税＝支付金额÷（1+增值税率）×增值税率。

2.中方承担所有税款

（1）应扣缴企业所得税＝支付金额÷（1−企业所得税率）×企业所得税率。

（2）应扣缴增值税＝支付金额÷（1−企业所得税率）×增值税率。

3.中方承担增值税

（1）应扣缴企业所得税＝支付金额×企业所得税率。

（2）应扣缴增值税＝支付金额×增值税率。

4.中方承担企业所得税

（1）应扣缴企业所得税＝支付金额÷（1+增值税率−企业所得税率）×企业所得税率。

（2）应扣缴增值税＝支付金额÷（1+增值税率−企业所得税率）×增值税率。

（三）指定源泉扣缴

1.外方承担所有税款

（1）应扣缴企业所得税＝支付金额÷（1+增值税率）×境内劳务比例×核定利润率×25%。

（2）应扣缴增值税＝支付金额÷（1+增值税率）×增值税率。

2.中方承担所有税款

（1）应扣缴企业所得税＝支付金额÷（1−境内劳务比例×核定利润率×25%−增值税率×12%）×境内劳务比例×核定利润率×25%。

（2）应扣缴增值税＝支付金额÷（1−境内劳务比例×核定利润率×25%−增值税率×12%）×增值税率。

3.中方承担流转税及附加

（1）应扣缴企业所得税＝支付金额÷（1−增值税率×12%）×境内劳务比例×核定利润率×25%。

（2）应扣缴增值税＝支付金额÷（1−增值税率×12%）×增值税率。

4. 中方承担企业所得税

（1）应扣缴企业所得税 = 支付金额 ÷（1+ 增值税率 – 境内劳务比例 × 核定利润率 ×25%）× 境内劳务比例 × 核定利润率 ×25%。

（2）应扣缴增值税 = 支付金额 ÷（1+ 增值税率 – 境内劳务比例 × 核定利润率 ×25%）× 增值税率。

【案例 3-22】 某企业需要向境外支付某商标的使用费 954 万元，合同约定如下，假设不考虑其他因素。

情形 1：合同约定金额 954 万元，税款由外方承担。

情形 2：合同约定金额 954 万元，税款由中方承担。

【解析】

情形 1：合同约定金额 954 万元，税款由外方承担。

（1）扣缴增值税 =954÷（1+6%）×6%=54（万元）；

（2）扣缴企业所得税 =954÷（1+6%）×10%=90（万元）。

情形 2：合同约定金额 954 万元，税款由中方承担。

（1）扣缴增值税 =954÷（1–10%）×6%=63.6（万元）；

（2）扣缴企业所得税 =954÷（1–10%）×10%=106（万元）。

【案例 3-23】 某企业委托境外公司进行设计，成果归境内所有，税务机关核定利润率为 30%，假设城建税及附加为 12%。

情况 1：设计活动全部发生在境外。

情况 2：设计活动全部发生在境内。

情况 3：设计活动 30% 发生在境内，70% 发生在境外。

【解析】

情况 1：设计活动全部发生在境外。企业应代扣代缴增值税，税率 6%，不征收城建税及附加和企业所得税；

情况 2：设计活动全部发生在境内。

（1）不构成常设机构。企业应代扣代缴增值税，税率 6%，征收城建税及附加 12%；申请免征企业所得税。

（2）构成常设机构（包括未构成常设机构但未申请免征企业所得税）。

假设合同约定金额 350 万元，税款由外方承担：

应扣缴增值税 =350÷（1+6%）×6%=19.81（万元）

应扣缴城建税及附加 =19.81×12%=2.38（万元）

应扣缴企业所得税 =350÷（1+6%）×30%×25%=24.76（万元）

假设合同约定金额 350 万元，税款由中方承担：

应扣缴增值税 =350÷（1-30%×25%-6%×12%）×6%=22.89（万元）

应扣缴城建税及附加 =22.89×12%=2.75（万元）

应扣缴企业所得税 =350÷（1-30%×25%-6%×12%）×30%×25%=28.61（万元）

情况 3：设计活动 30% 发生在境内，70% 发生在境外。

（1）境内部分不构成常设机构。企业应代扣代缴增值税，税率 6%，境内部分征收城建税及附加 12%；申请免征企业所得税。

（2）境内部分构成常设机构。

假设合同约定金额 350 万元，税款由外方承担：

应扣缴增值税 =350÷（1+6%）×6%=19.81（万元）

应扣缴城建税及附加 =19.81×30%×12%=0.71（万元）

应扣缴企业所得税 =350÷（1+6%）×30%×30%×25%=7.43（万元）

假设合同约定金额 350 万元，税款由中方承担：

应扣缴增值税 =350÷（1-30%×30%×25%-30%×6%×12%）×6%= 21.64（万元）

应扣缴城建税及附加 =21.64×12%=2.60（万元）

应扣缴企业所得税 =350÷（1-30%×30%×25%-30%×6%×12%）×30%×30%×25%=8.12（万元）

四、企业服务贸易对外支付税前扣除的风险控制与案例分析

（1）根据《关于沃尔玛（中国）投资有限公司有关涉税诉求问题的函》（国税办函〔2010〕615 号）的规定，如果合同约定非居民企业取得所得应纳中国税金由中国企业承担，且非居民企业出具收款发票的注明金额为包含代扣代缴税金的总金额，原则上应允许计算企业所得税税前扣除，但主管税务机关应根据有关规定审核该项支付的真实性与合理性。

【提示】 同时满足下列条件可以按照含税金额在税前扣除：①将不含税价换算为含税价；②非居民企业出具收款发票的注明金额为包含代扣代缴税金的总金额。

【案例 3-24】 我国境内居民 A 企业向境外非居民 B 企业支付一笔境内使用的商标费 900 万元，合同规定该业务所产生的应在中国缴纳的所有税费均由中方企业承担。其中，增值税税率 6%，所得税税率 10%，假设不考虑其他税费。

【解析】 根据《国家税务总局关于非居民企业所得税源泉扣缴有关问题的公告》（国家税务总局公告 2017 年第 37 号）第六条的规定，凡合同中约定由扣缴义务人实际承担应纳税款的，应将非居民企业取得的不含税所得换算为含税所得计算并解缴应扣税款。

假设不含增值税价款为 Y，则：$Y-Y×10\%=900$（万元）

$Y=900÷（1-10\%）=1000$（万元）

应扣缴增值税 = 不含增值税的价款 × 增值税税率 =$1000×6\%=60$（万元）

应扣缴企业所得税 = 不含增值税的价款 × 企业所得税税率 =$1000×10\%=100$（万元）

具体会计处理如下：

借：无形资产	1000
应交税费——待抵扣进项税额	60
贷：银行存款	900
应交税费——代扣代缴增值税	60
应交税费——代扣代缴企业所得税	100

【提示】 收款发票金额为 1060 万元，无形资产计税基础为 1000 万元。纳税人凭完税凭证抵扣进项税额的，应当具备书面合同、付款证明和境外单位的对账单或者发票。

（2）企业注意对境外关联方支付服务贸易费用与服务内容之间的相关性，例如，境内企业向境外关联公司按收入的一定比例支付管理服务费用，母公司向境内子公司开具形式发票时，并没有列出具体的明细项目，只是一笔汇总的金额。如果境内企业无法提供相应证据证明所接受的管理服务内容与其所支付的费用存有直接相关性并且能够给企业带来有关的经济利益的话，税务机关可按照相关政策实施特别纳税调整，对此所支付的费用征收所得税，在计算企业应纳税所得额时不得扣除，相关类型也清楚地在《关于企业向境外关联方支付费用有关企业所得税问题的公告》（国家税务总局公告 2015 年第 16 号）中予以列示。

五、建筑企业购买境外工程设计服务的税务处理指引[①]

建筑企业签订购买境外工程设计服务合同，应关注的要点如下：

---

① 吴克红：《房地产税务总监工作手册》，2018 年 6 月。

1. 合同名称规范

建筑工程设计合同名称、建议规范为《建筑工程设计合同（××项目××设计）》，名称原则上不允许出现"顾问""咨询"等字样。

2. 公司居民身份条款

同等条件下一般聘用与中国签订有税收协定的国家或地区构成永久性税收居民的公司，并在合同中单独说明发包方与设计方各自居民身份状态。

3. 设计费条款

合同应单设税收条款，明确规定：设计费包括设计方应缴纳的中华人民共和国以外的任何税收，并包括设计方应在中华人民共和国境内缴纳的所得税（如有）；不包括设计方应向中华人民共和国缴纳的增值税等消费类税收或者行政收费，该费用由发包方承担。

例如，上述设计费中不包含中国内地增值税等消费类税收，该税由甲方承担。本合同无须向中国内地政府缴纳企业所得税，但如果中国内地政府税务当局要求，乙方须提供相关设计人员的出入境证明。

4. 工作地点条款

合同应单设条款，明确设计工作的地点（示例：所有设计工作均在××完成），设计公司需要派人入中国境内的，需预估将要入境的时间点及在境内停留的期间。同时约定：设计方应将其出入境记录报告中国政府税务当局。如果任何连续 12 个月内设计方因本合同任务在境内停留时间超过 183 天，设计方有向中国内地政府缴纳所得税的义务。否则，设计方无需向中国政府缴纳企业所得税，设计方可委托发包方代理有关免税事务。

5. 著作权条款

应明确约定设计成果形成的知识产权，除署名权可归境外设计公司外，其余皆归发包方所有；不能约定为归设计方所有或者"双方共有"。

6. 保密条款

对设计成果的保密义务仅限制设计方，不限制发包方。

示例：设计成果（包括但不限于草稿、讨论稿、修改稿、定稿等全部阶段），本项仅为乙方的保密义务。

7. 需要注意的其他问题

工程设计合同不需要向商务部办理《技术进口合同登记证》，设计合同属于建设工程合同，不属于技术服务合同。

第四章 生产与工薪业务循环税收风险控制与规划

第一节 财税差异处理的原则与纳税调整管理

一、企业会计准则与税收法规不一致情况下的处理原则

（一）政策依据

《企业财务制度与税收法规不一致情况下的处理意见的函》（财商字〔1998〕74号）指出，对企业财务制度与税收法规不一致时的财务处理意见明确如下：

（1）企业在确认收入、成本、费用、损失并进行损益核算和账务处理，以及进行资产、负债管理时，必须严格按照国家统一制定的财务、会计制度执行。

（2）在纳税申报时，对于在确认应纳税所得额过程中，因计算口径和计算时期的不同而形成的税前会计利润与应纳税所得额的差额，不应改变原符合财务制度规定的处理和账簿记录，仅作纳税调整处理。

（二）财税差异具体处理原则

（1）依据《关于企业财务会计制度与税收法规不一致情况下的处理意见的函》（财商字〔1998〕74号）的规定，进行会计核算和财务管理，严格执行国家统一财务会计制度。

（2）根据《企业所得税法》第二十一条的规定，在计算应纳税所得额时企业财务、会计处理办法与税收法律、行政法规的规定不一致的，应当依照税收法律、行政法规的规定计算。

（3）根据《关于修订企业所得税年度纳税申报表有关问题的公告》（国家

税务总局公告 2019 年 41 号）的规定，纳税人在计算企业所得税应纳税所得额及应纳税额时，会计处理与税收规定不一致的，应当按照税收规定计算。税收规定不明确的，在没有明确规定之前，暂按国家统一会计制度计算。

【提示】 企业因计算口径和计算时期的不同而形成的税会差异，主管税务机关不能要求企业改变账簿记录，企业仅作纳税调整处理即可。

二、"税收导向会计"在企业税务管理过程中的应用与案例分析

（一）"税收导向会计"的内涵

税收导向会计是指在企业会计准则可供选择或没有具体规定的情况下，尽量向税法靠拢，尽量减少纳税调整事项，避免企业出现早缴税、多缴税的现象。

（二）"税收导向会计"的具体应用与案例分析

【案例 4-1】 企业房屋建筑物二次装修如何进行财税处理？

1. 企业会计准则规定

《企业会计准则第 4 号——固定资产》应用指南指出，固定资产的后续支出，有确凿证据表明符合固定资产确认条件的部分，可以计入固定资产成本，不符合固定资产的确认条件的应当费用化，计入当期损益。

【提示】 企业会计准则规定体现的是原则导向，需要企业财务人员进行职业判断。

2. 税务处理规定

（1）《财政部 国家税务总局关于房产税、城镇土地使用税有关问题的通知》（财税〔2008〕152 号）规定，自 2009 年 1 月 1 日起，对依照房产原值计税的房产，不论是否记载在会计账簿固定资产科目中，均应按照房屋原价计算缴纳房产税。房屋原价应根据国家有关会计制度规定进行核算。对纳税人未按国家会计制度规定核算并记载的，应按规定予以调整或重新评估。

（2）《福建省房产税实施细则》（闽政〔1986〕93 号）第七条规定，房产税计税依据规定如下：纳税人新建、扩建、改建、调入、调出、买卖、拆除房屋等，均从变更、转移、竣工或使用之次月起调整房产原值。新建、扩建、改建的房屋其增值部分应加值计算，已拆除的房屋其减值部分可在原值中扣除。

（3）《关于明确房产税土地使用税有关政策的通知关于房屋装修费用计入

房屋原值征收房产税问题》（吉地税发〔2006〕42 号）规定，对旧房重复装饰装修的投资额，按现行会计制度规定，凡计入固定资产科目，增加房产原值的，征收房产税，未增加房产原值的，不征收房产税。

（4）《河北省国家税务局关于企业所得税若干政策问题的公告》（河北省国家税务局公告 2014 年第 5 号）规定，根据《实施条例》第七十条和国家税务总局公告 2011 第 34 号的规定，企业自有房屋的装修费如属于提升功能、增加面积的改扩建支出，并入房屋的计税基础；除改扩建支出外，企业自有房屋的装修费，应作为其他长期待摊费用，自支出发生的次月起分期摊销，摊销年限不得低于 3 年。

（5）《企业所得税法实施条例》第六十八条规定，企业所得税法第十三条第（一）项和第（二）项所称固定资产的改建支出，是指改变房屋或者建筑物结构、延长使用年限等发生的支出。

【提示】 企业会计准则规定是原则导向，比较抽象；而税务处理规定比较具体，建议企业的财税处理尽量向税收法律法规靠拢。因此，为了不多缴房产税，对于房屋建筑物二次装修，只有符合改扩建支出条件的计入固定资产原值，才需要缴纳房产税，否则，应作为长期待摊费用进行会计核算，且不用缴纳房产税。

三、所得税会计在企业所得税汇算清缴过程中的应用解析

（一）所得税会计处理原则

企业针对无法协调的财税差异，需要依据所得税会计准则的规定，借助于递延所得税的确认和企业所得税台账管理，严防只管"调增补税、忘记调减"重复缴税的风险发生。

（二）所得税会计具体应用与案例分析

1. 企业所得税台账管理（见表 4-1）

表 4-1　　　　　　　　　　　企业所得税台账管理

项目	账载金额	税收金额	调整金额	反向调整年度	备注
一、永久性差异					
1.					

续表

项目	账载金额	税收金额	调整金额	反向调整年度	备注
2.					
……					
二、时间性差异					
1.					
2.					
……					

【提示】　税务局检查后下达《税务处理决定书》进行补税的，产生的企业所得税差异（包括永久性差异和时间性差异）也需填入台账（填入实际补税年度表），时间性差异也需逐年等额转回。要严防只管调增补税而无人负责调减的重复纳税错误发生。

2.案例分析

【案例 4-2】　甲企业 2×20 年 6 月购置一台环保设备并投入使用，不含税价 500 万元，价税合计 565 万元。由于该设备满足税法规定的一次性扣除条件，甲企业 2×20 年决定选择使用，会计上按照 5 年折旧，采用年限平均法，预计净残值为 0。假定甲企业在 2×22 年 6 月将该设备处置出售，不含税售价为 280 万元。

【解析】　1. 2×20 年度的财税处理

（1）会计折旧 =500÷（12×5）×6=50（万元）。

甲企业 2×20 年度该设备 500 万元可以一次性作为折旧进行扣除。

（2）固定资产折旧产生的税会差异 =500–50=450（万元），纳税调减 450 万元。

（3）固定资产的账面价值 450 万元大于计税基础 0，产生应纳税暂时性差异 450 万元。

（4）应确认的"递延所得税负债"= 450 万元 ×25%=112.5（万元）。

借：所得税费用　　　　　　　　　　　　　　　　　　　　　　112.5

　　贷：递延所得税负债　　　　　　　　　　　　　　　　　　112.5

（5）纳税调整通过填写《A105080 资产折旧、摊销及纳税调整明细表》完成。

2.2×21 年度的财税处理

（1）会计折旧 =500÷（12×5）×12=100（万元）；税法折旧额 =0。

（2）固定资产折旧产生的税会差异 =100−0=100（万元），纳税调增 100 万元。

（3）固定资产的账面价值 350 万元大于计税基础 0，累计产生应纳税暂时性差异 350 万元。

（4）应转回的"递延所得税负债"=350×25%−112.5=−25（万元）。

借：递延所得税负债   25

    贷：所得税费用   25

（5）纳税调整通过填写《A105080 资产折旧、摊销及纳税调整明细表》完成。

3.2×22 年度的财税处理

（1）会计折旧 =500÷（12×5）×6=50（万元）；税法折旧额 =0 元。

（2）固定资产折旧产生的税会差异 =50−0=50（万元），纳税调增 50 万元。

（3）会计处置损益 =280−300=−20（万元）；税法处置损益 =280−0=280（万元）；处置损益产生的税会差异 =300（万元），纳税调增 300 万元。

（4）固定资产的账面价值与计税基础均为 0，累计产生应纳税暂时性差异为 0。

（5）应确认的"递延所得税负债"= 0−87.5=−87.5（万元）。

借：递延所得税负债   87.5

    贷：所得税费用   87.5

（6）纳税调整需要填写《A105080 资产折旧、摊销及纳税调整明细表》和 A105090《资产损失税前扣除及纳税调整明细表》完成。

（三）纳税调整的风险管理

问题 13：
企业未正确进行纳税调整能否定性为企业偷税？

【案例 4-3】 北京聚菱燕塑料有限公司为部分管理人员购买了商业保险，该企业在当期代扣代缴了个人所得税，并在企业所得税税前扣除；税务机关认为管理人员的商业保险支出不得税前扣除，需要纳税调整，认定为偷税，要求企业补税，加收滞纳金，并罚款 0.5 倍。请问税务机关做法是否正确？

【解析】

（1）《北京市国家税务局关于明确税务检查中有关政策执行问题的通知》（京国税发〔2007〕363号）中强调"税务机关在判定纳税人涉税行为是否偷税时，应按征管法及其实施细则相关条款执行，无需增加是否有主观故意等条件"。

（2）《青岛市国家税务局税务行政处罚实施办法（试行）》（青国税发〔2008〕116号）第二十八条规定，定性偷税必须以证据证明的偷税事实为法定依据，坚持"无过错推定"的原则，充分证明税务违法当事人有偷税行为、目的和结果的共同事实，才能定性为法定意义上的偷税，并承担相应的法律责任。税务机关没有证据证明纳税人具有主观故意偷税行为的，不得认定为偷税。

（3）《国家税务总局关于进一步做好税收违法案件查处有关工作的通知》（税总发〔2017〕30号）明确：对税收违法企业，实施税务行政处罚时要综合考虑其违法的手段、情节、金额、违法次数、主观过错程度、纠错态度。对未采取欺骗、隐瞒手段，只是因理解税收政策不准确、计算错误等失误导致未缴、少缴税款的，依法追缴税款、滞纳金，不定性为偷税。对因税务机关的责任导致未缴、少缴税款的，依法在规定追溯期内追缴税款，不加收滞纳金。对采取欺骗、隐瞒手段，故意不缴、少缴税款的，应当认定为偷税。

（4）最新《行政处罚法》第三十三条第二款规定，"当事人有证据足以证明没有主观过错的，不予行政处罚。"该条款充分说明行政违法行为需要考虑行为人"主观要件"，有证据证明无主观过错的，不予行政处罚；因此，在税收执法领域，针对有造成国家税款损失的行为，不应该一律按照偷税处理。

【提示】 企业未正确地进行纳税调整，只要没有主观故意，就不是偷税，前述案例中，税务机关做法是值得商榷的。

依据《中华人民共和国税收征收管理法》第六十三条的规定，定性为"偷税"的行为必须同时具备四个要件：

（1）主体方面，须是法定的纳税人或扣缴义务人。

（2）主观方面必须是故意，即主观上必须出于不缴或者少缴应纳税款的目的。

（3）客观方面必须是采取下列某种手段：①伪造、变造、隐匿、擅自销毁账簿、记账凭证（含发票）。②在账簿中多列支出或不列、少列收入。③经税务机关通知申报而拒不申报。④进行虚假的纳税申报（主观故意）。

（4）必须有"少缴应纳税款"的后果。

【链接】《国家税务总局关于未申报税款追缴期限问题的批复》（国税函〔2009〕326 号）指出，税收征管法第六十四条第二款规定的纳税人不进行纳税申报造成不缴或少缴应纳税款的情形不属于偷税、抗税、骗税，其追征期按照税收征管法第五十二条规定的精神，一般为三年，特殊情况可以延长至五年。

第二节　企业不同形式用工的涉税处理与税务规划

一、企业不同用工模式下人工费的税务处理差异分析

（一）政策依据

（1）根据《财政部 国家税务总局关于全面推开营业税改征增值税试点的通知》（财税〔2016〕36 号）附件 1《营业税改征增值税试点实施办法》第十条的规定，单位或者个体工商户聘用的员工为本单位或者雇主提供取得工资的服务，属于非经营活动，不征收增值税，不需要开具增值税发票。

（2）《国家税务总局关于征收个人所得税若干问题的规定》（国税发〔1994〕89 号）规定，工资、薪金所得是属于非独立个人劳务活动，即在机关、团体、学校、部队、企事业单位及其他组织中任职、受雇而得到的报酬；劳务报酬所得则是个人独立从事各种技艺、提供各项劳务取得的报酬。两者的主要区别在于，前者存在雇佣与被雇佣关系，后者不存在这种关系。

（3）《国家税务总局关于企业所得税应纳税所得额若干税务处理问题的公告》（国家税务总局公告 2012 年第 15 号）规定，企业因雇用季节工、临时工、实习生、返聘离退休人员所实际发生的费用，应区分为工资薪金支出和职工福利费支出，并按《企业所得税法》规定在企业所得税前扣除。

（二）企业不同用工模式下人工费的税务处理原则与差异

依据上述税收法律法规的规定，不同用工模式人工费的税务处理与差异分析，如表 4-2 所示。

表 4-2　　　　　　　　　新个人所得税法下的不同用工模式的税务处理差异

项目	工资薪金	劳务报酬
增值税征收范围	不属于	属于（起征点优惠）
税前扣除凭证	工资单和收付凭据	发票（起征点优惠除外）
个人所得税预扣预缴方法	按月使用累计预扣法	分项，按次或月预扣预缴
个人所得税汇算清缴	全额	全额 × 80%
与单位之间的关系	雇佣与被雇佣关系	不存在雇佣与被雇佣关系

【案例 4-4】 我公司聘请了几位临时工，发放工资的时候需要临时工去税务局代开发票才能税前列支吗？

【青海税务局 12366 解答】 如果某位"临时工"，在一个企业或者单位任职或者受雇，接受工作安排，从事非独立工作，其报酬即属于"工资薪金"，不需要代开发票。

【结论】 企业雇员临时工，对于确实存在实质雇佣关系、服从雇佣单位管理安排、从事非独立工作的临时工来讲，向其支付费用属于工资薪金，不需要取得发票。

二、企业不同用工模式下人工费的具体税务处理与规划

问题 14：
企业支付实习学生人工费能按工资薪金进行税务处理吗？

（一）雇佣关系与劳务关系的区分

自然人与单位之间是雇佣关系还是劳务关系，一般考虑以下几个因素：

1. 法律上主体地位是否平等

（1）根据《人身损害赔偿解释》第九条第二款对"从事雇佣活动"的解释可知，雇员必须根据雇主授权或指示范围内从事生产经营活动或者其他劳务活动。所以，雇员要接受雇主的管理，服从雇主的指挥，双方之间存在着一定的隶属关系与人身依附关系。

（2）劳务关系主体之间只存在经济关系，劳动者自主提供劳务服务，用工者支付报酬，彼此之间不存在其他人身隶属关系或人身依附关系。因此，双方法律地位平等。

2. 工作条件和生产资料由谁提供

（1）雇佣关系中，雇员一般在雇主指定的工作场所，利用雇主提供的生产资料进行社会劳动。

（2）劳务关系中的劳动方一般只提供简单的劳动力，自备生产工具，且工作场所根据提供劳务的需要可随时变动。

3. 关系存续期间长短

（1）雇佣关系因为雇主所需要的劳务量相对比较大，技术含量也要高于劳务关系，因此，雇佣关系的存续期间要长于劳务关系。

（2）在劳务关系中，劳务需求方所要求的劳动服务往往并不复杂，一次性或在某一特定期间就可以完成。在劳动方完成与用工方约定的劳务后，双方关系就自然解除。因此，劳务关系的存续时间比较短。

4. 受国家法律干预程度

（1）在雇佣关系中，雇员与雇主的关系除了受《劳动合同法》调整，同时，雇主还必须保证雇员的劳动安全，否则，雇员因从事雇佣活动遭受人身损害，无论雇主是否存在过错，都应当承担民事赔偿责任。

（2）劳务关系只涉及经济关系，劳务关系双方签订合同时，遵循《民法典》规定的平等、自愿和公平原则进行；法律并没有苛求用工方必须履行为劳动方提供劳动保护和安全的义务。

【提示】《我国政府和新加坡共和国政府关于对所得避免双重征税和防止偷漏税的协定及议定书条文解释》（国税发〔2010〕75 号）第十五条规定，"关于对真实雇主的判定可参考下列因素：①中国企业对上述人员的工作拥有指挥权；②上述人员在中国的工作地点由中国企业控制或负责；③中国企业支付给中介机构的报酬是以上述人员工作时间计算，或者支付的该项报酬与上述人员的工资存在一定联系，例如，按人员工资总额的一定比例确定支付给中介机构的报酬；④上述人员工作使用的工具和材料主要由中国企业提供；⑤中国企业所需聘用人员的数量和标准并非由中介机构确定，而由中国企业确定"。这个解释把个人所得税中独立个人劳务和非独立个人劳务之间的区别说清楚了。因此，非独立个人劳务实际包括法律关系中的劳动合同法律关系和雇佣合同法律关系，而独立个人劳务对应的应该是劳务合同法律关系。

（二）雇佣关系的界定

在实际工作中，雇佣关系包括三种情形。

1. 标准劳动关系

用人单位与劳动者签订劳动合同的，则用人单位与劳动者构成劳动关系，用人单位和劳动者构成依法缴纳社保费用的义务人，个人的社保费用由用人单位代扣代缴。

2. 事实劳动关系

（1）根据《关于确立劳动关系有关事项的通知》（劳社部发〔2005〕12号）的规定：用人单位招用劳动者未订立书面劳动合同，但同时具备下列情形的，劳动关系成立：①用人单位和劳动者符合法律、法规规定的主体资格；②用人单位依法制定的各项劳动规章制度适用于劳动者，劳动者受用人单位的劳动管理，从事用人单位安排的有报酬的劳动；③劳动者提供的劳动是用人单位业务的组成部分。

（2）根据《关于确立劳动关系有关事项的通知》（劳社部发〔2005〕12号）的规定：用人单位未与劳动者签订劳动合同，认定双方存在劳动关系时可参照下列凭证：①工资支付凭证或记录（职工工资发放花名册）、缴纳各项社会保险费的记录；②用人单位向劳动者发放的"工作证""服务证"等能够证明身份的证件；③劳动者填写的用人单位招工招聘"登记表""报名表"等招用记录；④考勤记录；⑤其他劳动者的证言等。其中，①③④项的有关凭证由用人单位负举证责任。

3. 特殊劳动关系

《上海市劳动和社会保障局关于特殊劳动关系有关问题的通知》（沪劳保关发〔2003〕24号）规定，特殊劳动关系是现行劳动法律调整的标准劳动关系和民事法律调整的民事劳务关系以外的一种用工关系，其劳动者一方在用人单位从事有偿劳动、接受管理，但与另一用人单位存有劳动合同关系或不符合劳动法律规定的主体条件。用人单位与劳动者形成特殊劳动关系，应当参照执行以下劳动标准：第一，工作时间规定；第二，劳动保护规定；第三，最低工资规定。因此，季节工、临时工、实习生、返聘离退休人员，用人单位与其构成特殊劳动关系，作为工资薪金税前扣除，应当参照适用上述三方面的劳动标准。特别需要强调的是，签订劳动合同或缴纳社保并不是形成雇佣关系必须具备的条件。

【链接】《企业所得税法实施条例释义》指出，所谓任职或雇佣关系，一般是指所有连续性的服务关系，提供服务的任职者或者雇员的主要收入或者很大一部分收入来自于任职的企业，并且这种收入基本上代表了提供服务人员的劳动。所谓连续性服务并不排除临时工的使用，临时工可能是由于季节性经营活动需要雇用的，虽然对某些临时工的使用是一次性的，但从企业经营活动的整体需要看又具有周期性，服务的连续性应足以对提供劳动的人确定计时或者计件工资，应足以与个人劳务支出相区别。

（三）企业返聘离退休人员的人工费的涉税处理与风险控制

1. 政策依据

（1）《国家税务总局关于个人兼职和退休人员再任职取得收入如何计算征收个人所得税问题的批复》（国税函〔2005〕382 号）规定，退休人员再任职取得的收入，在减除按个人所得税法规定的费用扣除标准后，按"工资、薪金所得"应税项目缴纳个人所得税。

（2）《国家税务总局关于离退休人员再任职界定问题的批复》（国税函〔2005〕526 号）规定，"退休人员再任职"，应同时符合下列条件：

①受雇人员与用人单位签订一年以上（含一年）劳动合同（协议），存在长期或连续的雇佣与被雇佣关系；②受雇人员因事假、病假、休假等原因不能正常出勤时，仍享受固定或基本工资收入；③受雇人员与单位其他正式职工享受同等福利、社保、培训及其他待遇；④受雇人员的职务晋升、职称评定等工作由用人单位负责组织。

（3）《国家税务总局关于个人所得税有关问题的公告》（国家税务总局公告 2011 年第 27 号）规定，自 2011 年 5 月 1 日起，单位是否为离退休人员缴纳社会保险费，不再作为离退休人员再任职的界定条件。

2. 税务处理

企业支付的返聘离退休人员的人工费，按照工资薪金进行财税处理的，企业在签订用工协议及人力资源管理中，应提供以下证据：第一，考勤记录表；第二，通过工资卡转账发放；第三，返聘离退休人员有最低工资标准；第四，返聘离退休人员缴纳工伤保险或雇主责任险；第五，劳动保护的相关规定。

【链接】 根据《人力资源社会保障部关于执行〈工伤保险条例〉若干问题的意见（二）》（人社部发〔2016〕29 号）的规定，"项目参保等方式为其缴纳工伤保险费的，应适用《工伤保险条例》"；即返聘离退休人员按照项目参保等方式为其缴纳工伤保险费的，也是证明返聘离退休人员与单位之间存在雇佣与被雇佣关系的有力证据。

（四）企业支付实习学生人工费的涉税处理与风险控制

1. 政策依据

教育部等五部门关于印发《职业学校学生实习管理规定》的通知（教职成〔2016〕3号）第二十条规定，实习学生应遵守职业学校的实习要求和实习单位的规章制度……。

第三十三条规定，实习单位应当健全本单位生产安全责任制，配备必要的安全保障器材和劳动防护用品，加强对实习学生的安全生产教育培训和管理，保障学生实习期间的人身安全和健康。

第三十五条规定，推动建立学生实习强制保险制度。职业学校和实习单位应根据国家有关规定，为实习学生投保实习责任保险。

第十七条规定，接收学生顶岗实习的实习单位，应参考本单位相同岗位的报酬标准和顶岗实习学生的工作量、工作强度、工作时间等因素，合理确定顶岗实习报酬，原则上不低于本单位相同岗位试用期工资标准的80%，并按照实习协议约定，以货币形式及时、足额支付给学生。

【提示】《职业学校学生实习管理规定》中提出"遵守实习单位的规章制度、实习报酬不得低于同岗位试用工资80%标准、强制保险制度和劳动保护"等制度要求，符合雇佣特性，应当判断实习学生与企业之间存在雇佣与被雇佣关系。

2. 税务处理

（1）实习学生与企业之间存在雇佣与被雇佣关系，企业支付实习学生人工费应该按照工资薪金进行财税处理，不要开具增值税发票，只需要工资表和支付凭证就可以实现税前扣除。

（2）实习学生与企业之间不存在雇佣与被雇佣关系的，企业支付给实习学生的人工费应当按照劳务报酬进行财税处理。

【小结】雇佣合同、劳动合同与劳务合同之间的关系，如图4-1所示。

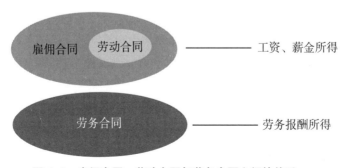

图 4-1　雇佣合同、劳动合同与劳务合同之间的关系

（五）企业集团内部"上挂下派"人员工资的涉税处理与规划

假设甲公司集团总部在北京，在各省设有全资控股的子公司，子公司的部分高管由甲公司任命，并与甲公司签订劳动合同，实际工作地点为子公司机构所在地。

【情形1】 基本工资、各项福利和绩效奖金由各子公司决定并实际发放给高管个人。

【解析】 在这种情形下，甲公司和各子公司之间实际形成劳务派遣服务，虽然甲公司没有劳务派遣资质，但不影响税务处理。按照《国家税务总局关于企业工资薪金和职工福利费等支出税前扣除问题的公告》（国家税务总局公告2015年34号）第三条规定，子公司直接支付给员工个人的费用按工资薪金和职工福利在企业所得税前扣除，个人所得税可由子公司预扣预缴。

【情形2】 基本工资、各项福利和绩效奖由甲公司决定并由子公司代为实际发放给高管个人。

【解析】 在这种情形下，依据《国家税务总局关于母子公司间提供服务支付费用有关企业所得税处理问题的通知》（国税发〔2008〕86号）的规定，甲公司与子公司之间签订管理服务协议，定价为子公司实际发放给员工的工资、福利和奖金，甲公司向子公司开具增值税发票，子公司作为管理费在税前扣除，甲公司作为工资薪金和职工福利在企业所得税前扣除，个人所得税由甲公司预扣预缴。

【案例4-5】 集团内部"上挂下派"，母公司派出一定人员在子公司服务一定时期，实务中很难再跟子公司重新签订合同关系，母公司为这些人员发放工资，在母公司所在地缴纳社保，工资薪酬及差旅费由子公司承担，并在子公司企业所得税汇算清缴时由子公司税前扣除，请问这种做法是否可行？

【浙江省12366解答】 集团内部"上挂下派"，工资由母公司发放，最终由子公司承担，若子公司以劳务费等符合规定的形式向母公司支付该部分费用，相应的支出可以作为子公司的成本费用在税前扣除。

【提示】 依据《国家税务总局关于母子公司间提供服务支付费用有关企业所得税处理问题的通知》（国税发〔2008〕86号）的规定，母公司需要向子公司开具增值税发票，母公司应作为营业收入申报纳税，子公司作为成本费用在税前扣除。

【案例4-6】 企业存在挂证人员的工资和社保如何加强协同管理？

【解析】

（1）企业与挂证人签订非全日制用工合同，挂证的企业给挂证人承担最低档的社保费用。

（2）支付的挂证费用作为小时计酬的工资，依法为挂证人预扣预缴申报个人所得税；企业所得税税前扣除不需要发票。

（3）挂证人与发放工资的另一单位签订全日制用工合同，发放工资的单位将其发放的工资按月预扣预缴个人所得税。

（4）在两处或者两处以上取得综合所得，且综合所得年收入额减去专项扣除（三险一金）的余额超过6万元，个人需要按照综合所得进行个人所得税汇算清缴。

三、企业替员工负担个税的税前扣除问题与筹划设计

问题 15：
企业替雇员负担的个人所得税是否可以税前扣除？

（一）政策依据

（1）《国家税务总局关于纳税人取得不含税全年一次性奖金收入计征个人所得税问题的批复》（国税函〔2005〕715号）第三条规定，根据企业所得税和个人所得税的现行规定，企业所得税的纳税人、个人独资和合伙企业、个体工商户为个人支付的个人所得税款，不得在所得税前扣除。

（2）《关于雇主为雇员承担全年一次性奖金部分税款有关个人所得税计算方法问题的公告》（国家税务总局公告2011年第28号）第四条的规定，"雇主为雇员负担的个人所得税款，应属于个人工资薪金的一部分。凡单独作为企业管理费列支的，在计算企业所得税时不得税前扣除。"

（二）企业替员工负担个人所得税的财税处理筹划设计

（1）企业承担员工工资的个人所得税，通过"应付职工薪酬"科目核算的，属于工资薪金的一部分，可以从税前扣除。

（2）企业承担员工工资的个人所得税，未通过"应付职工薪酬"科目核算，单独计入管理费或营业外支出的不得从税前扣除。

（3）建议企业不要用个人所得税完税凭证作为原始凭证，在账簿细目记载上不要出现"个人所得税"的表述。

【提示】 原理同上，实务中针对不得税前扣除的商业保险以及超过税法规定支付的补充养老保险和补充医疗保险，建议企业通过"应付职工薪酬"科目核算，视同企业代办上述支出，履行个人所得税扣缴义务以后，准予在企业所得税税前扣除。

第三节　成本费用扣除的争议处理与税务规划

一、实际发生原则与权责发生制原则的冲突与协调

（一）政策依据

（1）《企业所得税法》第八条规定，企业实际发生的与取得收入有关的、合理的支出，包括成本、费用、税金、损失和其他支出，准予在计算应纳税所得额时扣除。

（2）《国家税务总局关于煤矿企业维简费和高危行业企业安全生产费用企业所得税税前扣除问题的公告》（国家税务总局公告 2011 年第 26 号）规定，企业按照有关规定预提的维简费和安全生产费用，不得在税前扣除。

（3）《国家税务总局关于华为集团内部人员调动离职补偿税前扣除问题的批复》（税总函〔2015〕299 号）规定，根据《企业所得税法》及其实施条例和国税函〔2009〕3 号的规定，华为公司对离职补偿事项的税务处理不符合企业所得税据实扣除原则，应该进行纳税调整。企业根据公司财务制度为职工提取离职补偿费，在进行年度企业所得税汇算清缴时，对当年度"预提费用"科目发生额进行纳税调整，待职工从企业离职并实际领取离职补偿费后，企业可按规定进行税前扣除。

（二）实际发生原则与权责发生制原则冲突的解决思路

根据《企业所得税法》及其实施条例的规定，成本费用的税前扣除。首先，要符合实际发生的原则，未实际发生的成本费用不得税前扣除；其次，在实际发生的前提下，依据权责发生制原则，按照发生的期间分期税前扣除，但

实施条例和国务院财政、税务主管部门另有规定的除外。

【案例4-7】 企业与职工解除劳动合同关系给予的一次性经济补偿金，能否作为计算职工福利费、职工教育经费、工会经费税前扣除限额的基数？

【解析】《关于明确企业所得税管理若干问题的公告》（宁夏回族自治区国家税务局宁夏回族自治地方税务局公告2013年第10号）指出，根据《企业所得税法》第八条、《企业所得税法实施条例》第二十七条的规定，企业与职工解除劳动合同关系依据《中华人民共和国劳动合同法》第四十七条、第四十八条和第八十七条给予的一次性经济补偿金，属于企业生产经营活动管理需要发生的合理支出，可以按规定申报税前扣除。因实际支付的经济补偿金不属于税法规定的工资薪金范围，不应作为计算职工福利费、工会经费、职工教育经费税前扣除限额的基数。

【提示】 职工解除劳动合同关系的经济补偿的税务处理强调实际发生，且不属于工资薪金范围，不能作为"三项经费"计算依据。

二、企业未支付且未取得发票的利息税前扣除争议与处理

（一）政策依据

（1）《企业所得税实施条例》第九条规定，"企业应纳税所得额的计算，以权责发生制为原则，属于当期的收入和费用，不论款项是否收付，均作为当期的收入和费用；不属于当期的收入和费用，即使款项已经在当期收付，均不作为当期的收入和费用。本条例和国务院财政、税务主管部门另有规定的除外"。

（2）《国家税务总局关于企业工资薪金及职工福利费扣除问题的通知》（国税函〔2009〕3号）规定，允许扣除的工资薪金是必须实际发放的。

【提示】 根据《企业所得税法实施条例》，除财政部、国家税务总局另有规定（正列举）外，成本费用扣除坚持权责发生制原则，允许扣除的成本费用不一定实际支付；即"实际发生"并非"实际支付"。

（3）《关于做好增值税发票使用宣传辅导有关工作的通知》（税总货便函〔2017〕127号）中《增值税发票开具指南》第二章第一节"纳税人开具发票基本规定"第四条规定："纳税人应在发生增值税纳税义务时开具发票。"增值税纳税义务发生时间按照《增值税暂行条例》第十九条、《增值税暂行条例实施细则》第三十八条、《营业税改征增值税试点实施办法》第四十五条的规定执行。

（二）案例分析 [①]

【案例 4-8】 甲公司与乙公司签订借款协议用作补充流动资金，借款本金 1000 万元，借款期限三年，自 2×21 年 1 月 1 日起至 2×23 年 12 月 31 日止，年利率 10%（未超过同期同类金融企业贷款利率标准），借款期满一次性还本付息 1300 万元。

请问：2×21 年和 2×22 年依据权责发生制原则计提的利息，属于未支付且未取得发票的利息能否税前扣除？

【解析】

（1）本例中，乙公司利息的增值税纳税义务发生时间为 2×23 年 12 月 31 日，根据《增值税发票开具指南》关于发票开具时间的规定，增值税发票应于 2×23 年 12 月开具，因此，无论 2×23 年 12 月 31 日是否收到利息，乙公司均需于 2×23 年 12 月向甲公司一次性开具利息发票 300 万元。

（2）甲公司 2×21 年、2×22 年汇缴时的税务处理。

根据《企业所得税法实施条例》第九条规定的权责发生制原则，允许扣除的利息无需实际支付。

利息支出属于发票开具的范围，但发票开具的时间（2×23 年 12 月 31 日）在 2×21 年、2×22 年企业所得税汇算清缴期满后，因此 2×21 年、2×22 年财务费用科目列支的利息，不属于"应取得发票未取得发票"的情形。

甲公司依据借款合同、收款凭据、利息计算清单等证明利息支出真实性的合法凭证，2×21 年、2×22 年度发生的利息支出允许税前扣除，且不需要作纳税调整。

（3）如果甲公司 2×24 年 5 月 31 日之前仍未取得发票，则 2×21 年、2×22 年、2×23 年各年度利息支出均不得在税前扣除，甲公司除需对 2×23 年度利息支出 100 万元作纳税调增外，还需对 2×21 年、2×22 年度的利息支出做追补纳税调增。

---

① 高金平：《税收疑难案例分析（第七辑）》，中国财政经济出版社 2020 年版。

三、以公允价值后续计量的投资性房地产折旧税前扣除争议与处理

 问题 16：
公允价值后续计量的投资性房地产计算的折旧能否税前扣除？

（一）实务中的两种观点

由于会计上的投资性房地产对应着税务上的固定资产或无形资产，当会计处理按照公允价值模式计量时不计提折旧或摊销，税务处理时是否可以扣除固定资产折旧或无形资产摊销，实务界存在两种观点。

1. 投资性房地产的折旧可以税前扣除

理由如下：

（1）《企业所得税法》第十一条规定，在计算应纳税所得额时，企业按照规定计算的固定资产折旧，准予扣除。

（2）《企业所得税法实施条例》第五十七条规定，固定资产，是指企业为生产产品、提供劳务、出租或者经营管理而持有的、使用时间超过 12 个月的非货币性资产，包括房屋、建筑物、机器、机械、运输工具以及其他与生产经营活动有关的设备、器具、工具等。

（3）企业用以出租为目的的房屋和建筑物，虽然会计上分类为"投资性房地产"进行会计核算，但在税务上实际上应认定为"固定资产"进行税务处理，可以按照实际原值计算折旧并税前扣除。

2. 投资性房地产的折旧不可以税前扣除

理由如下：

（1）《国家税务总局关于企业所得税应纳税所得额若干税务处理问题的公告》（国家税务总局公告 2012 年第 15 号）规定，根据《企业所得税法》第二十一条规定，对企业依据财务会计制度规定，并实际在财务会计处理上已确认的支出，凡没有超过《企业所得税法》和有关税收法规规定的税前扣除范围和标准的，可按企业实际会计处理确认的支出，在企业所得税前扣除，计算其应纳税所得额。

（2）以公允价值模式后续计量的投资性房地产未在会计上计提折旧、同时也未在各期财务年度确认折旧费用并结转损益，因此没有超过税法规定的税前

扣除范围和标准，不得计算折旧并在企业所得税前扣除。

（3）《国家税务总局关于修订企业所得税年度纳税申报表有关问题的公告》（国家税务局公告 2019 年第 41 号）中对申报表填报说明规定："纳税人在计算企业所得税应纳税所得额及应纳税额时，会计处理与税收规定不一致的，应按照税收规定计算。税收规定不明确的，在没有明确规定之前，暂按国家统一会计制度计算"。

（4）考虑到全国范围内并无专门针对投资性房地产的税务处理的相关法规，投资性房地产计提折旧并于税前扣除可能会被判定为"税收规定不明确的"范畴，应"暂按国家统一会计制度计算"，即不能计算折旧税前扣除。

（二）以公允价值后续计量的投资性房地产折旧税前扣除规划

1. 坚持"税会分离"的理念

（1）《国家税务总局关于企业所得税应纳税所得额若干问题的公告》（国家税务总局公告〔2014〕29 号）的解读指出：会计与税法折旧方法不同导致的税会差异协调，企业按《企业所得税法》第三十二条规定实行加速折旧的，公告明确其按加速折旧办法计算的折旧额可全额在税前扣除，而不必按国家税务总局公告 2012 年 15 号规定看会计上是否已按加速折旧处理。

（2）《关于设备、器具扣除有关企业所得税政策执行问题的公告》（国家税务总局公告 2018 年 46 号）解读指出：企业选择享受一次性税前扣除政策的，其资产的税务处理可与会计处理不一致。

（3）《企业所得税法》未对以公允价值模式计量的投资性房地产做特殊规定，因此，其税务处理应按税法对资产的一般性规定进行处理。

2. 资产税务处理应按税法对资产的一般性规定进行处理

（1）《企业所得税法》第二十一条规定，在计算应纳税所得额时，企业财务、会计处理办法与税收法律、行政法规的规定不一致的，应当依照税收法律、行政法规的规定计算。

（2）《企业所得税法》第十一条规定，在计算应纳税所得额时，企业按照规定计算的固定资产折旧，准予扣除。

（3）《企业所得税法实施条例》第五十七条规定，固定资产，是指企业为生产产品、提供劳务、出租或者经营管理而持有的、使用时间超过 12 个月的非货币性资产，包括房屋、建筑物、机器、机械、运输工具以及其他与生产经营活动有关的设备、器具、工具等。

因此，企业以出租为目的的房屋和建筑物，虽然会计上分类为"投资性房地产"进行核算，在税务上实际上应认定为"固定资产"进行税务处理，可以按照实际原值计算折旧并税前扣除。

【结论】 以公允价值模式计量的投资性房地产按照《企业会计准则》的规定，是以公允价值的变动计算相应的损益，不计提折旧；《企业所得税法》未对以公允价值模式计量的投资性房地产做特殊规定，因此其税务处理应按税法对资产的一般性规定进行处理；在实际征管中，凡符合税法规定的固定资产、无形资产，应按税法规定计算折旧、摊销，并准予扣除。会计与税法不一致的，应按照税法规定调整。

第四节　常见雇员个税筹划方法的具体应用与风险控制

问题 17：
雇员取得企业违法解除劳动合同的赔偿金需要扣缴个人所得税吗？

一、充分利用公务费用包干制下核定扣除制度降低雇员税负

（一）公务交通、通信补贴收入

1. 政策依据

根据《国家税务总局关于个人所得税有关政策问题的通知》（国税发〔1999〕58 号）规定，个人因公务用车和通讯制度改革而取得的公务用车、通信补贴收入，扣除一定标准的公务费用后，按照"工资、薪金"所得项目计征个人所得税；公务费用的扣除标准，由省级地方税务局根据纳税人公务交通、通信费用的实际发生情况调查测算，报经省级人民政府批准后确定，并报国家税务总局备案。

2. 公务费用的扣除标准

（1）公务用车补贴。根据《中央和国家机关公务用车制度改革方案》（中办发〔2014〕41 号）的规定，具体为：司局级每人每月 1300 元，处级每人每月 800 元，科级及以下每人每月 500 元。地方公务交通补贴标准不得高于中央

和国家机关补贴标准的 130%，边疆民族地区和其他边远地区标准不得高于中央和国家机关补贴标准的 150%。

【提示】 在实际工作中，企业可以相应地将雇员分为高层、中层和其他，公务费用的扣除标准分别为 1690 元、1040 元和 650 元。

（2）通信补贴。根据《中央和国家机关公务移动通信费用补贴管理办法》（国管财〔2014〕5 号）的规定，具体标准为：部级每人每月 300 元；司（局）级每人每月 240 元；处级每人每月 180 元；科级每人每月 130 元；科级以下每人每月 80 元。

【提示】 在实际工作中，企业可以对应总经理、总监、主管、经理和文员五个级别制定通信补贴标准，通讯补贴标准分别 300 元、240 元、180 元、130元和 80 元。

（二）误餐补贴

1. 政策依据

根据《财政部 国家税务总局关于误餐补助范围确定问题的通知》（财税〔1995〕82 号）规定，指个人因公在城区、郊区工作，不能在工作单位或返回就餐，确实需要在外就餐的，根据实际误餐顿数，按规定的标准领取的误餐费，不征收个人所得税。

2. 误餐补贴标准

企业可以参考一些地方省市标准，例如：

（1）《深圳市财政委员会关于市直党政机关和事业单位差旅费管理问题的补充通知》规定：中餐和晚餐标准是 50 元 / 餐。

（2）《关于省直党政机关和事业单位差旅费管理问题的补充通知》（粤财行〔2016〕66 号）规定：广东省标准是 40 元 / 餐（上限）。

【案例 4-9】《某集团公司的税务管理手册》规定：本集团下属单位，凡未设免费食堂（或虽设食堂但实行市场化收费的）、雇员需在餐馆午餐（包括夜班和加班职工的"夜宵补贴"）的，公司可按每次午餐 50 元的标准发放误餐补助（白班早、晚餐不补助），无论是否"人人有份"，均不计扣个人所得税，可以不提供餐饮业发票；已提供免费食堂午餐，又以"误餐费"名义重复发放补贴（变相发工资）的；或者食堂免费提供早、中、晚三餐中的早餐与晚餐应按照市场价格并入工资薪金计税。

（三）差旅费津贴

1. 政策依据

根据《征收个人所得税若干问题的规定》（国税发〔1994〕89 号）第二条规定，差旅费津贴、误餐补助不属于工资、薪金性质的补贴、津贴或者不属于纳税人本人工资、薪金所得项目的收入，不征收个人所得税。

2. 企业实务中具体做法

（1）差旅费津贴是对员工因出差异地而增加的就餐、通信和市内交通等个人支出的一种公务费用报销。

（2）为加强费用管理，对餐饮费、异地通讯费和市内交通费实行定额包干制度而不凭票据实报销，凡符合真实性在合理标准以内的，不计入工资收入。但明显超出真实支出标准的，应当计入个人工资薪金计税。

（3）依据《中央和国家机关差旅费管理办法》（财行〔2013〕531 号）的规定，"合理标准"可参照伙食费 100 元／天、市内交通费 80 元／天发放。

【案例 4-10】 按日计算的出差伙食补助，以现金形式发给个人，在计算个人所得税的时候按照哪个规定执行？是否有标准？

【山东税务解答】 按照国税发〔1994〕89 号文件第二条二款第 4 项规定，差旅费、误餐补助不属于工资薪金性质的津补贴或者工资薪金所得项目，不征收个人所得税。

（1）对行政事业人员而言，应执行财政部关于印发《中央和国家机关差旅费管理办法》的通知（财行〔2013〕531 号）的规定执行。

（2）对一般企业单位的差旅费，企业有财务制度规定的，应按企业财务报销的相关规定办理。

【案例 4-11】 我公司自己有相应的规章制度，规定员工因公出差市外的出差津贴为 190 元／天包干。请问这个限额 190 元／天包干的出差津贴标准是否合理？是否需要计征个人所得税？

答复机构：浙江省税务局答复时间：2021-04-30

（1）根据国税发〔1994〕89 号第二条第二款规定："下列不属于工资、薪金性质的补贴、津贴或者不属于纳税人本人工资、薪金所得项目的收入，不征税：……4. 差旅费津贴、误餐补助。"

（2）根据财税字〔1995〕82 号规定："国税发〔1994〕89 号文件规定不征税的误餐补助，是指按财政部门规定，个人因公在城区、郊区工作，不能在工作单位或返回就餐，确实需要在外就餐的，根据实际误餐顿数，按规定的标准领取的误餐费。一些单位以误餐补助名义发给职工的补贴、津贴，应并入当月工资、薪金所得计征个人所得税。"

合理的差旅费补贴标准由企业结合自身财务会计制度等因素确定。

上述回复仅供参考，欢迎拨打 0571-12366。

【提示】 在企业实际工作中，为了降低税务检查的风险，企业应注意以下问题：

第一，拟定本单位通讯补贴、公务用车补贴和差旅费补贴相关的规章制度，且书面报主管税务机关备案。

第二，任何条件下，免税补贴数不能超过实际公务费用支出数（税务局有权要求雇员出示通讯支出记录、询问公务外出情况等证据以供检查实际支出金额），超出部分（包括已配公务车又重复发放补贴的）均应计入工资薪金报税。

二、"工资薪金转换为经营所得"在个人所得税筹划中具体应用

（一）政策依据

（1）《个人所得税法实施条例》第六条第（五）项，经营所得，是指个体工商户从事生产、经营活动取得的所得，个人独资企业投资人、合伙企业的个人合伙人来源于境内注册的个人独资企业、合伙企业生产、经营的所得。

（2）《个人所得税法实施条例》第十五条规定，从事生产、经营活动，未提供完整、准确的纳税资料，不能正确计算应纳税所得额的，由主管税务机关核定应纳税所得额或者应纳税额。

（3）《关于个人独资企业和合伙企业投资者征收个人所得税的规定》（财税〔2000〕91 号）规定，主管税务机关应采取核定征收方式征收个人所得税，核定征收方式，包括定额征收、核定应税所得率征收以及其他合理的征收方式。应税所得率如表 4-3 所示。

表 4-3   应税所得率

行业	应税所得率（%）
工业、交通运输业、商业	5～20
建筑业、房地产开发业	7～20
饮食服务业	7～25
娱乐业	20～40
其他行业	10～30

（4）《国家税务总局关于税收征管若干事项的公告》（国家税务总局公告 2019 年第 48 号）规定，从事生产、经营的个人应办而未办营业执照，但发生纳税义务的，可以按规定申请办理临时税务登记。

（二）具体应用与案例分析

企业雇员因业务突出，全年绩效奖金很高，可以采用注册成立个体工商户、个人独资企业和合伙企业等组织形式，且选择核定征收方式缴纳个人所得税，采用个体工商户、个人独资企业或合伙企业给雇主开具增值税发票，结算全年绩效奖金。

【案例 4-12】 某合伙企业是由甲、乙成立，出资比例为 6∶4，个人所得税征收方式为核定征收。该企业 2020 年实现全年销售收入 500 万元，核定应税所得率方式，假设应税所得率 5%，则实现所得为 25 万元，其中甲分配 60%、金额 15 万元，乙分配 40%、10 万元。

【解析】

（1）甲分配的应纳税所得额为 15 万元，经查询《经营所得适用个人所得税税率表》，适用税率为 20%，速算扣除数为 1.05。

甲应缴纳的个人所得税 =15×20%–1.05=1.95（万元）

（2）乙分配的应纳税所得额为 10 万元，经查询《经营所得适用个人所得税税率表》，适用税率为 20%，速算扣除数为 1.05。

乙应缴纳的个人所得税 =10×20%–1.05=0.95（万元）

【涉税风险】 通过在避税地成立可核定征收的个体工商户、个人独资企业或合伙企业，通过提供劳务费、咨询费和服务费等方式将需要分配的利润转移至避税地公司，并通过核定征收的方式缴纳企业所得税。由于核定征收后，主管税务机关并不关注公司的资金流向，通过个人费用企业化的方式变相使用公司为个人进行各项消费支付。在电子底账库的"分票清分"功能下，可以按照地区划分发票的来源，可以一目了然发现集中来源于一地同一名目的发票，并发现此类避税情形。在税务稽查过程中，还可以通过对避税地公司的协查，了解资金的使用情况，并验证避税地公司提供服务的真实性。

三、住房公积金政策在个人所得税筹划中的具体应用与风险控制

（一）政策依据

（1）根据《国家税务总局关于基本养老保险费基本医疗保险费失业保险费住房公积金有关个人所得税政策的通知》（财税〔2006〕10 号）第二条的规定：①根据《住房公积金管理条例》和《关于住房公积金管理若干具体问题的指导意见》（建金管〔2005〕5 号）等文件规定的精神，单位和个人分别在不超过职工本人上一年度月平均工资 12% 的幅度内，其实际缴存的住房公积金，允许在个人应纳税所得额中扣除。② 单位和职工个人缴存住房公积金的月平均工资不得超过职工工作地所在设区城市上一年度职工月平均工资的 3 倍，具体标准按照各地有关规定执行。③单位和个人超过上述规定比例和标准缴付的住房公积金，应将超过部分并入个人当期的工资、薪金收入，计征个人所得税。

（2）《住房公积金管理条例》第二十四条规定，职工有下列情形之一的，可以提取职工住房公积金账户内的存储余额：①购买、建造、翻建、大修自住住房的；②偿还购房贷款本息的；③房租超出家庭工资收入的规定比例的……

（3）《财政部 中国人民银行 住房和城乡建设部关于放宽提取住房公积金支付房租条件的通知》（建金〔2015〕19 号）规定，职工连续足额缴存住房公积金满 3 个月，本人及配偶在缴存城市无自有住房且租赁住房的，可提取夫妻双方住房公积金支付房租。

（二）具体操作技巧分析

（1）雇主和雇员缴纳的住房公积金属个人所有，既不充公也不限制提取，由专门的机构管理且并不与社保资金共用，故其性质不属于税收。

（2）由于雇主与雇员双方缴纳的住房公积金不超过本市上年平均工资 3 倍的 24% 免予征收个人所得税，因此，提高雇员的住房公积金缴费基数，按12% 上限缴费比率缴费，有利于减轻雇员个人所得税负担。

（3）住房公积金的缴费基数规定为职工本人上年度月平均工资与社保费缴

费基数目前没有相互稽核（可以不一致），税务局对缴费基数目前并不严格审查，因此，即使缴费工资基数高于雇员实际工资也并不补征个人所得税。

【案例 4-13】 以深圳市为例，2021 年 7 月 1 日～2022 年 6 月 30 日深圳市住房公积金缴存比例、缴存基数具体数据如下：缴存基数上限，2020 年城镇非私营单位在岗职工月平均工资的 3 倍，即 34860 元。缴纳比例最高 12% 的情况下，每个月缴纳公积金全额为，企业 4183 元，个人 4183 元，合计 8366 元，即在深圳企业雇员每个月缴纳 8366 元不用缴纳个人所得税。

【提示】 如果企业缴纳住房公积金或扣缴个人负担的住房公积金是按最低标准的 5% 计算缴纳的，可以要求企业按照住房公积金最高缴存比例和最高缴存基数计算缴纳住房公积金，从本人工资薪金中扣缴。

四、解除劳动关系补偿免税政策在个人所得税筹划中的具体应用

（一）政策依据

根据《财政部 税务总局关于个人所得税法修改后有关优惠政策衔接问题的通知》（财税〔2018〕164 号）第五条第（一）款的规定：个人与用人单位解除劳动关系取得一次性补偿收入（包括用人单位发放的经济补偿金、生活补助费和其他补助费），在当地上年职工平均工资 3 倍数额以内的部分，免征个人所得税；超过 3 倍数额的部分，不并入当年综合所得，单独适用综合所得税率表计算纳税。

（二）具体应用技巧与风险控制

（1）财税〔2018〕164 号第五条第（一）款不区分居民个人和非居民个人，即居民个人和非居民个人与境内单位解除劳动合同取得的补偿金均适用财税〔2018〕164 号第五条第（一）款。

（2）上述政策"个人与用人单位解除劳动关系"并没有限定只有企业辞退个人的情形，个人主动离职也属于与用人单位解除劳动关系，也适用上述免税政策。

（3）合同到期后，不再续聘所发放的补偿金是否可以享受 3 倍以内免个人所得税？

第一，解除劳动关系取得的一次性补偿收入征免个人所得税，是建立在个人与用人单位解除劳动关系的基础上的，即只有符合劳动合同法中规定的解除

劳动关系情形的，才可以适用本通知规定执行。

第二，劳动合同期满后取得的，获得经济补偿的理由是"终止劳动关系"，因此，劳动合同到期后，不再续聘所发放的补偿金不属于财税〔2018〕164 号规定的解除合同的一次性补偿金，应在发放当月合并工资薪金计税。

（4）个人离职取得竞业补偿金，能否按照离职补偿计算缴纳个人所得税？

【解析】 竞业补偿金性质不同于一次性经济补偿金，不能适用财税〔2001〕157 号文件执行，应在取得收入当期按照工资薪金所得计算纳税。

（5）劳动者获得的经济赔偿不属于个人应税所得，但工资报酬和经济补偿属于个人应税所得，因此，《劳动法》和《劳动合同法》中规定的用人单位对劳动者支付赔偿不在个人所得税征税范围之内。

【案例 4-14】 劳动者根据法院判决所确定取得的未签订劳动合同 2 倍工资差额，和违法解除劳动合同赔偿金，属于惩罚性赔偿，不视为个人因任职受雇取得的劳动所得，法院判决赔款不属于个人应税所得项目的内容，不征收个人所得税。

【链接】 参考（2015）深中法执复字第 89 号《高旭豪与丝科公司劳动争议纠纷执行复议裁定书》。

第五节　增值税进项税额转出的涉税风险与税务规划

一、增值税进项税额转出的政策解析

（1）根据《财政部 国家税务总局关于全面推开营业税改征增值税试点的通知》（财税〔2016〕36 号）附件 1《营业税改征增值税试点实施办法》第二十七条规定，下列项目的进项税额不得从销项税额中抵扣：①用于简易计税方法计税项目、免征增值税项目、集体福利或者个人消费的购进货物、加工修理修配劳务、服务、无形资产和不动产。其中，涉及的固定资产、无形资产、不动产，仅指专用于上述项目的固定资产、无形资产（不包括其他权益性无形资产）、不动产。纳税人的交际应酬消费属于个人消费。②非正常损失的购进货物，以及相关的加工修理修配劳务和交通运输服务。③非正常损失的在产品、产成品所耗用的购进货物（不包括固定资产）、加工修理修配劳务和交通

运输服务。④非正常损失的不动产，以及该不动产所耗用的购进货物、设计服务和建筑服务。⑤非正常损失的不动产在建工程所耗用的购进货物、设计服务和建筑服务。⑥购进的贷款服务、餐饮服务、居民日常服务和娱乐服务。⑦财政部和国家税务总局规定的其他情形。

（2）《财政部 国家税务总局关于全面推开营业税改征增值税试点的通知》（财税〔2016〕36号）附件1《营业税改征增值税试点实施办法》第二十八条规定，"非正常损失，是指因管理不善造成货物被盗、丢失、霉烂变质，以及因违反法律法规造成货物或者不动产被依法没收、销毁、拆除的情形"。

【提示1】 非正常损失仅包括因管理不善造成货物被盗、丢失和霉烂变质发生的损失以及因违反法律法规造成货物或者不动产被依法没收、销毁、拆除的情形，没有"等"字，是一个正列举的概念，且仅限于管理不善的三种结果和违反法律法规三种情形。因此，"自然灾害损失"和"其他非正常损失"都不属于增值税法规的"非正常损失"，对应的增值税进项税额可以抵扣，不需要做进项税额转出处理。

【提示2】《增值税暂行条例》的释义明确，这些"非正常损失"的货物或者所耗用的货物或者应税劳务，是由于纳税人自身原因导致征税对象实体的灭失。为保证税负公平，其损失不应由国家承担，因而无权要求抵扣进项税额。即"非正常损失"应当是企业的责任事故造成的。

二、增值税进项税额转出的争议处理与风险应对

（一）企业清仓大甩卖库存商品的增值税进项税额转出问题

《福建省国家税务局关于货物正常降价损失增值税管理的函》（闽国税函〔2005〕299号）指出，你局对所辖钢材经营企业因市场价格波动导致销售价格低于购进价格视同非正常损失，要求企业作"进项税额转出"的做法，与现行增值税有关规定不符。根据《国家税务总局关于企业改制中资产评估减值发生的流动资产损失进项税额抵扣问题的批复》（国税函〔2002〕1103号）的规定精神，对钢材等应税货物（流动资产）未丢失或损坏，只是由于市场发生变化，价格降低，价值量减少，不属于《增值税条例实施细则》中规定的"非正常损失"，不作进项税额转出处理。

【提示】 由于市场发生变化等客观原因造成的价格降低和价值量减少，不属于税法规定的"非正常损失"，不需要作进项税额转出处理。

（二）企业的过期变质商品的相应增值税进项税额转出问题

（1）《青海省国家税务局关于增值税有关业务问题的通知》（青国税函〔2006〕113 号）规定：有保质期的货物因过期报废而造成的损失，除责任事故以外，可以按照不属于《增值税暂行条例》和《实施细则》规定的非正常损失，准予从销项税额中抵扣其进项税额。但对企业购入的假冒伪劣商品（货物），被有权部门没收的，不能视为过期报废而造成的损失，其进项税额不得从销项税额中抵扣。

（2）《安徽国税明确若干增值税政策的执行和管理问题》（皖国税函〔2008〕10 号）规定，纳税人因库存商品已过保质期、商品滞销或被淘汰等原因，将库存货物报废或低价销售处理的，不属于非正常损失，不需要做进项税额转出处理。

【案例 4-15】 医药公司购进的药品存放过期，是否属于正常损失？

【国家税务总局 12366 解答】 根据《增值税暂行条例实施细则》第二十四条规定，非正常损失是指因管理不善造成被盗、丢失、霉烂变质的损失。因此，纳税人生产或购入在货物外包装或使用说明书中注明有使用期限的货物，超过有效（保质）期无法进行正常销售，需作销毁处理的，可视作企业在经营过程中的正常经营损失，不纳入非正常损失。

【案例 4-16】 餐饮企业一般纳税人购进新鲜食材，还没用完就过期或变质了，是否属于非正常损失，原已抵扣的进项税额是否需要转出吗？

【安徽税务解答】 这些情况不属于非正常损失所规定的管理不善导致的货物霉烂变质，不应作进项税额转出处理。

【案例 4-17】 交大昂立（600530.SH）发布公告《交大昂立：存货损失税前扣除鉴证报告》称，因依照《国家食品安全法》对部分逾期、变质的保健食品进行销毁而发生存货损失，故申报存货损失税前扣除 348.3 万元，其中，存货成本 297.7 万元，增值税进项税额转出 50.6 万元。

【提示】 货物外包装或使用说明书中注明有使用期限的货物，超过有效（保质）期无法进行正常销售，需作销毁处理的，可视作企业在经营过程中的正常经营损失，不需要作进项税额转出处理。因此，交大昂立对部分逾期、变质的保健食品进行销毁而发生存货损失，增值税进项税额转出 50.6 万元的税务处理值得商榷。

（三）资产减值的增值税进项税额转出问题

（1）《国家税务总局关于企业改制中资产评估减值发生的流动资产损失进项税额抵扣问题的批复》（国税函〔2002〕1103号）规定，《中华人民共和国增值税暂行条例实施细则》第二十四条规定，"非正常损失是指因管理不善造成被盗、丢失、霉烂变质的损失。"对于企业由于资产评估减值而发生流动资产损失，如果流动资产未丢失或损坏，只是由于市场发生变化，价格降低，价值量减少，则不属于《中华人民共和国增值税暂行条例实施细则》中规定的非正常损失，不作进项税额转出处理。

（2）《安徽国税明确若干增值税政策的执行和管理问题》（皖国税函〔2008〕10号）规定，纳税人对存货采用"成本与市价孰低法"进行计价，每期期末因存货账面价值低于市价而计提的存货跌价准备不属于非正常损失，不需要作进项税额转出处理。

【提示】　由于市场原因造成的资产减值，不属于税法规定的"非正常损失"，不需要作进项税额转出处理。

【案例4-18】　宁夏建材（600449.SH）发布《宁夏建材关于对部分资产进行报废处置的公告》称，存货处置将影响公司半年度合并利润减少946.75万元，具体情况：存货处置情况是，两家水泥子公司部分生产线更新改造导致备品配件、机物料规格型号与现有设备不匹配、长期闲置、腐蚀、变形等现象，存货处置影响公司半年度合并利润减少946.75万元，其中存货进项税额转出202万元。

【提示】　企业设备不匹配、长期闲置、腐蚀、变形等现象，不属于因管理不善造成货物被盗、丢失、霉烂变质，增值税进项税额转出202万元的税务处理值得商榷。

（四）境外给予境内购货企业补贴的增值税进项税额转出问题

（1）《关于平销行为征收增值税问题的通知》（国税发〔1997〕167号）规定，自1997年1月1日起，凡增值税一般纳税人，无论是否有平销行为，因购买货物而从销售方取得的各种形式的返还资金，均应依所购货物的增值税税率计算应冲减的进项税金，并从其取得返还资金当期的进项税金中予以冲减。

（2）《国家税务总局关于纳税人进口货物增值税进项税额抵扣有关问题的通知》（国税函〔2007〕350号）规定，《中华人民共和国增值税暂行条例》第八条规定，纳税人从海关取得的海关进口增值税专用缴款书上注明的增值税额准予从销项税额中抵扣。因此，纳税人进口货物取得的合法海关进口增值税专用缴款书，是计算增值税进项税额的唯一依据，其价格差额部分以及从境外供应商取得的退还或返还的资金，不作进项税额转出处理。

【提示】 与国内采购取得补贴不同，纳税人进口货物取得的合法海关进口增值税专用缴款书是计算增值税进项税额的唯一依据，境外供货方给予境内购货企业补贴不存在增值税进项税额转出问题。

思考 建筑企业搭建的临时建筑在拆除时是否需要进项税额转出？

（1）建筑企业搭建的临时建筑，虽然形态上属于不动产，其性质上更接近于生产过程中的中间投入物，因此，可以一次性抵扣；工程完工后，将该临时建筑予以拆除，其进项税额不需要转出。

（2）根据财税〔2016〕36 号文件规定，不动产因违反法律法规依法拆除，属于非正常损失，进项税额不得抵扣。建筑工地的临时建筑在工程结束时被拆除，不属于非正常损失情形。

（3）可以结合餐饮行业理解：餐饮企业进新鲜食材，还没用完就过期或变质，超市销售的食品过了保质期销毁，销售的季节性商品如服装、箱包、饰品等，由于产品滞销过季，这些情况都不属于非正常损失所规定的"管理不善导致的货物霉烂变质"，因此，不应作进项税额转出处理。

（五）企业招待用礼品的进项税额转出与视同销售的争议与处理

问题 18：
企业招待用礼品是作进项税额转出还是视同销售处理？

【案例 4-19】 我公司属于一般纳税人因业务拓展需要，购进一批手提电脑，价款 113000 元，企业财务认为是用于送礼的，不能抵扣增值税进项税额，所以未索取增值税专用发票，直接拿取得增值税普通发票入账，会计处理为：

借：管理费用——业务招待费   113000

    贷：银行存款   113000

请问上述业务属于视同销售还是作进项税额转出？有没有税务风险？

【解析】

（1）《增值税暂行条例》第十条规定，用于简易计税方法计税项目、免征增值税项目、集体福利或者个人消费的购进货物、劳务、服务、无形资产和不动产的进项税额不得从销项税额中抵扣。

（2）《增值税暂行条例实施细则》第二十二条规定，条例第十条第（一）项所称个人消费包括纳税人的交际应酬消费。

（3）《增值税暂行条例实施细则释义》，交际应酬消费不属于生产经营中的生产性投入和支出，是一种生活性消费活动，而增值税是对消费行为征税的，消费者即是负税者，因此，交际应酬消费需要负担相对应的进项税额，其不能从销项税额中抵扣。

（4）交际应酬消费是指企业生产经营过程中发生的与交际应酬有关的费用或对外消耗的一次性消耗礼品，如餐饮、娱乐、烟、酒、茶、咖啡、食品、保健品等。

（5）《增值税暂行条例》第二十一条，属于下列情形之一的，不得开具增值税专用发票：第一，应税销售行为的购买方为消费者个人的；第二，发生应税销售行为适用免税规定的。

（6）《国家税务总局关于增值税若干征收问题的通知》（国税发〔1994〕122号）规定，一般纳税人将货物无偿赠送给他人，如果受赠者为一般纳税人，可以根据受赠者的要求开具专用发票。

【解析】 企业应正确区分交际应酬消费和交际应酬费，如果企业是在交际应酬中消费掉，则应作进项税额转出处理，如果是赠送，则应按视同销售处理。因此，购进一批手提电脑用于送礼的，应该作视同销售处理，计算增值税销项税额。由于未取得增值税专用发票，会造成企业多缴增值税的风险。

三、增值税进项税额转出的计算与筹划

（一）政策依据

（1）《财政部 国家税务总局关于全面推开营业税改征增值税试点的通知》（财税〔2016〕36号）附件1《营业税改征增值税试点实施办法》第二十九条规定，适用一般计税方法的纳税人，兼营简易计税方法计税项目、免征增值税项目而无法划分不得抵扣的进项税额，按照下列公式计算不得抵扣的进项税额：

不得抵扣的进项税额＝当期无法划分的全部进项税额×（当期简易计税方法计税项目销售额＋免征增值税项目销售额）÷当期全部销售额

（2）《国家税务总局关于分摊不得抵扣进项税额时免税项目销售额如何确定问题的批复》（国税函〔1997〕529号）规定，纳税人在计算不得抵扣进项税额时，对其取得的销售免税货物的销售收入和经营非应税项目的营业收入额，不得进行不含税收入的换算。

【提示】 主管税务机关可以按照上述公式依据年度数据对不得抵扣的进项税额进行清算，企业应注意规避有可能被税务机关清算的税务风险。

（二）增值税进项税额转出的实务操作与筹划

（1）企业在运用"不得抵扣的进项税额"计算公式时，"当期全部销售额、营业额合计"应该指与"当期无法划分的全部进项税额"有关联的应税项目、免税项目及非应税项目的收入，即与"当期无法划分的全部进项税额"无关联的其他收入不应该计算在内。

（2）"当期无法划分的全部进项税额"是指企业在购入资产时，没有明确用途，即没有明确是用于应税、免税还是非增值税应税项目，并且在使用时既用于应税，又用于免税或非增值税应税项目，同时无法划分混用的进项税额部分。

（3）纳税人在计算不得抵扣进项税额时，对其取得的销售免税货物的销售收入和经营非应税项目的营业收入额，不得进行不含税收入的换算。

（4）混用的固定资产、不动产和无形资产的进项税额可以全额抵扣，不需参与进项税划分。

（5）根据《国家税务总局关于出版物广告收入有关增值税问题的通知》（国税发〔2000〕188号）规定："确定文化出版单位用于广告业务的购进货物的进项税额，应以广告版面占整个出版物版面的比例为划分标准，凡文化出版单位能准确提供广告所占版面比例的，应按此项比例划分不得抵扣的进项税额。"因此，对于出版物无法划分的进项税应以广告版面占整个出版物版面的比例为划分标准，而不应按销售货物、提供非应税劳务的收入比例划分。

【案例4-20】 甲企业为增值税一般纳税人，该企业当期应税服务的收入为2000万元（不含税），免税的服务收入为8000万元（不含税），应税收入占总收入的比例为20%；该企业本期采购支出对应的增值税税额200万元，其中，固定资产采购对应的增值税税额为100万元（既用于应税项目又用于免税项目），其他采购项目支出对应的增值税税额100万元。请问如何实现最大化抵扣增值税进项税额？

【解析】

方案1：精细化管理，在日常经营中，区分出其他采购项目支出中可以直接归类至用于应税项目的支出，假设该部分对应的增值税税额为30万元；实在无法区分用途的采购支出对应的增值税税额为70万元。

（1）可以抵扣的进项税额 = 固定资产相关进项税额 + 直接分配的进项税额 + 分摊的进项税额 =100+30+70×20%=144（万元）。

（2）进项税转出额 =70×（1–20%）=56（万元）。

方案2：粗放式管理，在日常经营中不对采购除固定资产以外的货物或服务的支出根据用途进一步区分。

（1）可以抵扣的进项税额 = 固定资产相关进项税额 + 分摊的进项税额 = 100+100×20%=120（万元）。

（2）进项税额转出额 =100×（1–20%）=80（万元）。

【提示】 企业在免税收入比重较高的情况下，选择精细化管理，少计进项税额转出；反之，在应税收入比重较高的情况下，选择粗放式管理，少计进项税额转出。

四、企业取得《已证实虚开通知单》的涉税风险分析与应对

问题19:
开票方税务机关已开出《已证实虚开通知单》，进项税额需要转出吗？

（一）政策依据

《关于走逃（失联）企业涉嫌虚开增值税专用发票检查问题的通知》（税总发〔2016〕172号）规定：根据审理意见定性虚开的，稽查部门出具《已证实虚开通知单》并附相关证据材料，发往下游受票企业所在地税务机关依法处理。达到刑事案件移送标准的，按照相关规定移送公安机关。走逃（失联）企业所在地税务机关作出认定后，向受票企业所在地税务机关出具虚开认定文书，并附相关证据，说明企业基本情况和已走逃（失联）状况。如有异议的，由开票地、受票地税务机关共同再确认定性。

【提示】 开票方税务稽查部门已出具《已证实虚开通知单》并附相关证据材料才是做实开票方虚开增值税专用发票的证据，受票方才需要将进项税额转

出，否则，不做进项税额转出。

（二）增值税进项税额转出的应对思路与规划

（1）《已证实虚开通知单》应和税务处理决定书一并使用才有效。通常情况下，开票方税务机关稽查局对开票方纳税人已稽查结案，已下达税务处理决定书，定性为虚开专用发票，向购买方纳税人所属税务机关稽查局发出《已证实虚开通知单》，并附税务处理决定书复印件。

（2）《已证实虚开通知单》需要虚开证据支持。《已证实虚开通知单》需以税务机关有证据证实被检查单位确实存在虚开行为为前提条件，并且税务机关对虚开发票单位下达税务处理决定书，通过此种方式通知受票方主管税务机关对接受虚开增值税发票的企业进行补税。

（3）在《已证实虚开通知单》滥用的情况下，受票方取得的增值税进项税额不需要转出：①开票方税务机关稽查局对开票方纳税人正在稽查，尚未结案，尚未下达处理决定书，但认为开票方涉嫌虚开专用发票，于是向购买方纳税人所属税务机关稽查局发出《已证实虚开通知单》，没有处理决定书复印件。②开票方税务机关稽查局对开票方纳税人正在稽查，尚未结案，尚未下达处理决定书，但认为开票方涉嫌虚开专用发票，于是向购买方纳税人所属税务机关稽查局同时发出《已证实虚开通知单》和《协查函》。

（4）《已证实虚开通知单》只是调查受票方的线索，不能单独作为受票方纳税人接受虚开增值税发票的证据进行使用，受票方主管税务机关不能直接依据开票方主管税务机关提供的《已证实虚开通知单》要求纳税人补缴税款和加收滞纳金，应通过调查其他证据，证明受票方纳税人确实存在接受虚开行为。并且，《已证实虚开通知单》不属于纳税争议规定的范围，不适用复议前置的规定，可以直接提起行政诉讼。

（5）《已证实虚开通知单》当然不能直接作为受托方税务机关对受票企业做出接受虚开发票认定的依据，更不能作为其税务处理的定性依据。

受托方税务机关收到委托方税务机关出具的《税收违法案件协查函》及所附《已证实虚开通知单》等相关资料对受票企业实施检查后，根据查明的不同事实情况，分别向受票企业做出《税务处理决定书》《税务行政处罚决定书》《不予税务行政处罚决定书》《税务稽查结论》等税务处理决定。

【提示】　值得强调的是，《已证实虚开通知单》在税务机关内部才有法律效力，对接受发票方等税务机关外部是没有法律效力的。

第五章　企业销售与收款业务循环
税收风险控制与规划

第一节　企业增值税销项税额的涉税风险分析与筹划

增值税销项税额是指纳税人发生应税行为按照销售额和增值税税率计算并收取的增值税额，企业想要降低增值税销项税额，需要从降低销售额和增值税税率两个方面入手。

一、创新销售模式在增值税规划中的实战设计

（一）商业模式决定企业税收

（1）税主要由企业业务决定，也是与管理层的决策相关的，不同的业务流程和业务模式，会带来不同的税收。

（2）企业缴纳多少税，不是财务部门做账产生的，只要业务做完了、税就确定了，财务部门的作用是对已经确定的交易进行税额计算。

（3）企业应纳税额的多少一般与财务无关，税额的大小是由生产、经营、管理实际经济业务所决定的；即业务决定纳税，而不是财务决定纳税。

（4）企业的顶层架构也与税相关，老板在进行战略决策、设计企业顶层架构时，需要考虑相应的税收影响，股权设计不好，未来进行股权交易时就会产生很高的税。

（5）税是可以规划的，但税务规划不是对税进行规划，而是对交易进行规划，不同的交易产生不同的税；交易方式不同，纳税不同；交易对象不同，纳税不同；交易地点不同，纳税不同。例如，销售化妆品适用税率13%，如果改变经营策略改为美容体验店，客户做美容同时销售化妆品，销售化妆品的税率就从13%降为6%。

（6）所有的税务规划，离不开业务部门的配合，税务规划要从交易开始，如果不是从商业模式和业务环节进行事先税务规划，而是事后让财务人员考虑税后问题，要求财务部门少缴税，实质是逼着财务人员造假、偷税漏税，财务部门就只能采用"作假账"和"买发票"等违法手段，这都是税收法律法规所不能容忍的。因此，建议财务人员一定要介入业务，了解业务，从商业模式入手，才可以最大限度降低税务负担。

【案例 5-1】 经营模式不同，增值税税率不同，如表 5-1 所示。

表 5-1

业务类型	经营模式	税目	税率（%）
汽车租赁服务	车辆	有形动产租赁	13
	车辆 + 驾驶员	交通运输业	9
会场场地服务	会议场地	不动产租赁	9
	会议场地 + 配套服务	会议展览服务	6
出租建筑设备	建筑设备	有形动产租赁	13
	建筑设备 + 操作人员	建筑服务	9
出租库房业务	库房	不动产租赁	9
	库房 + 仓库保管人员	仓储服务	6

【提示】 对于出租和仓储如何区分，如果合同中明确规定了出租方对承租方的货物提供保管服务，或者对承租方货物的灭失承担赔偿责任等，应界定为仓储服务。

（二）创新销售模式在企业税务管理中的筹划设计

问题 20：
增值税属于价外税，一定不会影响企业损益吗？

根据《中华人民共和国增值税暂行条例》第五条的规定，销项税额是纳税人销售货物或者应税劳务，按照销售额和本条例规定的税率计算并向购买方收取的增值税额；企业如果想要降低增值税销项税额，企业应首先从降低增值税税率入手。由于不同的业务流程和业务模式，会带来不同的税收，因此，只有改变企业的商业模式，才能降低企业增值税税率，进而降低企业增值税税负。

【**案例5-2**】　甲公司是一家生产微型电机的知名品牌企业，为增值税一般纳税人，由于产品订单较多，甲公司将一部分订单委托多家小规模纳税人公司按照指定的设计图纸为其加工微型电机；购回后再贴牌由该公司统一对外销售。假设2×21年多家小规模纳税人的微型电机厂共向甲公司供货618万元（含税），并向甲公司开具税率为3%的增值税专用发票，与之对应加工生产成本为400万元。然后，甲公司以1130万元（含税）价格统一对外销售。企业所得税税率25%，假设不考虑其他因素。

【**解析**】　相关税负与利润计算如下：

（1）受托方应缴增值税 $=618÷1.03×3\%=18$（万元）；

（2）甲公司应缴增值税 $=1130÷1.13×13\%-18=112$（万元）；

（3）受托方应缴企业所得税 $=（618÷1.03-400）×25\%=50$（万元）；

（4）受托方的净利润 $=（618÷1.03-400）×（1-25\%）=150$（万元）；

（5）甲公司应缴企业所得税 $=（1130÷1.13-618÷1.03）×25\%=100$（万元）；

（6）甲公司的净利润 $=（1130÷1.13-618÷1.03）×（1-25\%）=300$（万元）；

（7）纳税共同体总税负 $=（18+112）+（50+100）=130+150=280$（万元）；

（8）纳税共同体的总净利 $=150+300=450$（万元）；

（9）税利比 $=280÷450×100\%=62.22\%$。

【**案例5-3**】　承前例，假设改变商业模式和业务流程，修改为：甲公司授权信誉良好的多家小规模纳税人受托加工并销售其品牌微型电机，并向受托方共收取品牌使用费512万元（含税）。假设经授权经销品牌微型电机的受托方2×21年共实现销售额为1130万元（含税），与对应加工生产成本仍为400元，另外还向甲公司支付品牌使用费512万元，其他条件不变。

【**解析**】　相关税负与利润计算如下：

（1）受托方应缴增值税 $=1130÷1.03×3\%=32.91$（万元）；

（2）甲公司应缴增值税 $=512÷1.06×6\%=28.98$（万元）；

（3）受托方应缴企业所得税 $=（1130÷1.03-400-512）×25\%=46.27$（万元）；

（4）受托方的净利润 $=（1130÷1.03-400-512）×（1-25\%）=138.82$（万元）；

（5）甲公司的应缴企业所得税 $=512÷1.06×25\%=120.75$（万元）；

（6）甲公司的净利润 $=512÷1.06×（1-25\%）=362.26$（万元）；

（7）纳税共同体的总税负 $=（32.91+28.98）+（46.27+120.75）=61.89+167.02=228.92$（万元）；

（8）纳税共同体的总净利 $=138.82+362.26=501.08$（万元）。

【提示】 经筹划后的结果对比分析如下：

第一，总税负减少 =280–228.92=51.08（万元）；

第二，总净利增加 =501.08–450=51.08（万元）；

第三，税利比降低 =280÷450–228.92÷501.08=62.22%–45.69%=16.53%。

另外，需要强调的是，尽管增值税属于价外税，并不在利润表中体现，但与企业损益有关，增值税会影响到企业利润高低，即企业少缴增值税，就会增加企业的净利润，并且增加的净利润正好等于少缴的增值税，这进一步验证了加强企业的税务管理，降低企业税负，就能增加企业的净利润，同时可以增强企业现金流的管理。也就是说，企业税务管理、绩效管理和资金管理目标是一致的。

【结论】 虽然利润表上的收入、成本、费用和利润等数据都是不含增值税的数据，增值税不直接影响利润表，但增值税的税负会实实在在影响到企业损益。

二、加强企业销售业务管理，规避价外费用

根据《中华人民共和国增值税暂行条例》第六条的规定，销售额为纳税人发生应税销售行为收取的全部价款和价外费用，但不包括收取的销项税额。企业如果想降低增值税销项税额，可以通过减少价外费用，进而降低企业的增值税销售额。

（一）价外费用的界定

根据《中华人民共和国增值税暂行条例实施细则》第十二条的规定，"条例第六条所称价外费用，是指价外向购买方收取的手续费、补贴、基金、集资费、返还利润、奖励费、违约金（延期付款利息）、包装费、包装物租金、储备费、优质费、运输装卸费、代收款项、代垫款项及其他各种性质的价外收费"。

简而言之，价外费用，顾名思义，是"有价才有外，无价是无外的"，即以应税销售行为发生为前提，销售方收取的各种性质的价外收费才属于价外费用，反之，应税销售行为尚未发生或者不是销售方收取的就不属于价外费用，就不属于增值税征收范围，不应当缴纳增值税，进而收取的相关款项就不需要开具增值税发票，只需要开具收据就可以。

（二）企业销售业务中有关价外费用条款的筹划与设计

1.代垫运杂费的处理

根据《中华人民共和国增值税暂行条例实施细则》第十二条第（三）项的规定，同时符合以下条件的代垫运费就不属于价外费用：

第一，承运部门的运费发票开具给购货方的；

第二，纳税人将该项发票转交给购货方的。

反之，如果承运部门将运费发票开具给销售方的就属于价外费用，销售方应该按照包含代垫运杂费的销售额给购买方开具发票，计算增值税销项税额。特别是对于制造企业来说，由于税率出现剪刀差（13%和9%），企业出现增值税销项税额和进项税额的错配，造成多缴增值税的税务风险。

【案例 5-4】　企业销售合同中的"代垫运输费用"的条款设计。

方案1：要求实际承运人的运输费用发票开具给购买方，并且企业将该项发票转交给购买方的，不属于价外费用。

方案2：选择另一家分公司负责运输，作为无运输工具承运业务，按照交通运输服务缴纳增值税。

【链接】　无运输工具承运业务，是指经营者以承运人身份与托运人签订运输服务合同，收取运费并承担承运人责任，然后委托实际承运人完成运输服务的经营活动。

2.违约金的处理

（1）企业销售合同未履行，增值税的应税行为未发生，销售方向购买方单独收取的违约金，不属于增值税的应税范围，不应该缴纳增值税。

（2）企业销售合同未履行，增值税的应税行为未发生，购买方向销售方单独收取违约金，不属于增值税的应税范围，不应该缴纳增值税。

（3）企业销售合同履行，增值税的应税行为已发生，销售方随同价款向购买方收取违约金，真正符合价外费用定义，需要缴纳增值税。

（4）企业销售合同履行，增值税的应税行为已发生，销售方因违反合同规定，购买方向销售方收取违约金，不属于价外费用，但是否涉及增值税问题，需要具体问题具体分析：①如果违约金是合同中明确的事项、明确的金额，采购方收取销售方支付的真正违约金，不属于增值税应税范围，不征收增值税。②如果购销双方因产品或服务质量问题，销售方向购买方支付违约金，企业应谨慎处理，如果违约金的计算是与销售数量或销售额挂钩的，根据《国家税务总局关于商业企业向货物供应方收取的部分费用征收流转税问题的通知》（国税发〔2004〕136 号）和《国家税务总局关于平销行为征收增值税问题的通知》（国税发〔1997〕167 号）的相关规定，对企业向供货方收取的与商品销售量、销售额挂钩的各种返还收入，均应按照平销返利行为的有关规定冲减当期增值税进项税金，购买方应将增值税进项税额转出，可能涉及补缴增值税问题。

【提示】 如果此时购买方只开具收据给销售方，会有一定税收风险，有逃避增值税税款之嫌，即如果定性为平销返利或销售折让，则导致购货方增值税进项税额转出问题。

【案例 5-5】 受疫情影响，我公司为压缩租房支出，与房东 A 协商退租。退租后 B 公司接手，经协商 B 公司向我公司支付 10 万元房屋装修补偿。我公司租入房屋装修时发生的费用计入了"长期待摊费用"，取得的进项已经用于抵扣，但未摊销完毕。

请问：我公司取得补偿费是否要缴增值税，是否要开具增值税发票？

【解析】 如果合同约定或双方意思表示，B 公司接手后，B 公司向贵公司支付 10 万元是为了补偿贵公司租期未满而退租导致的装修损失，此种情况下，未发生增值税应税行为，贵公司无须申报缴纳增值税、收取补偿费也无须向 B 公司开具增值税发票。

【解析】 房屋装修不可单独出售，本身房屋并没有出售，只是由下一家补偿了上一家的装修费用，不属于不动产销售；装修款是长期待摊费用，不可以作为增值税应税的对象，不管是出租方赔偿的还是第三方赔偿的，都不应当开增值税发票。

【案例 5-6】 新冠肺炎疫情之初，因租户提前退租，按照合同规定我司没收其相当于两个月租金的押金，关于没收的押金，我司需要开发票并交纳增值税吗？

【解析】 根据《增值税暂行条例》第六条规定，销售额为纳税人发生应税销售行为收取的全部价款和价外费用，但是不包括收取的销项税额。

根据《发票管理办法实施细则》第二十六条规定，填开发票的单位和个人必须在发生经营业务确认营业收入时开具发票，未发生经营业务一律不准开具发票。因此，如果销售方取得购买方支付的赔偿金、罚款、违约金等，在应税行为成立时，则属于价外费用，需要缴纳增值税，并按该应税行为据实开具发票；若应税行为不成立时，赔偿收入属于营业外收入，不需要计算缴纳增值税，不得开具增值税发票。

【案例 5-7】 甲企业为增值税一般纳税人，适用的增值税税率为 13%；2×21 年 8 月 8 日，甲企业与乙企业签订协议，采用分期预收款销售方式，生产一套数控设备销售给乙企业，该套数控设备的销售价格为 1200 万元（不含增值税额）。协议规定，乙企业应于协议签订之日预付 50% 的货款（按含税销售价格计算），剩下的部分于 2×21 年 12 月 8 日验收货物后付清，假定该套数控设备的实际成本为 840 万元。8 月 30 日，乙企业因市场变化决定不再购买该数控设备，甲企业也未开始进行生产，经协商乙企业按照总价款 10%、支付 135.6 万元作为违约金赔偿给甲企业，其余的预付款返还给乙企业。[①]

【解析】 因为甲企业作为收取预收款的承揽方，还没有进入实质性的生产过程，采购的原材料还未改变其物理属性和化学属性，仍然可以以原材料的名义对外转售；企业可能发生一些前期准备费用，但可以从取得的违约金中得到补偿，不属于增值税的征收范围，因此，甲企业收取的违约金不应当征收增值税，但甲企业必须计入企业所得税的应纳税所得额。

相关的会计处理如下：

（1）8 月 8 日，收到乙企业的预付款时

借：银行存款 678

　　贷：合同负债 678

（2）8 月 8 日，退还给乙企业的预付款 542.4 万元时

借：合同负债 678

　　贷：银行存款 542.4

　　　　营业外收入 135.6

【案例 5-8】 承上例，假定甲企业已经开始生产该套数控设备，但在 2×21 年 11 月 23 日，乙企业因市场变化决定不再购买该套数控设备，经协商将全部预付的 678 万元作为违约金赔偿给甲企业，已生产的设备由甲企业自行处理，该套数控设备的生产成本已发生支出 840 万元；2×21 年 12 月 23 日，甲企业将该套设备经过改造后又卖给丙企业，售价 960 万元（不含税），发生改造支出 360 万元。

【解析】 因为甲企业已经开始生产该套数控设备，应税销售行为已经发生，收取的违约金赔偿应该计入增值税销售额，计算缴纳增值税。甲公司会计处理如下：

---

① 辛连珠：《最新企业所得税疑难问题与相关法律衔接》，中国税务出版社 2015 年版。

①借：合同负债   678

  贷：主营业务收入   600

   应交税费——应交增值税（销项税额）   78

②借：库存商品   1200

  贷：生产成本   1200

③销售给丙企业

借：银行存款   1084.8

  贷：主营业务收入   960

   应交税费——应交增值税（销项税额）   124.8

④借：主营业务成本   1200

  贷：库存商品   1200

3. 押金的处理

（1）《关于对福建雪津啤酒有限公司收取经营保证金征收增值税问题的批复》（国税函〔2004〕416 号）指出，福建雪津啤酒有限公司收取未退还的经营保证金，属于经销商因违约而承担的违约金，应当征收增值税；对其已退还的经营保证金，不属于价外费用，不征收增值税。

（2）《国家税务总局关于取消包装物押金逾期期限审批后有关问题的通知》（国税函〔2004〕827 号）明确规定，纳税人为销售货物出租出借包装物而收取的押金，无论包装物周转使用期限长短，超过 1 年（含 1 年）以上仍不退还的均并入销售额，应按所包装货物的适用税率征收增值税。

（3）《国家税务总局关于加强增值税征收管理若干问题的通知》（国税发〔1995〕192 号）第三条规定，对酒类包装物的押金作出了特殊规定，对销售除啤酒、黄酒外的其他酒类产品而收取的包装物押金，无论是否返还以及会计上如何核算，均应并入当期销售额缴税。

（4）根据《国家税务总局关于增值税若干征管问题的通知》（国税发〔1996〕155 号）的规定，增值税一般纳税人（包括纳税人自己或代其他部门）向购买方收取的价外费用和逾期包装物押金，应视为含税收入，在征税时换算成不含税收入再并入销售额。

【结论】 在"营改增"以前，除啤酒、黄酒外的其他酒类产品，企业销售产品收取的押金或经营保证金不属于价外费用；未退还的押金或经营保证金，属于经销商因违约而承担的违约金，应当征收增值税；对其已退还的经营保证金，不属于价外费用，不征收增值税。另外，企业需要注意有一个反避税条款，即超过1年（含1年）以上仍不退还的押金或经营保证金均并入销售额缴纳增值税。

【案例5-9】 企业销售合同中经营保证金（押金）的筹划设计。

【解析】

（1）企业收取的经营保证金（押金）不能开具增值税发票，只能开收据；

（2）企业收取的经营保证金（押金）应通过"其他应付款"科目核算，不能通过"预收账款"或"合同负债"等科目核算。

（3）企业收取的经营保证金（押金）的收费标准应符合行业或企业的经营常规，不能出现超常规收取的问题；否则，存在反避税的风险。

（4）企业收取的经营保证金（押金）不得在合同中约定"自动抵顶货款"字样。

另外，《财政部 国家税务总局关于全面推开营业税改征增值税试点的通知》（财税〔2016〕36号）附件1《营业税改征增值税试点实施办法》第三十七条规定，价外费用是指价外收取的各种性质的收费，但不包括：①代为收取并符合规定的政府性基金或者行政事业性收费。②以委托方名义开具发票代委托方收取的款项。

【提示】 "营改增"文件对于价外费用条款采用的是反列举的方式，即对"营改增"企业来说，销售业务收取的押金或经营保证金就属于价外费用，应该计入企业增值税销售额，并计算增值税销项税额。

【案例5-10】 甲企业是一家物业管理公司，其中，签订的《物业管理合同》约定，物业公司每季度收取物业费6000元，并收取物业费押金2000元；签订的《房屋租赁合同》约定，业主每季度收取房租6000元，并收取租金押金2000元；假设不考虑其他因素。

【解析】 依据"营改增"文件的相关规定，增值税处理如表5-2所示。

表5-2　　　　　　　　　　　　　　　　　　　　　　　　　　　　单位：元

《物业管理合同》	物业费6000	物业费押金2000	增值税应税销售额8000
《房屋租赁合同》	房租6000	房租押金2000	增值税应税销售额8000

【解析】 建议企业采用以下筹划的思路：

《物业管理合同》中约定：物业公司每季收取物业费6000元，代收取房租押金2000元；《房屋租赁合同》中约定：业主每季收取房租6000元，代收取物业费押金 2000 元，如表 5-3 所示。

表 5-3 单位：元

《物业管理合同》	物业费 6000	房租押金 2000	增值税应税销售额 6000
《房屋租赁合同》	房租 6000	物业费押金 2000	增值税应税销售额 6000

【提示】 关于价外费用的界定，企业应坚持"有价有外、无价无外"，收取的款项不属于直接相关的，则不属于价外费用，不用缴纳增值税。

第二节 企业各种促销业务的财税处理与风险控制

一、企业抵减券、代金券、消费券的财税处理与风险控制

（一）政策依据

（1）《增值税若干具体问题的规定》（国税发〔1993〕154 号）规定，纳税人采取折扣方式销售货物，如果销售额和折扣额在同张发票上分别注明的，可按折扣后的销售额征收增值税；如果将折扣额另开发票，不论其在财务上如何处理，均不得从销售额中减除折扣额。

（2）《国家税务总局关于折扣额抵减增值税应税销售额问题通知》（国税函〔2010〕56 号）规定，纳税人采取折扣方式销售货物，销售额和折扣额在同一张发票上分别注明是指销售额和折扣额在同一张发票上的"金额"栏分别注明的，可按折扣后的销售额征收增值税。未在同一张发票"金额"栏注明折扣额，而仅在发票的"备注"栏注明折扣额的，折扣额不得从销售额中减除。

（3）《国家税务总局关于确认企业所得税收入若干问题的通知》（国税函〔2008〕875 号）规定，企业为促进商品销售而在商品价格上给予的价格扣除属于商业折扣，商品销售涉及商业折扣的，应当按照扣除商业折扣后的金额确定销售商品收入金额。

（二）抵减券的财税处理与风险控制

（1）"满额即减"，是指买家购买金额达到定额后，商家所给予的折扣，如

网购平台上的"满 300 减 30""满 200 减 15"等，实质都为"折扣销售"。

（2）在会计处理上，"满额即减"应按照折扣销售进行处理，根据折扣后的销售收入进行收入确认。

（3）在税务处理上，企业应选择正确的开票方式，即将价款和折扣额在同一张发票上分别注明的，才可以以折扣后的价款为销售额；未在同一张发票"金额"栏注明折扣额，而仅在发票"备注"栏注明折扣额的，折扣额不得从销售额中扣除。

【案例 5-11】 某公司实行"充值送现金"促销活动，消费卡充值 1000 元送现金 1000 元，即消费卡金额为 2000 元。

【解析】 该业务实质属于五折销售合同，第一，充值时开具增值税发票 1000 元；第二，消费时开具增值税发票按 50% 比例开具，累计开票金额最多 1000 元。

【案例 5-12】 某房地产开发企业做新楼盘促销活动，约定：先缴现金 10000 元签合同抵 30000 元。

【解析】 该业务实质就是销售折扣 2 万元，比如房地产标价 100 万元，销售合同约定应为 98 万元，开具增值税发票应为 98 万元。

（三）代金券的财税处理与风险控制

1. 会计处理

消费后赠送代金券，企业应当评估该选择权是否构成一项重大权利。企业提供重大权利的，应作为单项履约义务，需将交易价格分摊至该项履约义务，确认合同负债；在客户未来行使购买选择权、取得商品控制权时或权利失效时，确认相应的收入。

2. 税务处理

（1）在增值税方面，商家在赠送代金券时，须按照实际收取的款项确认增值税的销售额，在消费者实际兑换使用代金券时，应作为商业折扣处理。

（2）在企业所得税方面，则涉及企业所得税计税与会计核算之间的税会差异，企业所得税汇算清缴时应进行纳税调整。

【案例 5-13】 某百货商场为增值税一般纳税人，为拉动消费，举办购买商品赠送代金券的促销活动，2×20 年 12 月 1 日，顾客王女士在商场购买一个钱包，消费 1130 元（含税），商场赠送王女士一张价值 250 元的化妆品代金券（该代金券的有效期为 2 个月），预计代金券的使用率 100%。2×21 年 1 月，王女士在商场使用代金券购买价值 1662.5 元（含税）的化妆品（使用代金券抵减 250 元），实际支付 1412.5 元现金。假设不考虑其他因素。该百货商场对上述业务如何进行财税处理？

【解析】（1）企业会计处理。

依据《企业会计准则第 14 号——收入》的规定，购买商品赠送代金券，属于客户附有额外购买选择权的销售，并且该选择权构成一项重大权利，应当作为单项履约义务，需将交易价格分摊至该项履约义务，确认合同负债；代金券在以后消费或到期失效时再确认收入，如表 5-4 所示。

表 5-4   单位：元

钱包	单独售价 1000
代金券	单独售价 250
合计：1250	
分摊交易价格：	
钱包	800（1000÷1250×1000）
代金券	200（250÷1250×1000）

（2）增值税处理。

按照增值税法的有关规定，对销售货物采取直接收款方式的，纳税义务发生时间为收到销售款或取得索取销售款凭据的当天，商场应按照销售收入 1130 元换算为不含税收入为计税依据，全额计提增值税销项税额。

在消费者实际使用代金券时，可以作为商业折扣处理，在同一张发票上开具同时注明消费金额和折扣金额，或者只开具折扣后的金额，按照折扣后金额计税，代金券抵减收入的部分无需再计税。

在代金券到期失效时，由于在发放代金券时，已经确认并计提了增值税销项税额，失效时不再做增值税相关处理。

（3）企业具体会计处理如下：

第一，商场销售钱包时。

借：银行存款   1130

　　贷：主营业务收入——钱包   800

　　　　合同负债   200

　　　　应交税费——应交增值税（销项税额）   130

第二，顾客购买化妆品时。

借：合同负债　　　　　　　　　　　　　　　　　　　200

　　贷：主营业务收入　　　　　　　　　　　　　　　200

借：银行存款　　　　　　　　　　　　　　　　　　1412.5

　　贷：主营业务收入——化妆品　　　　　　　　　　1250

　　　　应交税费——应交增值税（销项税额）　　　162.5

（4）企业所得税处理。

商场在 2×20 年度企业所得税申报时，须将合同负债部分对应的未确认销售收入进行纳税调增，即纳税调增 200 元；

在 2×21 年年度企业所得税申报时，应将合同负债部分对应的已确认销售收入进行纳税调减，即纳税调减 200 元。

（四）消费券的财税处理与风险控制

1. 会计处理

企业从政府取得的经济资源，如果与企业销售商品或提供服务等活动密切相关，且是企业商品或服务的对价或者对价的组成部分，应当适用《企业会计准则第 14 号——收入》等相关会计准则，将政府补贴收入确认为销售收入。

2. 税务处理

（1）根据《国家税务总局关于取消增值税扣税凭证认证确认期限等增值税征管问题的公告》（国家税务总局公告 2019 年第 45 号）第七条的规定，纳税人取得的财政补贴收入，与其销售货物、劳务、服务、无形资产、不动产的收入或者数量直接挂钩的，应按规定计算缴纳增值税。即商家应将抵减的金额确认为销售收入，并按照适用税率计算增值税销售额。

（2）根据《企业所得税法》第六条的规定，企业以货币形式和非货币形式从各种来源取得的收入，为收入总额；即任何收入如不作为应税收入都需要法律依据，企业收取的政府补贴收入属于应税收入，应当缴纳企业所得税。

【案例 5-14】　某市政府在新冠疫情期间发放采用电子消费券，并规定商家收款时消费券自动核销，政府出资部分将与用户付款金额同时合并到账。小张在 A 商城看中一件 565 元的 T 恤，小张选择使用一张满 500 抵 100 元的消费券购入 T 恤，自行支付 465 元，A 商城实际收到营业额 565 元。

【解析】　A 商城的账务处理如下：

借：银行存款——小张　　　　　　　　　　　　　　465

　　　　银行存款——政府　　　　　　　　　　　　　　100
　　　　贷：主营业务收入　　　　　　　　　　　　　　　500
　　　　　　应交税费——应交增值税（销项税额）　　　　65

　　因此，政府发放的消费券，属于企业收取的政府补贴收入，其财税处理一致，不会产生税会差异，不存在纳税调整的问题。

二、企业"买一赠一"和"抽奖赠送"业务的财税处理与税务规划

问题 21：
企业"抽奖赠送"业务如何筹划设计才能避免视同销售？

（一）政策依据

　　（1）《国家税务总局关于确认企业所得税收入若干问题的通知》（国税函〔2008〕875 号）规定，企业以买一赠一等方式组合销售本企业商品的，不属于捐赠，应将总的销售金额按各项商品公允价值的比例分摊确认各项的销售收入。

　　（2）《国家税务总局关于土地价款扣除时间等增值税征管问题的公告》（国家税务总局公告 2016 年第 86 号）第七条规定，纳税人出租不动产，租赁合同中约定免租期的，不属于《营业税改征增值税试点实施办法》（财税〔2016〕36 号）第十四条规定的视同销售服务。

　　（3）《财政部 国家税务总局关于企业促销展业赠送礼品有关个人所得税问题的通知》（财税〔2011〕50 号）中规定，企业在向个人销售商品（产品）和提供服务的同时给予赠品，如通信企业对个人购买手机赠话费、入网费，或者购话费赠手机等，不征收个人所得税。

　　【提示】　根据以上相关税收法律法规的规定，企业的"买一赠一"业务，无论是企业所得税处理、增值税处理，还是个人所得税处理，均不属于捐赠，不需要视同销售，即企业的财税处理通常按照"捆绑销售"处理。

　　【案例 5-15】　汽车 4S 店推出促销活动，买车赠送"行车记录仪"，企业的税务处理应当按照捆绑销售处理，即汽车 4S 店销售的是已装好"行车记录仪"的汽车。

（二）企业"买一赠一"和"抽奖赠送"业务的筹划设计

（1）买"A"送"B"，本质上属于捆绑销售，应分拆两部分价款，分别结转收入和成本，而不应将"B"视为无偿赠送，应视同销售。

（2）捆绑销售的逻辑要求企业必须在合同签署和发票开具两个重要节点保持一致，如果合同未能分开或者发票未能分开，将导致非常严重的涉税风险，可能被认定为无偿赠送而视同销售。

【提示】　企业开具增值税发票的两种方法：

方法1：货物与赠品按实际收到的款项按公允价分摊开具发票。

方法2：将赠品一正一负开具发票，反映折扣额。

（3）如果决定实施送"B"促销，企业需要在开始时就做好准备，事先设计好各个环节的处理方案，避免最终风险爆发而难以优化。

（4）企业"买一赠一"业务会计处理时，应该将送"B"计入营业成本，不应该计入企业的销售费用，参考会计分录如下：

借：银行存款

　　贷：主营业务收入——A

　　　　主营业务收入——B

　　　　应交税费——应交增值税（销项税额）

借：主营业务成本——A

　　主营业务成本——B

　　贷：库存商品——A

　　　　库存商品——B

思考　某房地产开发公司推出促销活动，举办买别墅抽奖活动，最高奖品是价值30万元的宝马轿车一辆，请问如何进行财税处理才能降低企业税负？

【解析】　房地产开发公司销售的别墅属于不动产，而赠送的宝马轿车属于有形动产，别墅和汽车都需要到相应主管部门进行登记，无法按照捆绑销售处理。

实务中，企业将上述业务可以视同折扣销售处理，即房地产开发公司销售别墅，折扣30万元，代为办理帮助客户购买一辆汽车，汽车4S店开具增值税发票给客户，且别墅的销售合同应按照折扣以后的金额签订，按照折扣以后的金额开具增值税发票给客户。客户在办理房产证时，按照折扣以后的金额缴纳契税，房地产开发公司按照折扣以后的金额计算缴纳增值税、企业所得税和土地增值税等。

（5）企业对于"抽奖赠送"业务，赠送的礼品可以参照"买一赠一"业务进行财税处理，即凡是抽到奖品的客户，视为必须同时赠送的业务，在签订合同时，额外增加上赠送的礼品，但没有抽到奖品的客户视为不存在同时赠送的问题。

【案例5-16】 甲公司是一家电视机生产销售公司，为了促进电视机的销售，经常在销售电视机的同时赠送微波炉、电热水壶和电风扇等；同时，甲公司对于大客户，均会通过随机抽奖赠送价值约1500~3000元礼品一份（净水器或空调）。请问企业合同如何签订才能降低企业税负？

【解析】

（1）根据《财政部 国家税务总局关于企业促销展业赠送礼品有关个人所得税问题的通知》（财税〔2011〕50号）的规定，企业在向个人销售商品（产品）和提供服务的同时给予赠品，不征收个人所得税。

（2）甲公司给客户的微波炉、电热水壶和电风扇等礼品，属于销售商品或服务同时给予的赠送，可视为销售电视机的同时给予的赠品；销售合同中合同总价的构成包括微波炉、电热水壶和电风扇等礼品，然后由客户勾选；另外，建议甲公司在销售合同中增加空白项目，对于中奖的客户合同，填上"空调"或"净水器"等。

因此，企业只有做到"业、财、税"一体化，才能规避税法中视同销售条款，真正降低企业的税负。

三、企业销售返利业务的财税处理与税务规划

（一）现金返利

1. 开具红字增值税发票

依据《国家税务总局关于纳税人折扣折让行为开具红字增值税专用发票问题的通知》（国税函〔2006〕1279号）的规定，纳税人销售货物并向购买方开具增值税专用发票后，由于购货方在一定时期内累计购买货物达到一定数量，或者由于市场价格下降等原因，销货方给予购货方相应的价格优惠或补偿等折扣、折让行为，销货方可按现行《增值税专用发票使用规定》的有关规定开具

红字增值税专用发票。

【链接】　销售方和采购方的具体会计处理如下：

（1）销售方支付现金返利。

借：银行存款　　　　　　　　　　　　　　　　　　　（红字）

　　贷：主营业务收入　　　　　　　　　　　　　　　　（红字）

　　　　应交税费——应交增值税（销项税额）　　　　　（红字）

（2）采购方收到现金返利。

借：银行存款

　　贷：主营业务成本（库存商品）

　　　　应交税费——应交增值税（进项税额转出）

【提示】　值得企业注意的是，国税函〔2006〕1279号文件明确的是销货方可开具红字增值税专用发票，但不是必须开具红字增值税专用发票。

2. 在下一次销售中作为商业折扣处理

根据《国家税务总局关于折扣额抵减增值税应税销售额问题通知》（国税函〔2006〕56号）的规定，纳税人采取折扣方式销售货物，销售额和折扣额在同一张发票上分别注明是指销售额和折扣额在同一张发票上的"金额"栏分别注明的，可按折扣后的销售额征收增值税。未在同一张发票"金额"栏注明折扣额，而仅在发票的"备注"栏注明折扣额的，折扣额不得从销售额中减除。

3. 采购方给销售方开具增值税发票

根据《国家税务总局关于商业企业向货物供应方收取的部分费用征收流转税问题的通知》（国税发〔2004〕136号）的规定，对企业向供货方收取的与商品销售量、销售额无必然联系，且商业企业向供货方提供一定劳务的收入，例如进场费、广告促销费、上架费、展示费、管理费等，不属于平销返利，不冲减当期增值税进项税金，应按服务业征收增值税；也就是说，采购方给销售方开具税率6%的增值税专用发票，开票项目为"文化创意服务 × 会议展览服务"。

【提示】　采用上述方法是以采购方能为销售方提供服务为前提，且销售企业支付给采购方的价款一定要确保与商品销售量、销售额无必然联系；否则可能被税务机关视为平销返利，那么，采购方应按照平销返利行为的有关规定冲减当期增值税进项税金，补缴增值税及附加，并且存在虚开增值税发票的风险。

【案例5-17】　甲百货连锁有限公司成立于2×12年9月29日，主营化妆品、服装鞋帽、皮革制品、黄金首饰、家用电器、日用百货等商品的零售。2×20 年甲公司在销售过程中向供应商收取与销售额挂钩的销售返利，全部按照广告费收入以 6% 的增值税税率开具增值税发票并缴纳了增值税。

稽查人员发现了该问题，认为与销售额挂钩的广告费用应按照平销返利行为的有关规定冲减当期增值税进项税额，甲公司被稽查局追缴了相应的增值税、城建税及附加。

（二）实物返利

（1）销售方的实物返利一方面作视同销售，另一方面完成利润返还。销售方开具为两份发票，一份是折让的红字增值税发票，另一份是视同销售的蓝字增值税发票。

第一，销售方的会计处理。

借：主营业务收入

　　应交税费——应交增值税（销项）

　　贷：主营业务收入

　　　　应交税费——应交增值税（销项）

借：主营业务成本

　　贷：库存商品

【提示】　需要说明的是，"应交税费——应交增值税"设置了销项税额、进项税额、进项税额转出等多个专栏，且专栏只有一个方向，比如销项税额专栏，只有贷方记录，冲减销项税额用红字，且专栏月末不需要平账。

第二，采购方的会计处理。

采购方取得实物返利的蓝字增值税专用发票抵扣联，按正常购进货物进项税额处理，同时按照取得的供应方红字增值税专用发票（信息单），冲减成本并做进项税额转出。具体会计处理如下：

借：库存商品

　　应交税费——应交增值税（进项税额）

　　贷：主营业务成本

　　　　应交税费——应交增值税（进项税额转出）

（2）实务中也可以在下一次发货时，通过商业折扣方式体现实物返利，即下一次销售采用"加量不加价"的方式给予采购方销售返利。

（三）企业销售返利业务筹划方案的设计

实务中，经常销售返利的企业，通常采用以下方法：

（1）企业给予采购方的销售返利，可以采取"收款不折扣、开票折扣"的方式处理，例如，某经销商事先根据市场预测选择 10% 折扣档次，销售方则在每次销售时按照实际销售收取全部价款，但按照 90% 的比例开具增值税发票，收款金额与开票金额之间的差额确认预计负债或合同负债。具体会计处理参考如下：

借：银行存款
　　贷：主营业务收入
　　　　应交税费——应交增值税（销项税额）
　　　　预计负债（返现）或合同负债（发货）

（2）企业在一个结算周期期末，经计算如果经销商达到获取返利的条件，企业给予销售返利，支付现金返利或发出货物给经销商。具体会计处理参考如下：

借：预计负债（返现）
　　合同负债（发货）
　　贷：银行存款
　　　　或：主营业务收入
　　　　　　应交税费——应交增值税（销项税额）

（3）企业在一个结算周期期末，经计算如果经销商未达到获取返利的条件，将预计负债或合同负债对应的价款作为价外费用计入销售额，计算增值税销项税额。具体会计处理参考如下：

借：预计负债（返现）
　　合同负债（发货）
　　贷：主营业务收入
　　　　应交税费——应交增值税（销项税额）

第三节　企业债权和债务处置的涉税风险与税务规划

一、超过三年的应收账款坏账损失的税前扣除与筹划设计

（一）政策依据

（1）根据《企业资产损失所得税税前扣除管理办法》（国家税务总局公告 2011 年第 25 号）第二十三条的规定，企业逾期三年以上的应收款项在会计上已作为损失处理的，可以作为坏账损失，但应说明情况，并出具专项报告（逐项或逐笔）。

（2）根据《财政部 国家税务总局关于企业资产损失税前扣除政策的通知》（财税〔2009〕57 号的规定，债务人逾期三年以上未清偿，且有确凿证据证明已无力清偿债务，减除可收回金额后确认的无法收回的应收、预付款项，可以作为坏账损失在计算应纳税所得额时扣除。

（二）企业超过三年的应收账款已无力清偿债务的"确凿证据"界定

（1）原辽宁大连国税局通过解答的形式明确："对企业逾期 3 年以上仍未收回的应收账款坏账损失税前扣除的，应按照"逾期三年（三年是指合同到期后的下一年度起的连续三年）以上"的应收款项（仅指应收账款和预付账款），企业有依法催收磋商记录，确认债务人已资不抵债、连续三年亏损或连续停止经营三年以上的，并能认定三年内没有任何业务往来，中介机构进行职业推断和客观评判后出具经济鉴证证明，认定为损失。"

（2）《宁波市地方税务局税政一处关于明确所得税有关问题解答口径的函》（甬地税一函〔2013〕18 号）曾明确：债务人逾期 3 年以上未清偿，且有确凿证据证明已无力清偿债务的应收款项可认定为坏账损失。企业还应考虑债务人的偿还能力，如果企业未向债务人和担保人追偿，或者对方单位仍正常经营，债权方主动放弃债权的，不得在税前扣除。专项报告的出具，应围绕资产损失税前扣除的六个原则（权责发生制、合法性、真实性、相关性、合理性和确定性原则）一一说明，才能在企业所得税前扣除。

（三）企业超过 3 年的应收账款坏账损失的税前扣除筹划设计

企业对于超过 3 年的应收账款坏账损失的税前扣除，可以通过"债务重组的方式"实现税前扣除，具体思路和做法如下：

根据《企业资产损失所得税税前扣除管理办法》（国家税务总局公告 2011 年第 25 号）第二十二条的规定，企业应收及预付款项坏账损失应依据以下相关证据材料确认：属于债务重组的，应有债务重组协议及其债务人重组收益纳税情况说明，具体包括：

（1）债务人确认债务重组所得的承诺书，承诺书须有债务人全称，纳税人识别号、债务人主管税务机关名称、按税法规定确认债务重组所得的年度及金额等要素，并加盖债务人公章。

（2）提供债务人已将债务重组所得在年度纳税申报表中反映并经主管税务机关受理盖章的企业所得税年度纳税申报表复印件。

二、企业发生非经营活动债权损失的涉税处理与筹划设计

问题 22：
企业发生的非经营活动债权损失如何才能税前扣除？

（一）政策依据

（1）根据《企业所得税法》第八条的规定，企业实际发生的与取得收入有关的、合理的支出，包括成本、费用、税金、损失和其他支出，准予在计算应纳税所得额时扣除。

《企业所得税法实施条例》第二十七条第二款规定，合理的支出是指符合生产经营活动常规，应当计入当期损益或者有关资产成本的必要和正常的支出。

【提示】 从上述法律法规条款可以看出，《企业所得税法》及实施条例税前扣除强调的是"实际发生""与取得收入有关""合理"才能在税前扣除。

（2）根据《企业资产损失所得税税前扣除管理办法》（国家税务总局公告 2011 年第 25 号）第四十六条的规定，企业发生非经营活动的债权不得作为损失在税前扣除。

（二）企业非经营活动债权损失的税前扣除筹划设计

【案例 5-18】 某集团的甲公司无偿借款 500 万元给关联企业乙公司，乙公司资不抵债将要破产，而直接借款的损失在税收上是不允许扣除的。如何才能实现税前扣除？

【解析】 将直接借款损失转换为股权转让损失就可以税前扣除：

第一，再筹集"过桥资金"500 万元投资给乙公司。

第二，乙公司将 500 万元债务归还甲公司，甲公司归还提供过桥资金方。

第三，乙公司破产，甲公司形成了 500 万元的股权投资损失，依据国家税务总局公告 2011 年第 25 号文件规定，该项损失是可以扣除的。

【案例 5-19】 我们是一家天津国有企业，对 A 企业投资 500 万元，后因 A 企业资金困难又无偿借款给 A 企业 1000 万元用于经营。现在 A 企业经营不善，准备到工商局办理注销。请问上述无法偿还的 1000 万元借款可否作为债权损失在税前扣除？

【解析】

（1）关联企业之间的借款损失税前扣除，具体应分为两种情形：

第一种，可以税前扣除，即符合独立交易原则，有借款合同，并按税法规定要收利息，即使未收到，属于经营活动债权损失。

第二种，不能税前扣除，无偿的借款，即不符合独立交易原则，也就属于非经营活动债权损失。

（2）具体的筹划思路参考如下：

该国有企业向客户销售商品一批，比如价款 1000 万元，修改为：国有企业向 A 企业销售商品，A 企业再向国有企业的客户销售商品，国有企业的客户将货款 1000 万元支付给 A 企业，A 企业把前欠其他应收款 1000 万元偿还给国有企业，剩余的是应收货款 1000 万元，作为坏账损失可以税前扣除。即非经营债权损失替换成应收账款，再符合税法规定的其他条件，就可以实现税前扣除。

【提示】 该国有企业也可以将债权转换为股权，未来 A 公司注销以后，通过股权投资损失实现税前扣除。

【案例 5-20】 甲公司是一家注册在北京的中央企业，股票在深圳挂牌交易，甲公司向一家国有商业银行贷款 10 亿元，利率 5%，但银行私下附带一个条件，要求甲公司代替国有商业银行解决几笔不良贷款，金额共 9000 万元；

甲公司计入其他应收款账户 9000 万元。具体会计处理如下：

借：其他应收款——银行的债务人　　　　　　　　　　　　　9000

　　贷：银行存款　　　　　　　　　　　　　　　　　　　　　　9000

请问：甲公司如何筹划处理才能税前扣除 9000 万元债权损失？

【解析】

（1）依据国家税务总局公告 2011 年 25 号第四十六条规定，下列股权和债权不得作为损失在税前扣除：企业发生非经营活动的债权。

（2）根据《企业资产损失所得税税前扣除管理办法》（国家税务总局公告 2011 年第 25 号）第四十三条的规定，企业委托金融机构向其他单位贷款，或委托其他经营机构进行理财，到期不能收回贷款或理财款项，按照本办法第六章有关规定进行处理。

（3）具体筹划的思路参考如下。

委托这家国有商业银行发放贷款 9000 万元给出现的不良贷款的企业，偿还原来的欠款 9000 万元，新增加的委托贷款，就可以作为坏账损失税前扣除了。即非经营债权损失替换成委托贷款，符合税法规定其他条件，就可以实现税前扣除。

具体会计处理参考如下：

借：委托贷款——银行的债务人　　　　　　　　　　　　　　9000

　　贷：银行存款　　　　　　　　　　　　　　　　　　　　　　9000

借：银行存款　　　　　　　　　　　　　　　　　　　　　　　　9000

　　贷：其他应收款——银行的债务人　　　　　　　　　　　　　9000

三、企业"债务重组"协议的签订技巧与风险控制

（一）政策依据

（1）《财政部 国家税务总局关于企业重组业务企业所得税处理若干问题的通知》（财税〔2009〕59 号）第四条第二款规定，债务人应当按照支付的债务清偿额低于债务计税基础的差额，确认债务重组所得；债权人应当按照收到的债务清偿额低于债权计税基础的差额，确认债务重组损失。

（2）《关于企业取得财产转让等所得企业所得税处理问题的公告》（国家税务总局公告 2010 年 19 号）规定，企业取得财产（包括各类资产、股权、债权等）转让收入、债务重组收入、接受捐赠收入、无法偿付的应付款收入等，不

论是以货币形式还是非货币形式体现，除另有规定外，均应一次性计入确认收入的年度计算缴纳企业所得税。

（3）《财政部 国家税务总局关于企业重组业务企业所得税处理若干问题的通知》（财税〔2009〕59号）第六条第一款规定，企业债务重组确认的应纳税所得额占该企业当年应纳税所得额50%以上，可以在5个纳税年度的期间内，均匀计入各年度的应纳税所得额。

【提示】 企业确认的债务重组所得应该计入应纳税所得额，依据财税〔2009〕59号的规定，符合条件的，最多递延五年均匀计入各年度的应纳税所得额。

（二）企业债务重组业务筹划方案设计与风险控制

【案例5-21】 一家注册在天津滨海新区的制造企业，处于资不抵债的状态，截至2×20年8月31日，公司账面负债10亿元，未弥补亏损2亿元。与债权人和解达成以下重组协议：偿还债务2亿元，豁免债务8亿元。同时，新的战略投资者向公司增资2亿元，解决偿还债务的资金问题，不考虑其他因素。请问上述重组如何进行财税处理？债务重组所得能否不缴税或少缴税？

【解析】

（1）如果签订债务重组协议，该企业应缴纳的企业所得税=（8-2）×25%=1.5（亿元）；依据财税〔2009〕59号第六条第一款规定，最多可以在5个纳税年度的期间内，均匀计入各年度的应纳税所得额，递延五年缴纳企业所得税。

（2）具体筹划的思路。不要签债务重组协议，具体步骤如下：

第一步：签股权投资协议，即将债务转资本（债转股），每股5元，注册资本增加2亿元，8亿元计入资本公积

借：应付账款		10
贷：实收资本		2
资本公积—资本溢价		8

第二步：签股权转让协议，新的战略投资者出资2亿元收购上述股权，股权投资损失也可以税前扣除。

【提示】 如果当地市场管理局不同意债转股的方案，可以采用"先还钱——增资——还钱——增资……"的方式，采用变通方式实现债转股的重组业务。

四、超过三年的其他应付款涉税处理与筹划设计

（一）企业所得税处理

根据《企业所得税实施条例》第二十二条的规定，确实无法偿付的应付款项应计入其他收入。

实务中，对于何种情况属于"确实无法偿付"，税收文件没有明确规定。这种情况下，原则上企业作为当事人，更了解债权人的实际情况，可以由企业判断其应付款项是否确实无法偿付。同时，税务机关如有确凿证据表明因债权人（自然人）失踪或死亡，债权人（法人）注销或破产等原因导致债权人债权消亡的，税务机关可判定债务人确实无法偿付。对于这部分确实无法偿付的应付未付款项，应计入收入，计征企业所得税。

（二）企业超过三年的其他应付款的筹划设计

1. 政策依据

根据《关于个人股东取得公司债权债务形式的股份分红计征个人所得税问题的批复》（国税函〔2008〕267号）的规定，个人取得的股份分红所得包括债权、债务形式的应收账款、应付账款相抵后的所得。个人股东取得公司债权、债务形式的股份分红，应以其债权形式应收账款的账面价值减去债务形式应付账款的账面价值的余额，加上实际分红所得为应纳税所得，按照规定缴纳个人所得税。

2. 筹划设计与案例分析

【案例5-22】　某民营企业有超过三年的应付账款300万元，同时有税后利润200万元需要对自然人股东进行利润分配，自然人股东需要缴纳个人所得税40万元。

【解析】　利润分配方案修改为：分配现金100万元，分配应收款400万元，分配应付款300万元。参考会计处理如下

借：应付股利	200	
应付账款	300	
贷：应收账款		400
银行存款		100

因此，自然人股东应缴纳个人所得税 =（100+400-300）×20%=40（万元）。

【链接】　同理，企业出现下列业务，可以采取类似筹划思路：

（1）企业出现资产盘盈。

借：××资产

　　贷：其他应付款——某股东

（2）企业出现应付未付款。

借：应付账款

　　贷：其他应付款——某股东

（3）企业向股东偿还欠款。

借：其他应付款——某股东

　　贷：银行存款

五、个人股东和企业高管从企业借款的涉税处理与筹划设计

（一）政策依据

（1）《财政部 国家税务总局关于规范个人投资者个人所得税征收管理的通知》（财税〔2003〕158号）第二条规定，纳税年度内个人投资者从其投资企业（个人独资企业、合伙企业除外）借款，在该纳税年度终了后既不归还，又未用于企业生产经营的，其未归还的借款可视为企业对个人投资者的红利分配，依照"利息、股息、红利所得"项目计征个人所得税。

（2）《财政部 国家税务总局关于企业为个人购买房屋或其他财产征收个人所得税问题的批复》（财税〔2003〕83号）规定，企业投资者个人、投资者家庭成员或企业其他人员向企业借款用于购买房屋及其他财产，将所有权登记为投资者、投资者家庭成员或企业其他人员，且借款年度终了后未归还借款的。对除个人独资企业、合伙企业以外其他企业的个人投资者或其家庭成员取得的上述所得，视为企业对个人投资者的红利分配，按照"利息、股息、红利所得"项目计征个人所得税；对企业其他人员取得的上述所得，按照"工资、薪金所得"项目计征个人所得税。

（3）《个人所得税管理办法》（国税发〔2005〕120号）第三十五条第四款明确规定，加强个人投资者从其投资企业借款的管理，对期限超过一年又未用于企业生产经营的借款，严格按照有关规定征税。

（4）《河北省地方税务局关于秦皇岛市局个人投资者借款征收个人所得税问题请示的批复》（冀地税函〔2013〕68号）规定，个人投资者归还从其投资企业取得的一年以上借款，已经按照"利息、股息、红利"征收的个人所得

税，应予以退还或在以后应纳个人所得税中抵扣。

（二）个人股东和企业高管从企业借款的处理技巧与筹划

（1）依据税收法律法规，需要征税的借款金额仅限于账面可供分配的利润归属于个人股东的部分，若公司累计未分配利润为零或负数，则不适用此条款。

（2）企业应区分公借款还是为私借款。企业若能够提供证据表明借款用于企业生产经营，比如某老板借款到外地采购，这是对公借款，即使超过一年，也不存在被视为股息红利征税的问题。

（3）针对"纳税年度终了"应理解为一个自然年度，满 12 个月，即从借款日某月某日至次年同月同日的前一日。

（4）若个人股东借款满一年后已将借款偿还，则不应对此征税。

（5）企业投资者的家庭成员或直系亲属向公司借款亦适用上述政策。

（6）企业在实务工作中，企业可以采用下列筹划思路：

第一，借新债、还旧债；

第二，借 B 企业新债、还 A 企业旧债；

第三，如果个人股东无钱偿还，可以通过签订三方协议，将债权转让给一家关联方企业，从而规避反避税条款，降低税务风险。账务处理如下：

借：其他应收款——关联企业

　　贷：其他应收款——个人股东

【案例 5-23】 甲公司成立于 2×14 年 1 月，注册资本 200 万元。公司设立后，股东由于个人原因从公司借出 200 万元，截至 2×20 年 12 月 31 日，股东尚未将该 200 万元借款归还。2×20 年 12 月 31 日尚有 200 万元应付乙公司款项没有支付。

【解析】 建议甲公司、股东个人、乙公司共同签署一份债权债务转移协议。约定甲公司欠乙公司的款项由股东个人偿付。协议签署并经各方签字、盖章后，甲公司将该协议作为附件，参考如下会计处理：

借：应付账款——乙公司　　　　　　　　　　　　　　　　　200

　　贷：其他应收款——股东　　　　　　　　　　　　　　　　200

第四节　不动产租赁业务的涉税处理与税务规划

一、企业出租不动产合同中价格条款的税收风险分析与筹划

（一）房产税的计税依据

（1）《房产税暂行条例》第三条规定，房产出租的，以房产租金收入为房产税的计税依据。

【提示】　房产税以房屋产权为课征对象，无所有权不予课税；因此转租的租金收入不属于房产税应税范围；出租外墙、内墙、货架空间、电梯口给他人做广告，所收取的租金不属于房屋租金，不纳房产税。

（2）《江苏省地方税务局关于对纳税人利用房产、设备承包租赁经营收取承包金征税问题的批复》（苏地税函〔1999〕126 号）曾规定：如果被承租方收取的承租费包括房屋租金、土地租金、设备租金以及管理费及其他费用，用房屋租金可以单独划分清楚的，则以房屋租金收入为计税依据。

（3）《山东省地方税务局关于房产税有关政策规定的公告》（山东省地方税务局公告 2013 年第 4 号）曾规定：

出租房屋的租金应包括出租的房屋及其不可分割、不单独计价的各种附属设施及配套设施的租金收入。

对租金收入中包含的水电费、电话费、煤气费等，凡单独计价的可予以扣除；凡不单独计价或计价明显偏高以及划分不清的，由税务部门核定予以扣除。

对出租的房产，凡有与之配套的相对独立的机器设备及露天停车、仓储等用地的，其租金部分，可由当地主管地方税务机关核准，在计税租金中予以扣除。

（二）企业出租不动产合同中价格条款的签订技巧与筹划

1.企业在签订不动产租赁合同时，需要关注的签订技巧

（1）企业在租赁厂房或房屋时，水电费用与厂房或房屋的租赁价格进行分离。

（2）厂房或房屋和厂房或房屋之内的设备或办公设施一起租赁时，签订两份合同。

（3）签订租赁合同时，提供场地应收的场地租赁费，分开签订合同。

（4）物业公司提供物业管理所收取的物业管理费，单独结算。

（5）依约收取的品牌及管理费，单独签合同，单独结算。

【示例】 企业出租地下车库，应当在《停车位租赁合同》中明确以下条款：

车位所有权（受益权）归本企业，企业委托物业公司代收租金 X 元 / 月；物业公司按公示的管理费收费标准向承租人收取管理费 Y 元 / 月，停车月费为 X+Y。

物业公司按月费总额向承租人开票，企业按租金向物业公司开票、按租金申报 12% 房产税。

2. 企业在签订不动产租赁合同的税收风险控制措施

根据上述分析，企业可以采用"收入分劈法"，将租金收入分解为"房屋租金""设备租金""物业管理费""水电费"等，但企业应当注意几个问题：

（1）必须确实存在业主提供物业管理（卫生保洁、保安等服务）、统一支付水电费等服务事实。

（2）分解收取的物业管理费和水电费标准应当符合通常合理的价格水平，例如与当地物价部门公布的指导价相近。

（3）对租赁双方提供的合同，如租金明显偏低且无正当理由的，主管税务机关可参照当地房屋租赁市场价格核定计征房产税。

二、不动产租赁合同中装修条款的涉税风险与处理技巧

（一）房产税处理

（1）房产税以房屋产权为课征对象，无所有权不予课税。因此，租入房产的装修工程不属于房产税应税范围。

（2）《广东省地方税务局关于租赁房产加装修房产设备征收房产税问题的批复》（粤地税函〔2008〕452 号）批复如下：金融、保险等部门的营业网点采取租赁形式租入房产，上述承租人不是该房产的纳税人，因此，其加装修房产、设备等不应征收房产税。

【提示】 企业购买毛坯房出租给关联方，由关联方负责装修，既可以降低

租金，又将装修成本分离，可以节省房产税。

（二）企业所得税处理

在计算应纳税所得额时，企业发生的下列支出作为长期待摊费用，按照规定摊销的，准予扣除：租入固定资产的改建支出，并按照合同约定的剩余租赁期限分期摊销。

【提示】 根据《企业所得税法实施条例》第七十条的规定，其他应当作为长期待摊费用的支出，自支出发生月份的次月起，分期摊销，摊销年限不得低于 3 年；即长期待摊费用只要不低于三年摊销，就可以税前扣除，实现早扣除、推迟缴纳企业所得税的目的。

三、企业租赁合同中免收租金条款的涉税风险与筹划设计

问题 23：
企业租赁合同中免收租金条款如何签订才能规避反避税条款？

（一）政策依据

（1）《国家税务总局关于土地价款扣除时间等增值税征管问题的公告》（国家税务总局公告 2016 年第 86 号）规定，纳税人出租不动产，租赁合同中约定免租期的，不属于《营业税改征增值税试点实施办法》（财税〔2016〕36 号）第十四条规定的视同销售服务。

（2）《财政部 国家税务总局关于安置残疾人就业单位城镇土地使用税等政策的通知》（财税〔2010〕121 号）第二条规定，对出租房产，租赁双方签订的租赁合同约定有免收租金期限的，免收租金期间由房屋产权所有人按照房产原值缴纳房产税。

【提示】 免租期是建立在长期税金基础上的一种价格折扣表现形式，税务局不得将长期租赁合同的免租期解释为"无租使用"、要求承租人代缴；也不应要求出租人在只按租金收入 12% 交税的同时就免租期按原值重复缴税（财税〔2010〕121 号文第二条表述有误，企业不应该执行）。

（二）企业租赁合同中免收租金条款的筹划设计

企业如果将免租期视为商业折扣，将收入平摊每个月可以少缴纳房产税；

或者改变租金支付方式，给予承租人推迟支付租金的优惠。

【案例5-24】 2×21年1月1日，A企业将持有的写字楼租给B企业办公使用，A企业账上"投资性房地产"科目记载的写字楼原值10000万元，双方签订的合同约定租赁期三年，月租金20万元（不含增值税）；A企业最初为招揽租户，同时合同约定：2×21年1~3月为免租期，从2×21年4月1日开始，A企业每季度初一次性收取租金60万元（房产余值扣除比例为30%）。

请计算A企业2×21年应当缴纳的房产税。

【解析】 依据财税〔2010〕121号文第二条规定，对出租房产，租赁双方签订的租赁合同约定有免收租金期限的，免收租金期间由产权所有人按照房产原值缴纳房产税。

A企业2×21年1~3月需按房产原值计征，应缴纳的房产税=10000×（1-30%）×1.2%×3÷12=21（万元）

A企业2×21年4~12月需要按照从租计征，应缴纳的房产税=180×12%=21.6（万元）

A企业2×21年共需要缴纳房产税=21+21.6=42.6（万元）

【筹划】

（1）租金总额=20×12×3-20×3=660（万元）。

（2）租赁合同应修改为：租赁期三年，租赁总额660万元，租金分××期支付，各期支付时间和金额列表如下：从2×21年4月1日开始，每季度初一次性收取租金60万元……

（3）按现行房产税政策规定，2×21年出租房产仅应按租金收入180万元征房产税，即A企业2×21年应缴纳房产税=180×12%=21.6（万元）。

思考 疫情期间房东给租户减免了房租，房产税缴还是不缴？

【案例5-25】 我是商铺业主，和租户签订的租赁合同期限自2019年1月1日至2021年12月31日。考虑到疫情原因，今年2月为租户免了当月租金。请问2月份我的房产税如何缴纳？是否适用财税〔2010〕121号文件"免收租金期间由产权所有人按照房产原值缴纳房产税"规定？

【解答】 纳税人由于新冠肺炎疫情给予租户房租临时性减免，以共同承担疫情的影响，不属于事先租赁双方签订租赁合同约定的免收租金情形，不适用财税〔2010〕121号文件规定，即不用按照房产原值计算缴纳房产税，而应根据《房产税暂行条例》规定处理，房产出租的，按租金收入的12%缴纳房产税。上述商铺业主纳税人 2 月份的房产税应按照实际租金收入乘以 12% 计算申报缴纳，如果租金减为零，则房产税也为零。

四、承租人代出租人缴纳税费条款的涉税风险与筹划设计

（一）"包税"合同条款的法理分析

（1）我国税收法律、法规均明确了各税种的纳税义务人，并对税种、税率和应纳税额的计算方式等作了规定。

（2）对于实际由谁缴纳税款，税法中并没有作出强制性或禁止性规定。包税合同并非约定谁是法律上的纳税义务人，而约定了税款由谁来承担和实际缴纳。

（3）这种约定是一种履约的条件，是缔约双方利益分配的方式，与税法中的纳税义务人的强制性规定并不抵触。

（4）《关于中国银行海外分行取得来源于境内利息收入税务处理问题的函》（国税函〔2001〕189 号）（全文废止）第三条曾有明确规定："外国企业与国内企业签订的合同中，有关税收问题，不论条款如何表述，不能改变上述税法所规定的义务。至于合同条款中约定由国内企业在经济上负担外国企业的税款，属于合同当事人之间的一种商业约定，税务部门将不予干涉。但凡合同中约定由国内企业负担外国企业税款的，税务部门将采取上述不含税收入换算为含税收入后计算征税。"

【提示】 实际工作中的"包税"合同并不违法，主管税务机关只关心必须有人去缴税，且强调缴税责任法定；同时，依据民法典相关规定违约方需要担责。

（二）"包税"合同下的非纳税义务人的税务处理与筹划

（1）"包税"合同下的非纳税义务人所负担税款能否税前扣除，可以参照《国家税务总局关于雇主为雇员承担全年一次性奖金部分税款有关个人所得税计算方法问题的公告》（国家税务总局公告 2011 年第 28 号）的规定："雇主为雇员负担的个人所得税款，属于个人工资、薪金的一部分。凡单独作为企业管理费列支的，在计算企业所得税时不得税前扣除"；参照上述规定，企业应当将税后房租折算成税前房租，"包税"合同下的非纳税义务人负担的税金属于房租，按照房租在企业所得税前扣除。

（2）依据《关于非居民企业所得税源泉扣缴有关问题的公告》（国家税务总局公告 2017 年第 37 号）第六条的规定，"扣缴义务人与非居民企业签订与《企业所得税法》第三条第三款规定的所得有关的业务合同时，凡合同中约定由扣缴义务人实际承担应纳税款的，应将非居民企业取得的不含税所得换算为含税所得，计算并解缴应扣税款"。因此，企业租入房产的"包税"合同，签订时需要注意以下问题：

第一，载明税前租金价格，而不能签税后租金价格。

第二，载明税费由出租方承担，承租方代扣代缴，从租金价格中扣除。

第三，约定代开发票出租人的义务，按照含税金额开具增值税发票和账务处理。

第四，参考会计处理如下：

借：管理费用——房租　　　借：其他应付款（税款）

　　贷：银行存款　　　　　　　贷：银行存款

　　　　其他应付款（税款）

五、"自然人股东分红变房产租金"在个人所得税筹划中的具体运用

（一）政策依据

（1）《国家税务总局关于小规模纳税人免征增值税政策有关征管问题的公告》（国家税务总局公告 2021 年第 5 号）第四条规定，其他个人，采取一次性收取租金形式出租不动产取得的租金收入，可在对应的租赁期内平均分摊，分摊后的月租金收入未超过 15 万元的，免征增值税。

（2）《关于廉租住房 经济适用住房和住房租赁有关税收政策的通知》（财税〔2008〕24 号）第二条规定：

对个人出租住房取得的所得减按 10% 的税率征收个人所得税。

对个人出租、承租住房签订的租赁合同，免征印花税。

对个人出租住房，不区分用途，按 4% 的税率征收房产税，免征城镇土地使用税。

（3）各省市税务局出台的核定征收和综合征收政策举例。

《关于个人出租房屋个人所得税征收管理有关事项的公告》（国家税务总局云南省税务局公告 2021 年第 1 号）规定，纳税人出租（转租）房屋不能提供

合法、准确的成本费用凭证，不能准确计算房屋租赁成本费用的，按租金收入的 5% 核定应纳税所得额。

参照《江苏省政府办公厅关于印发江苏省个人出租房屋税收征管暂行办法的通知》（苏政办发〔2006〕136 号）的规定，2016 年 5 月 1 日"营改增"以后，关于个人出租房屋的税收综合征收率，具体规定如下：①出租住房 10 万元以下，开普票，综合税率 2.5%；②出租住房开专票，无论金额大小，综合税率 2.59%（市）、2.575%（县）、2.545%（镇）；③出租非住房，综合税率 3.5%。

（二）"自然人股东分红变房产租金"的筹划设计

（1）按照我国个人所得税法相关规定，个人股东取得分红应当按照 20% 的税率缴纳个人所得税。

（2）自然人股东购买房产出租给企业，企业支付租金给自然人股东，即租金代替分红，大大降低自然人股东的个人所得税税负。理由是：依据国家税务总局公告 2021 年第 5 号的规定，个人收取的房产租金，年租金不超过 180 万元免征增值税，个人股东给企业开具免税增值税发票，在企业所得税前扣除；个人股东出租住房，依据财税〔2008〕24 号的规定，可以享受个人所得税和房产税相应的税收优惠政策；如果房产所在地主管税务局针对房产出租出台了综合征收管理办法，例如苏政办发〔2006〕136 号，个人股东按照综合征收率计算缴纳税款，可以进一步降低个人股东的整体税负。

第五节　收入比对预警应对处理与风险控制

一、收入比对预警指标解析与应用

会计收入、增值税收入和企业所得税收入等申报数据比对，是纳税评估和税务稽查常用的方法，通过三者的比对分析，可以对收入的完整性进行有效判断。常见的预警指标包括：

【模型 1】企业所得税申报与增值税申报两税并常预警指标：

两税收入差异率 = ｜当季增值税收入 − 当季企业所得税收入｜ ÷ 当季增值税收入；预警值：10%（全国平均值）。

【模型2】 房产税本期租金与不动产经营租赁服务增值税计税依据差异值。

二、企业所得税与增值税的纳税义务发生时间差异分析

（一）企业所得税纳税义务发生时点的相关规定

（1）《企业所得税法实施条例》第九条规定"企业应纳税所得额的计算，以权责发生制为原则，属于当期的收入和费用，不论款项是否收付，均作为当期的收入和费用；不属于当期的收入和费用，即使款项已经在当期收付，均不作为当期的收入和费用"。

（2）《国家税务总局关于确认企业所得税收入若干问题的通知》（国税函〔2008〕875号）规定"除企业所得税法及实施条例另有规定外，企业销售收入的确认，必须遵循权责发生制原则和实质重于形式原则……"

【提示】 企业销售商品、提供劳务或服务，其企业所得税收入的确认时点并非以收到款项作为标准，而应根据销售商品所有权转移、劳务或服务的具体发生期间，遵循权责发生制原则分期确认收入。

（二）增值税纳税义务发生时点的相关规定

《增值税暂行条例》第十九条规定"增值税纳税义务发生时间：发生应税销售行为，为收讫销售款项或者取得索取销售款项凭据的当天；先开具发票的，为开具发票的当天"。

【提示】 一项交易若已开具增值税发票（不征税发票除外），无论是否收款、无论商品是否发货、服务是否提供，增值税纳税义务均已产生，纳税人均应在当月确认增值税收入、进行增值税销售额的申报。

（三）增值税收入和企业所得税收入的差异分析

下列情形中，企业所得税收入和增值税收入可能存在不一致，且属于正常现象。

1.企业先开发票、后发商品

《增值税暂行条例》规定，销售货物或者应税劳务，先开具发票的，为开具发票的当天。如果企业先开具发票，但没有发出商品，并不满足确认企业所得税收入确认的相关条件，在企业所得税处理时不需要确认应税收入。

2. 委托代销货物

委托他人代销货物，增值税纳税义务发生时间是收到代销单位的代销清单或者收到全部或者部分货款的当天。未收到代销清单及货款的，为发出代销货物满 180 天的当天。如果发出代销货物满 180 天的当天及以后，企业仍未收到代销清单及货款的，增值税必须确认收入申报缴纳税款，而企业所得税则不需要确认。此时，两个税种的收入会产生差异。

3. 企业采用预收款方式销售大型货物

（1）纳税人采取预收货款方式销售货物，在"货物发出的当天"确认收入，这个基本规定在增值税和企业所得税上是一致的；但对于生产销售生产工期超 12 个月大型机器设备、船舶、飞机等货物，增值税以"收到预收款或者书面合同约定的收款日期的当天"确认收入，企业所得税法则要求按照"完工进度（完工百分比法）"确认收入。

（2）如果纳税人收到款项或约定收款日期早于按工程进度确定的收入实现日，增值税会先于企业所得税确认收入；如果收到款项或约定收款日期晚于按工程进度确定的收入实现日，则会出现相反的结果。

4. 提供的劳务或服务超过 12 个月

按照《增值税暂行条例实施细则》规定，增值税纳税义务发生时间是收到钱或者合同约定收到钱的当天；但企业所得税是根据履约进度来确认收入的，收到钱后，但当年肯定不能全部完工，则不可能都确认所得税收入。

5. 按使用税率处置固定资产或无形资产

纳税人处置自己使用过的固定资产，如果资产的销售价格是 10000 元，净收益是 500 元；会计上记入资产处置损益的金额是 500 元。这种情况下，增值税申报销售收入是 10000 元，企业所得税的收入是资产处置损益的金额是 500 元。

6. 增值税视同销售，而企业所得税不视同销售

例如，企业有两个不在同一县市的分支机构，将货物从一个机构移送到另一个机构用于销售的，增值税上是需要视同销售，在申报表上填写销售收入的；但出于这是企业内部行为，商品并没有离开企业的控制，在企业所得税上是不确认收入的。

7. 增值税的价外费用，会产生两个税种申报收入不一致

增值税的销售额是按照纳税人发生应税行为取得的全部价款和价外费用确定，但价外费用在会计核算和企业所得税纳税申报时却有相当一部分并不计入

营业收入，如收取的延期利息收入应冲减财务费用，收取的包装费、储备费、运输装卸费应冲减销售费用，收取的违约金、赔偿金和滞纳金应计入营业外收入，代收、代垫款项应计入往来项目等。虽然最终并不影响会计核算结果和应纳税所得额的计算，但在两个税种申报收入数据比对时，却会形成增值税申报收入大于企业所得税申报收入的情况。

三、不动产租赁的增值税、企业所得税与房产税的收入差异与案例分析

（一）增值税收入

《财政部 国家税务总局关于全面推开营业税改征增值税试点的通知》（财税〔2016〕36号）附件1《营业税改征增值税试点实施办法》第四十五条规定：纳税人提供租赁服务采取预收款方式的，其纳税义务发生时间为收到预收款的当天。

（二）企业所得税收入

（1）《企业所得税法实施条例》第十九条规定：租金收入，按照合同约定的承租人应付租金的日期确认收入的实现。

（2）《国家税务总局关于贯彻落实企业所得税法若干税收问题的通知》（国税函〔2010〕79号）规定，"如果交易合同或协议中规定租赁期限跨年度，且租金提前一次性支付的，根据《实施条例》第九条规定的收入与费用配比原则，出租人可对上述已确认的收入，在租赁期内，分期均匀计入相关年度收入"。

【提示】 如果企业选择在租赁期内分期均匀计入相关年度收入，就不会产生税会差异，不需要在企业所得税汇算清缴时进行纳税调整。

（三）房产税收入

问题 24：
企业出租房产一次性收取 20 年租金是否需要一次性缴纳房产税？

（1）《房产税暂行条例》第七条规定："房产税按年征收、分期缴纳。纳税期限由省、自治区、直辖市人民政府规定。"

（2）《关于进一步明确出租房屋房产税相关规定的公告》（大地税公告〔2011〕5 号）规定，在大连市行政区域内出租房屋的纳税人，应当自出租房屋的次月起，按月缴纳房产税，房产税的计税依据为合同约定的租金收入在合同约定的租赁期限内按月分摊后的价值；凡到税务机关代开发票的出租房屋纳税人，应当在税务机关代开发票时，按照代开发票金额，一次性缴纳房产税。

（3）《沈阳地方税务局关于明确财产与行为税有关问题的通知》（沈地税发〔2005〕11 号）规定，纳税人出租房屋一次取得多年租金的，房产税在租赁期内按年缴纳。租赁第一年于收到租金的次月，以后年度于每年 1 月按规定期限申报纳税。

【案例 5-26】 纳税人一次性收取 20 年租金，增值税、房产税如何缴纳（一次性缴纳或者可分期缴纳）？

【河北税务解答】 依据《房产税暂行条例》第七条规定，房产税按年征收、分期缴纳。纳税期限由省、自治区、直辖市人民政府规定。根据上述规定，房产税按年征收，分期缴纳，一次性收取 20 年租金，不需要一次性缴纳房产税。

【提示】 企业一次收取多年租金，房产税的缴纳仍应当坚持"按年征收、分期缴纳"的原则，不需要一次缴纳房产税。

（四）案例分析

【案例 5-27】 甲公司执行企业会计准则体系，对出租的房屋作为投资性房地产进行核算，采用成本法进行后续计量，属于增值税一般纳税人，因出租"营改增"前取得的房屋，选择按简易计税方法计算缴纳增值税。

2×21 年 9 月 1 日，甲公司将一排临街门面房出租给乙公司，双方签订了经营租赁合同。合同约定：租赁期限为 2×21 年 9 月 1 日至 2×24 年 12 月 31 日，月租金 10 万元（不含税），其中 2×21 年 9 月至 2×21 年 12 月为免租期；租金每年支付一次，乙公司应分别于 2×21 年 9 月 1 日、2×22 年 9 月 1 日、2×23 年 9 月 1 日支付租金 120 万元及增值税税额 6 万元。双方如约开始履行了合同，甲公司在如期收到租金时开具了增值税专用发票。甲公司所在地区规定房产税按原值 300 万元缴纳时可以一次性扣除 30% 计算。

【解析】（1）2×21 年度的财税处理。

借：银行存款　　　　　　　　　　　　　　　　　　126

　　贷：预收账款　　　　　　　　　　　　　　　　120

　　　　应交税费——简易计税　　　　　　　　　　　　　　　　　6

9 月至 12 月会计上应确认的收入金额 =120×3÷（12×3+4）×4=36（万元）。

　　借：预收账款　　　　　　　　　　　　　　　　　　　　36

　　　　贷：其他业务收入　　　　　　　　　　　　　　　　36

9 月至 12 月属于免租期，还要按原值计算应缴纳的房产税 =300×（1-30%）×1.2%×4÷12=0.84（万元）

　　借：税金及附加　　　　　　　　　　　　　　　　　　　0.84

　　　　贷：应交税费——应交房产税　　　　　　　　　　　0.84

　　2×21 年度租金的企业所得税应税收入是 120 万元；由于会计上确认的收入为 36 万元，会产生税会差异 84 万元，在企业所得税汇算清缴时通过填写 A105020 和 A105000 申报表，调增应纳税所得额 84 万元。

　　借：递延所得税资产　　　　　　　　　　　21（84×25%）

　　　　贷：所得税费用　　　　　　　　　　　　　　　　　21

（2）2×22 年度的财税处理。

　　借：银行存款　　　　　　　　　　　　　　　　　　　126

　　　　贷：预收账款　　　　　　　　　　　　　　　　　120

　　　　　　应交税费——简易计税　　　　　　　　　　　　6

1 月至 12 月会计应确认的收入金额 =120×3÷（12×3+4）×12=108（万元）

　　借：预收账款　　　　　　　　　　　　　　　　　　　108

　　　　贷：其他业务收入　　　　　　　　　　　　　　　108

1 月至 12 月计算应缴的房产税 =120×12%=14.4（万元）

　　借：税金及附加　　　　　　　　　　　　　　　　　　14.4

　　　　贷：应交税费——应交房产税　　　　　　　　　　14.4

　　2×22 年度租金的企业所得税应税收入是 120 万元；由于会计上确认的收入为 108 万元，会产生税会差异 12 万元，在企业所得税汇算清缴时应填写 A105020 和 A105000，调增应纳税所得额 12 万元。

　　借：递延所得税资产　　　　　　　　　　　3（12×25%）

　　　　贷：所得税费用　　　　　　　　　　　　　　　　　3

（3）2×23 年度的财税处理。

　　借：银行存款　　　　　　　　　　　　　　　　　　　126

　　　　贷：预收账款　　　　　　　　　　　　　　　　　120

　　　　　　应交税费——简易计税　　　　　　　　　　　　6

1 月至 12 月会计上应确认的收入金额 =120×3÷（12×3+4）×12=108（万元）

借：预收账款   108

    贷：其他业务收入   108

1 月至 12 月计算应缴的房产税 =120×12%=14.4（万元）

借：税金及附加   14.4

    贷：应交税费——应交房产税   14.4

2×23 年度租金的应税收入是 120 万元；由于会计上确认的收入为 108 万元，会产生税会差异 12 万元，在企业所得税汇算清缴时应填写 A105020 和 A105000，调增应纳税所得额 12 万元。

借：递延所得税资产   3（12×25%）

    贷：所得税费用   3

（4）2×24 年度的财税处理。

1 月至 12 月会计上应确认的收入金额 =120×3÷（12×3+4）×12=108（万元）

借：预收账款   108

    贷：其他业务收入   108

1 月至 12 月计算应缴的房产税 =120×12%=14.4（万元）

借：税金及附加   14.4

    贷：应交税费——应交房产税   14.4

2×24 年度租金的应税收入 0 万元；由于会计上确认的收入为 108 万元，会产生税会差异 108 万元，企业所得税汇算清缴时应填写 A105020 和 A105000，调减应纳税所得额 108 万元。

借：所得税费用   27（108×25%）

    贷：递延所得税资产   27

【小结】 企业出现收入比对预警的应对思路与规划如下：

（1）增值税收入、所得税收入与会计收入区分原则：①增值税收入确认不需要考虑对应的成本，多数贯彻纳税资金能力原则。②企业所得税收入确认需要考虑对应成本，但不考虑相关的经济利益是否流入企业。③企业会计收入确认应当在履行了合同中的履约义务，即在客户取得相关商品控制权时确认收入。

（2）企业销售商品和提供劳务，其企业所得税收入的确认时点并非以收到款项或开具发票作为标准，而应根据销售商品、提供劳务的具体发生期间，基本遵循权责发生制原则分期确认收入。

（3）一项交易若已开票（不征税发票除外），无论是否收款、无论是否销售商品、是否提供服务，增值税纳税义务均已产生，纳税人均应在当月确认收入、进行增值税销售额的申报。

（4）会计收入确认与发票开具之间都没有必然的决定关系；会计收入确认依据企业会计准则；发票按照发票管理办法的规定开具。

（5）企业先收款的情况下，先开具发票，仅与增值税收入有关，与企业所得税收入、会计收入无必然联系。

（6）企业既未收款也未开具发票的情形下，到了合同约定收款时间，一般涉及增值税和企业所得税的纳税申报。

 问题 25：
企业在会计上做收入确认实现，一定要申报缴纳增值税吗？

【解析】《国家税务总局关于增值税纳税义务发生时间有关问题的公告》（国家税务总局公告 2011 年第 40 号）规定，纳税人生产经营活动中采取直接收款方式销售货物，已将货物移送对方并暂估销售收入入账，但既未取得销售款或取得索取销售款凭据也未开具销售发票的，其增值税纳税义务发生时间为取得销售款或取得索取销售款凭据的当天；先开具发票的，为开具发票的当天。

也就是说，如果会计上确认收入，但企业未取得销售款或取得索取销售款凭据也未开具销售发票的，是不需要缴纳增值税的，实务中有的企业将会计收入金额减去开具发票的金额作为增值税申报中的未开具发票的金额，是错误的做法，这会造成企业提前缴纳增值税的风险。

第六章　筹资与投资业务循环税收风险控制与规划

第一节　借款合同印花税的涉税风险分析与控制

一、借款合同的印花税相关政策解析与风险应对

 问题 26:
委托贷款合同是否需要缴纳印花税?

（1）《中华人民共和国印花税法》（2021 年 6 月 10 日第十三届全国人民代表大会常务委员会第二十九次会议通过）第二条规定:"本法所称应税凭证,是指本法所附《印花税税目税率表》列明的合同、产权转移书据和营业账簿。"

（2）根据《中华人民共和国印花税法》所附的《印花税税目税率表》的规定,借款合同属于印花税的征收范围,并明确指出:"借款合同指银行业金融机构、经国务院银行业监督管理机构批准设立的其他金融机构与借款人（不包括同业拆借）的借款合同"。

（3）《国家税务总局关于印花税若干具体问题的解释和规定的通知》（国税发〔1991〕155 号）第五条规定,"我国的其他金融组织,是指除人民银行、各专业银行以外,由中国人民银行批准设立（现改为国务院银行业监督管理机构）,领取经营金融业务许可证书的单位"。

（4）《西藏自治区国家税务局关于借款合同印花税问题的批复》（藏国税发〔2007〕100 号）及《中华人民共和国印花税暂行条例》规定,"征收印花税的借款合同的征税范围为:银行及其他金融组织和借款人所签订的借款合同。而非金融机构和借款人签订的借款合同,不属于印花税的征税范畴,不征收印花税。"

【**案例 6-1**】 企业因资金困难，向小额贷款公司借款，签订了借款合同，请问是否需要交纳印花税？

【**解析**】 依据《国家税务总局关于印花税若干具体问题的解释和规定的通知》（国税发〔1991〕155 号）的规定，我国的其他金融组织，是指除人民银行、各专业银行以外，由中国人民银行批准设立，领取经营金融业务许可证书的单位；即其他金融组织的定义给出两条明确的条件是"由中国人民银行批准设立（现改为国务院银行业监督管理机构）"和"领取经营金融业务许可证书"。

小额贷款公司是由省级金融管理部门（金融办）批准设立，并不需要国务院银行业监督管理机构批准，且小额贷款公司并不领取金融业务许可证书，企业与小额贷款公司之间签订的借款合同不属于与金融企业和借款人所签订的借款合同，因此，该企业不需要缴纳印花税。

【**提示**】 小额贷款公司和典当行与客户签订的无论是借款合同还是典当合同，都不应当缴纳印花税。

【**小结**】 缴纳印花税的借款合同仅限于借款人与金融机构签订的借款合同，即并非所有借款合同都需要缴纳印花税，例如：

（1）非金融企业、个人之间资金拆借，不属于列举的应税凭证，不需要缴纳印花税。

（2）企业与银行签订的授信额度协议，与"借款合同"有区别，不需贴花。

（3）企业进口货物付汇时，因资金周转、投资成本等原因，要求银行代企业垫付应付款项的短期资金融通，企业需要向银行支付一定利息，不属于印花税应税范围，不需贴花。

（4）保理是将应收款项转让给保理商提前获得资金的业务，银行保理合同不属于印花税应税列举范畴，不需要缴纳印花税。

（5）典当行不属于金融组织，其开具的当票若在规定期限内赎回典当物品的，不需要作为借款合同缴纳印花税。

二、实务中借款合同印花税的疑难问题与风险控制

（一）委托贷款合同的贴花问题

根据《国家税务总局关于印花税若干具体问题的解释和规定的通知》（国税发〔1991〕155 号）第十四条规定："在代理业务中，代理单位与委托单位之

间签订的委托代理合同，凡仅明确代理事项、权限和责任的，不属于应税凭证，不贴印花。"

根据《中国银监会关于印发商业银行委托贷款管理办法的通知》（中国银行业监督管理委员会银监发〔2018〕2 号）的规定，委托人、商业银行、借款人三方签订的是委托贷款合同，银行在其中只是代理服务，代为发放，协助监督作用，不是借出款的一方，仅负责代理事项，仅有代理的权限和责任，因此，银行不需要贴花，而委托人与借款人双方均不是金融组织，也不属于借款合同的印花税纳税人，双方也不需要贴花。

（二）融资租赁合同的贴花问题

融资租赁业务，是一种以融物方式达到融资目的的业务，实际上是分期偿还的借款，根据《财政部 国家税务总局关于融资租赁合同有关印花税政策的通知》（财税〔2015〕144 号）的规定：

（1）对开展融资租赁业务签订的融资租赁合同（含融资性售后回租），统一按照其所载明的租金总额依照"借款合同"税目，按万分之零点五的税率计税贴花。

（2）在融资性售后回租业务中，对承租人、出租人因出售租赁资产及购回租赁资产所签订的合同，不征收印花税。

（三）填开借据方式取得银行借款的贴花问题

根据《国家税务局关于对借款合同贴花问题的具体规定》（国税地字〔1988〕第 30 号）的规定，凡一项信贷业务既签订借款合同又一次或分次填开借据的，只就借款合同按所载借款金额计税贴花；凡只填开借据并作为合同使用的，应按照借据所载借款金额计税，在借据上贴花。

（四）流动资金周转性借款合同的贴花问题

根据《国家税务局关于对借款合同贴花问题的具体规定》（国税地字〔1988〕第 30 号）的规定，借贷双方签订的流动资金周转性借款合同，一般按年（期）签订，规定最高限额，借款人在规定的期限和最高限额内随借随还。为此，在签订流动资金周转借款合同时，应按合同规定的最高借款限额计税贴花。以后，只要在限额内随借随还，不再签新合同的，就不需另贴印花。

（五）抵押贷款合同的贴花问题

根据《国家税务局关于对借款合同贴花问题的具体规定》（国税地字〔1988〕第 30 号）的规定，借款方以财产作抵押，与贷款方签订的抵押借款合同，属于资金信贷业务，借贷双方应按"借款合同"计税贴花。因借款方无力偿还借款而将抵押财产转移给贷款方，应就双方书立的产权转移书据，按"产权转移书据"计税贴花。

（六）票据贴现合同的印花税问题

根据《中华人民共和国商业银行法》第三条规定，法律、法规均将贷款与票据贴现列为两类业务，而不是将票据贴现业务视同为贷款；贴现系指商业汇票的持票人在汇票到期日前，为了取得资金贴付一定利息将票据权利转让给金融机构的票据行为，是金融机构向持票人融通资金的一种方式；即持票人在票据尚未到期的情况下，将票据所有权转移给银行等受让人，受让人将票据到期价值扣除贴现利息后的余额支付给持票人；持票人的主给付义务系转让票据所有权，而不是到期返还借款；受让方获得的系票据所有权，而不是债权；票据贴现所依据的是一项权利凭证，与一般债权完全不同。

《安徽省淮北市地方税务局关于明确票据贴现合同是否缴纳印花税的通知》（淮地税函〔2003〕143 号）中规定，"所谓贴现，是指票持有人在票据到期前，为获取现款而向贴现机构贴付一定利息所作的票据转让业务。因此，贴现业务不属于借贷行为。贴现合同不属于《中华人民共和国印花税暂行条例》所列举的合同范围，故不贴花。"

另外，山西省 12366（2020-08-24）纳税服务中心曾答复：持票人将未到期的票据提交给贴现银行，并不是将票据抵押给银行，而是将所有权转移给银行，所有权转移后，持票人不再承担基于票据所有权上的票据付款责任。因此，票据贴现单不属于借款合同，故不需贴花。

第二节 关联企业间资金往来的涉税风险与税务规划

一、关联企业之间无偿拆借资金的增值税风险与筹划设计

 问题 27:

关联方之间无偿拆借资金需要缴纳增值税吗?

（一）增值税的涉税风险

（1）依据《财政部 国家税务总局关于全面推开营业税改征增值税试点的通知》（财税〔2016〕36 号）附件 1《营业税改征增值税试点实施办法》第十四条的规定，下列情形视同销售服务、无形资产或者不动产：单位或者个体工商户向其他单位或者个人无偿提供服务，但用于公益事业或者以社会公众为对象的除外。

（2）依据《财政部 国家税务总局关于全面推开营业税改征增值税试点的通知》（财税〔2016〕36 号）附件 1《营业税改征增值税试点实施办法》第二十七条的规定，下列项目的进项税额不得从销项税额中抵扣：（六）购进的贷款服务、餐饮服务、居民日常服务和娱乐服务。

【解析】 关联方之间无偿拆借资金的增值税涉税风险，重点不是视同销售，而是购进的贷款服务进项税额不得从销项税额中抵扣；如果购进的贷款服务进项税额可以抵扣，一方计销项税额，另一方计进项税额，增值税整体税负等于零。

（二）关联企业之间无偿拆借资金的增值税筹划设计

1. 充分利用增值税税收优惠政策

（1）政策依据。

《财政部 税务总局关于明确养老机构免征增值税等政策的通知》（财税〔2019〕20 号）第三条规定，"对企业集团内单位（含企业集团）之间的资金无偿借贷行为，免征增值税"。

《财政部 国家税务总局关于全面推开营业税改征增值税试点的通知》（财

税〔2016〕36号）附件3《营业税改征增值税试点过渡政策的规定》第一条第十九款规定，统借统还业务中，企业集团或企业集团中的核心企业以及集团所属财务公司按不高于支付给金融机构的借款利率水平或者支付的债券票面利率水平，向企业集团或者集团内下属单位收取的利息，免征增值税。

（2）企业集团无偿借贷免税实操要点解析。

第一，适用对象只针对企业集团，非企业集团不能适用该优惠政策，依据《国家市场监督管理总局关于做好取消企业集团核准登记等4项行政许可等事项衔接工作的通知》（国市监企注〔2018〕139号）的规定，目前不再单独登记企业集团，不再核发《企业集团登记证》，企业法人可以在名称中组织形式之前使用"集团"或者"（集团）"字样，该企业为企业集团的母公司；集团母公司应当将企业集团名称及集团成员信息通过国家企业信用信息公示系统向社会公示。因此，享受免征增值税的企业集团及集团内单位，须符合以下条件之一：①已经企业集团核准登记，核发了《企业集团登记证》的；②集团母公司通过国家企业信用信息公示系统"集团母公司公示"栏，向社会公示的企业集团及其集团成员单位。

第二，适用对象只针对企业集团内单位之间，并不适用于与企业集团外单位；即企业集团内单位之间的资金无偿借贷行为免税，包括但不限于：集团母公司借给下属公司、下属公司借给集团母公司、下属公司间相互借贷（下属公司包括分、子公司）。

第三，资金借贷必须无偿、有偿地借贷不适用该优惠政策，且适用免征增值税规定并没有对资金来源作出限制性规定，既可以是自有资金，也可以是外部资金，既可以是国内资金，也可以国外资金，包括但不限于自有资金、银行、信托等金融机构资金、发债取得资金、其他企业资金、其他个人资金等。

第四，该政策与统借统还免征增值税政策是两项优惠政策，不存在替代关系。

（3）企业集团"统借统还"业务的实操要点解析。

第一，企业集团及集团内单位须符合以下条件之一：①已经企业集团核准登记，核发了《企业集团登记证》的；②集团母公司通过国家企业信用信息公示系统"集团母公司公示"栏，向社会公示的企业集团及其集团成员单位。

第二，集团公司有资金统借统还制度，统借统还人必须是集团的核心企业；核心企业的认定，可以根据收入、资产、利润、人员等指标；贷款使用单位必须是企业集团所属母公司、子公司、参股公司以及其他成员单位；核心企业与企业集团下属单位签订统借统还贷款合同并分拨借款。

第三，企业集团的贷款必须是从金融机构借入的款项或对外发行债券取得资金（资金需来源于外部）；统借方在取得借款时，在借款用途上明确可分拨给下属公司，以明确贷款的性质；资金只限于分拨一层，即统借方只有一个，资金必须由统借方统一归还；分拨期限不应该超过统借期限。

第四，借款利息必须平进平出，不得加价（包括手续费、代办费）；建议借款方与下属单位事先约定收取利息的时间和利率，统借方应该开具免税增值税发票，使用方用作利息支付凭证。

【提示】"统借统还业务"属于关联方之间借款业务，由于符合独立交易原则，即使超过规定债资比的要求，依据《财政部 国家税务总局关于企业关联方利息支出税前扣除标准有关税收政策问题的通知》（财税〔2008〕121号）第二条的规定，也不应该进行特别纳税调整。

2. 商业信用融资

商业信用筹资是利用商业信用进行融资的行为，商业信用的具体形式应包括应付账款、应付票据、预收账款等，即企业可以将借贷融资改为贸易融资，通过商业信用方式融资，无需收取利息，但关联方之间需要经济合同支撑。

【案例6-2】 甲公司与乙公司签订借款协议用作补充流动资金，用来购买原材料，借款本金1000万元，借款期限1年，自2021年1月1日起至2021年12月31日止，年利率10%（未超过同期同类金融企业贷款利率标准），借款期满一次性还本付息1100万元。

【解析】 筹划的思路参考如下：将借款合同改成两个买卖合同，利息变成材料差价；即乙公司购买原材料1000万元，卖给甲公司1100万元，甲乙双方约定甲公司一年后偿还货款1100万元。

【案例6-3】 甲公司新购一台100万元生产设备后，流动资金匮乏，甲公司向乙公司借款100万元，借期一年，年息20%。

【解析】 筹划的思路参考如下：甲企业通过售后租回方式解决，即"借贷合同"修改为"售后租回合同"，甲公司先将设备以100万元销售给乙公司；然后，乙公司以总租金20万元 租期一年，回租给甲公司使用，租金为租赁期满日一次性结清；租赁期限届满后，乙公司将设备转让给甲公司。

【案例6-4】 甲公司因流动资金匮乏，需要向乙公司借款1000万元，借期一年，年利率12%（未超过同期同类金融企业贷款利率标准）。

【解析】 筹划的思路参考如下：甲企业可以通过售后回购方式解决，即将

"借贷合同"修改为"售后回购合同";比如甲公司销售一项闲置资产给乙公司，售价为 1000 万元；合同规定，一年后甲公司将上述资产重新购回，回购价为 1120 万元。

另外，关联方之间的无偿借贷，可以通过构建一个交易合同，首先以预付账款方式借出，然后签订补充协议，由于某种原因，合同不能履行，利用违约金条款，将支付违约金形式替代支付利息，即利息通过违约金形式解决；由于合同未履行，违约金不属于价外费用，不属于增值税征收范围，不需要缴纳增值税，也不需要开具增值税发票，支付方通过经济合同、转账证明和收款收据等合法有效凭证、实现企业所得税税前扣除。

3. 票据融资

（1）票据融资是指企业将未到期的商业票据（银行承兑汇票或商业承兑汇票）转让给银行，取得扣除贴现利息后的资金以实现融资目的。

（2）实务中，常见的票据融资具体方式通常有两种：

第一，公司开具商业汇票（银行承兑汇票或商业承兑汇票）给关联方或者其他公司，关联方或者其他公司贴现后将资金转回给公司，票据到期时，公司自行兑付。

第二，关联方或者其他公司在其授信额度内向公司开具商业汇票（银行承兑汇票或商业承兑汇票），公司贴现使用资金，票据到期时公司向关联方或者其他公司还款。

（3）案例分析与风险控制。

【案例 6-5】 某集团的母公司与子公司之间发生如下业务事项：

①母公司与子公司签一个销售商品的买卖合同，预付账款 1000 万元，开出一张 1000 万元商业汇票。

第一，母公司的会计处理：

借：预付账款　　　　　　　　　　　　　　　　　　　　　1000

　　贷：应付票据　　　　　　　　　　　　　　　　　　　1000

第二，子公司的会计处理：

借：应收票据　　　　　　　　　　　　　　　　　　　　　1000

　　贷：预收账款　　　　　　　　　　　　　　　　　　　1000

②子公司到银行贴现，支付贴现息 20 万元且取得贴现息发票，计入当期损益，子公司的会计处理：

借：银行存款　　　　　　　　　　　　　　　　　　　　　　980

财务费用	20
贷：应收票据	1000

③因市场发生变化，经双方友好协商买卖合同终止，签订终止协议约定：母公司支付给子公司违约金 20 万元，子公司退回剩余预付款 980 万元。

第一，母公司的会计处理：

借：银行存款	980
营业外支出（违约金）	20
贷：预付账款	1000

第二，子公司的会计处理：

借：预收账款	1000
贷：银行存款	980
营业外收入	20

【提示】 由于合同未履行，子公司收取的违约金不属于价外费用，不属于增值税征收范围，不需要缴纳增值税，也不需要开具增值税发票，母公司通过经济合同、转账证明和收款收据等合法有效凭证实现企业所得税税前扣除。

4.通过改变纳税义务发生时间，降低企业税务风险

依据《财政部 国家税务总局关于全面推开营业税改征增值税试点的通知》（财税〔2016〕36 号）附件 1《营业税改征增值税试点实施办法》第四十五条的规定，增值税纳税义务、扣缴义务发生时间为：纳税人发生应税行为并收讫销售款项或者取得索取销售款项凭据的当天；收讫销售款项，是指纳税人销售服务、无形资产、不动产过程中或者完成后收到款项；取得索取销售款项凭据的当天，是指书面合同确定的付款日期；未签订书面合同或者书面合同未确定付款日期的，为服务、无形资产转让完成的当天或者不动产权属变更的当天。

因此，非集团内的关联企业之间无偿借款，一旦被税务机关查到，应该修改合同：改为有息借款合同，并约定以后期间收取利息，比如五年后收取利息，将增值税和企业所得税的纳税义务发生时间推迟到五年后。

二、关联方之间无偿拆借资金的企业所得税风险与筹划设计

（一）企业所得税的涉税风险

（1）依据《企业所得税法》第四十一条的规定，"企业与其关联方之间的业务往来，不符合独立交易原则而减少企业或者其关联方应纳税收入或者所得

额的，税务机关有权按照合理方法调整"。

（2）依据《企业所得税法》第八条的规定："企业实际发生的与其取得收入有关的、合理的支出，包括成本、费用、税金、损失和其他支出，准予在计算应纳税所得额时扣除"。因此，替关联企业负担的贷款利息支出存在不得税前扣除的风险。

例如，一些上市公司为了财务报表"数字好看"等原因，母公司从金融机构借款，无偿借给上市公司使用，母公司贷款所承担的对应利息，属于与母公司取得收入无关的支出，因而其所支付的利息不得税前扣除，即集团公司实际发生的贷款利息，在整个企业集团无法实现企业所得税税前扣除，会存在多缴纳企业所得税风险。

（二）关联企业之间无偿拆借资金的企业所得税纳税调整规划

1. 政策依据

依据《特别纳税调查调整及相互协商程序管理办法》（国家税务总局公告2017年第6号）第三十八条的规定，实际税负相同的境内关联方之间的交易，只要该交易没有直接或者间接导致国家总体税收收入的减少，原则上不作特别纳税调整。

2. 实际税负的考量

（1）《宁波市地方税务局关于明确所得税有关问题解答口径的函》（甬地税一函〔2013〕18号）指出，实际税负相同主要指关联方之间适用税率相同，而且没有一方享受减免税、发生亏损弥补等情形，其应纳税所得额承担了相同的税收负担。

（2）国家税务总局国际税务司廖体忠副司长在国家税务总局反避税与非居民企业所得税在线访谈中（2009年6月2日上午9∶30）指出，实际税负是指考虑了税收优惠、财政返还、企业亏损等因素后企业实际承担的税负。

3. 实务中各省市税务局的具体做法

【观点1】　原浙江省国税局在《2011年企业所得税汇算清缴问题解答》中明确，省内集团公司与子公司应提供集团公司资金占用费收取的相关规定、子公司具体名单，以及母子公司年度企业所得税申报表、年度会计报表等资料，于每年5月31日前到主管税务机关备案。凡能证明双方适用税率相同，均未享受所得税优惠，资金占用费收取符合合理的商业目的，依照国家税务总局《特别纳税调整实施办法（试行）》（国税发〔2009〕2号）的文件精神，其应纳税所得额可不再进行调整。

【提示】 原浙江省国税局上述解答强调：限于浙江省内实际税负相同的关联方之间的交易，其应纳税所得额可不再进行调整。

【观点2】《河北省国家税务局 河北省地方税务局关于明确企业所得税若干业务问题的公告》（河北省国家税务局河北省地方税务局公告2012年第1号）曾明确指出，企业收到的不需支付利息的借款，必须提供合法的借款合同，对不能提供合法借款合同的，不作为企业借款处理；对提供借款的纳税人视同独立交易的原则，按同期同类贷款利率计算利息收入并入应纳税所得额，征收企业所得税。

【提示】 原河北省国家税务局和河北省地方税务局的观点是：企业不需支付利息借款，资金借出方按同期同类贷款利率计算利息收入并入应纳税所得额征收所得税，资金借入方企业应当同步调减企业应纳税所得额，否则会多缴企业所得税。

【涉税风险】 企业需要注意的是，由于实际税负是指关联方之间适用税率相同，且考虑了税收优惠、财政返还、企业亏损等因素后企业实际承担的税负，各省市区（县）税务机关往往很难判断关联方之间实际税负是否相同，实际税收征管中只要出现跨区县、涉及税源转移的问题，为了完成各自税收任务，资金借出方的主管税务机关大多主张按同期同类贷款利率计算利息收入并入应纳税所得额，补缴企业所得税。

问题 28：
如何避免关联方之间无偿拆借资金纳税调整的双重征税风险？

【解析】 依据《国家税务总局关于2008年反避税工作情况的通报》（国税函〔2009〕106号）的规定：

（1）如果企业实际税负等于或低于境内关联方税负，不应对该企业进行转让定价调查调整，因为相应调整会使企业的补税等于或少于关联方的退税，国家总体税收不变或减少。

（2）如果企业实际税负高于境内关联方税负，可以对该企业进行转让定价调查调整，但为了避免各地之间开展转让定价相应调整谈判，应按照该企业与其关联方的实际税负差补税，关联方不退税。

（3）如果企业实际税负高于境内关联方税负，主管税务机关不接受"按照该企业与其关联方的实际税负差补税、关联方不退税"的做法，资金借出方企业的主管税务机关坚持按同期同类贷款利率计算确认利息收入进行反避税调整时，资金借出方应该给资金借入方开具利息收入增值税发票，资金借入方确认利息款支出，以避免重复征税。

三、关联企业之间资金往来的税务规划设计

（1）企业将借入资金转借给关联方时务必收取利息，否则多缴企业所得税，理由是企业从金融机构贷款再转贷给关联方无偿使用，企业支付给金融机构的借款利息属于不相关支出，一律不得税前扣除，即替关联企业负担的贷款利息支出不得税前扣除，造成整个企业集团多缴企业所得税的后果。所以，虽然收取利息需要缴纳增值税，但降低了企业集团多缴企业所得税的风险。

（2）企业集团内关联方之间转贷，如果符合统借统还政策规定，借助于统借统还的税收优惠政策，统借方收取利息并开具免税增值税普通发票；反之，开具增值税税率为6%的增值税普通发票，资金使用方在企业所得税税前扣除。

（3）如果资金借出方是亏损而资金借入方是盈利的，资金借出方必须收取利息且需要按照法律法规的最高限额收取利息；反之，如果资金借出方是盈利，资金借入方是亏损的，资金借出方收取利息在税收上是不经济的，解决办法有两个：

方法1：依据《国家税务总局关于企业所得税应纳税所得额若干问题的公告》（国家税务总局公告〔2014〕29号）第二条的规定，"企业接收股东划入资产，凡合同、协议约定作为资本金（包括资本公积）且在会计上已做实际处理的，不计入企业的收入总额，企业应按公允价值确定该项资产的计税基础"；即如果子公司长期占用母公司资金，建议由母公司将持有子公司债权改为长期股权投资，即采用增资不扩股的形式，母公司对全资子公司增资、但不扩股；如果属于非全资子公司，所有股东均同比例增资，解决母子公司之间的资金占用问题。

方法2：通过商业信用方式融资，而无需收取利息，但需要双方之间合同支撑。

【案例6-6】　我们子公司从银行贷款，且子公司自己使用，但由于子公司亏损，但母公司是盈利的，企业如何筹划其利息支出让母公司税前扣除且实现少缴税目的呢？

【解析】　具体筹划思路参考如下：第一，子公司将款项借给母公司且收取

利息；第二，母公司将上述款项对子公司增资且不扩股，即可实现子公司使用借入资金但由母公司实际负担贷款利息支出的目标。

（4）"营改增"以后，由于接受贷款服务不能抵扣增值税销项税额，集团内部关联方之间不得出现"三角债"问题，否则，会导致重复缴纳增值税的风险。

【案例 6-7】 甲集团公司有下属三家子公司 A、B 和 C，甲集团公司借款给 A 公司 8000 万元，A 公司借款给 B 公司 6000 万元，B 公司借款给 C 公司 2000 万元。

请问：甲企业集团公司是否存在税务风险？如何规避税务风险？①

【解析】 甲集团公司内部关联方之间出现"三角债"会导致重复缴纳增值税风险，具体的筹划思路参考如下：

①甲集团公司给 A 公司出具付款委托书，委托 A 公司付款 6000 万元到甲集团公司指定账号（即 B 公司账号），A 公司冲减甲集团公司往来账 6000 万元，再由甲集团公司与 B 公司签订借款合同 6000 万元，甲集团公司挂与 B 公司往来账 6000 万元。

②甲集团公司给 B 公司出具付款委托书，委托 B 公司付款 2000 万元到甲集团公司指定账号（即 C 公司账号），B 公司冲减甲集团公司往来账 2000 万元，同时甲集团公司与 C 公司签订借款合同，甲集团公司挂与 C 公司往来账 2000 万元。

（5）建立"虚拟资金池"，既能加强集团资金集中管控，又能加强企业的税务管理。

具体操作办法：要求所有子公司均在集团公司指定的同一家银行各自开设银行一般账户，由集团公司出面和银行签订"银企直连"的协议，通过集团公司的网银盾统一管理集团公司内所有账户资金归集和划拨；所有子公司闲置资金存入指定的各自银行一般账户，所有子公司对外支付均有集团公司统一审核，从子公司各自账户对外支付。

【案例 6-8】 乙集团公司有下属三家子公司 A、B、C，当 B 公司需要资金 800 万元采购原材料，乙集团公司令查看各子公司资金余额，发现仅 A 公司账户有银行存款 1000 万元，故要求 A 公司借给 B 公司 800 万元并收取利息，A 公司需要确认利息收入缴纳增值税。

---

① 高金平：《税收疑难案例解析（第七辑）》，中国财政经济出版社 2020 年版。

当 C 公司向集团公司申请资金采购原材料 500 万元时，则不得由 B 公司借给 C 公司，否则 B 公司又需要缴纳增值税。应该由 B 公司归还给 A 公司 500 万元，再由 A 公司借给 C 公司 500 万元。

实务中也可以简化处理，即当 B 公司需要向 C 公司汇出 500 万元时，B 公司首先检查账面有无关联方负债，B 公司发现账面有"其他应付款——A 公司"800 万元，B 公司应依据 A 公司出具的付款委托书（A 公司委托 B 公司支付到 A 公司指定的 C 公司账号），B 公司冲减 A 公司的往来，由 A 公司与 C 公司签订借款协议。以上操作可有效避免集团内部三角债问题，最大限度地降低企业集团整体税负。

第三节　企业股权转让业务的涉税风险与税务规划

一、企业股权转让收入的确认

（一）企业会计准则规定

根据《关于执行〈企业会计制度〉和相关会计准则有关问题解答》（财会〔2002〕18 号）的规定，在会计实务中，只有当保护相关各方权益的所有条件均能满足时，才能确认股权转让收益。这些条件包括：

（1）出售协议已获股东大会（或股东会）批准通过。

（2）与购买方已办理必要的财产交接手续。

（3）已取得购买价款的大部分（一般应超过 50%）。

（4）企业已不能再从所持的股权中获得利益和承担风险等。

值得企业注意的是，如果有关股权转让需要经过国家有关部门批准，则股权转让收益只有在满足上述条件并且取得国家有关部门的批准文件时才能确认。

（二）企业所得税法规定

根据《国家税务总局关于贯彻落实企业所得税法若干税收问题的通知》（国税函〔2010〕79 号）第三条的规定，企业转让股权收入，应于转让协议生效且完成股权变更手续时，确认收入的实现。

（三）财税差异分析与税务风险管理

（1）根据上述财税法规不难看出，企业股权转让收入的会计处理坚持实质重于形式原则；而企业股权转让收入的税务处理强调法律形式，即完成股权变更手续时才确认收入的实现；企业进行财税处理时应该关注上述财税处理的不同之处，如果出现税会差异应及时进行正确的纳税调整，避免造成早缴企业所得税的税务风险。

（2）企业在进行股权转让时，需要考量企业是否存在税收优惠政策即将到期和企业的未弥补亏损期限是否即将已满等特殊因素，通过控制股权变更手续的完成时点，实现足额享受税收优惠政策或足额弥补已发生的亏损，避免多缴企业所得税、提前缴纳企业所得税的风险。

值得企业需要注意的是，根据《关于企业重组业务企业所得税征收管理若干问题的公告》（国家税务总局公告 2015 年第 48 号）第三条的规定，关联企业之间发生股权收购，转让合同（协议）生效后 12 个月内尚未完成股权变更手续的，应以转让合同（协议）生效日为重组日。

二、企业股权转让业务应税所得的计算与筹划设计

（一）政策依据

根据《国家税务总局关于贯彻落实企业所得税法若干税收问题的通知》（国税函〔2010〕79 号）的第三条规定，"转让股权收入扣除为取得该股权所发生的成本后，为股权转让所得；企业在计算股权转让所得时，不得扣除被投资企业未分配利润等股东留存收益中按该项股权所可能分配的金额"。

【涉税风险】 由于股东留存收益本来就属于税后利润，依据上述国税函〔2010〕79 号的规定，企业计算股权转让所得时不得扣除被投资企业股东留存收益中按该项股权所可能分配的金额，就会出现重复缴纳企业所得税的问题。

（二）企业股权转让业务的筹划设计

1. 采用"先分红、再转让"的筹划方案

（1）根据《企业所得税法》第二十六条的规定，"符合条件的居民企业之间的股息、红利等权益性投资收益为免税收入"。因此，企业股权转让前，首先要求被投资企业先分配股息、红利，即被投资企业股东会或股东大会作出利润分配或转股决定的日期，投资企业确定股息、红利等收入的实现，且属于免

税收入；然后进行股权转让，被投资企业分配股息、红利以后，股权转让收入减少，就会减少企业股权转让所得，从而少缴纳企业所得税。

（2）企业值得需要注意的是，企业采用"先分红、再转让"的筹划方案是有一定局限性的。比如：被投资企业现金流量不足这种"抽血"行为遭到其他股东反对；个人股东可能不会同意；遭到即将新入股的新股东反对等。

如果只是因为被投资企业现金流量不足，可以采取"挂账"分配的方式，即根据《国家税务总局关于贯彻落实企业所得税法若干税收问题的通知》（国税函〔2010〕79 号）第四条的规定，被投资企业股东会或股东大会作出利润分配或转股决定的日期，确定股息、红利等收入的实现，且属于免税收入，即股息、红利分配不需要钱、支付才需要钱；然后将债权（应收股利）和股权一起转让，也会实现少计企业股权转让所得，达到少缴纳企业所得税的目的。

2. 采用"先用留存收益转增资本、再转让股权"的筹划方案

 问题 29：

以未分配利润和盈余公积转增实收资本是否可以增加股权投资计税基础？

【解析】

（1）根据《国家税务总局关于贯彻落实企业所得税法若干税收问题的通知》（国税函〔2010〕79 号）第四条的规定，"企业权益性投资取得股息、红利等收入，应以被投资企业股东会或股东大会作出利润分配或转股决定的日期，确定收入的实现。被投资企业将股权（票）溢价所形成的资本公积转为股本的，不作为投资方企业的股息、红利收入，投资方企业也不得增加该项长期投资的计税基础"。

（2）根据上述国税函〔2010〕79 号文件的规定，被投资企业股东会或股东大会作出"转股"决定的日期确定股息、红利收入的实现，即视为"先分配、后追加投资"，一方面确认股息、红利收入实现，且属于免税收入，另一方面作为追加投资处理，增加长期投资的计税基础。

（3）根据企业会计准则的规定，被投资企业"转股"包括留存收益转股和资本公积转股，国税函〔2010〕79 号文件规定，"股权（票）溢价所形成的资本公积转为股本的，不作为投资方企业的股息、红利收入，投资方企业也不得增加该项长期投资的计税基础"。我们从而可以得出结论：被投资企业用留存收益转股的，一方面投资方企业确认股息、红利收入，且符合条件的作为免税收入，另一方面投资方企业同时增加该项长期投资的计税基础。

（4）《上海市国家税务局、上海市地方税务局关于印发符合条件的居民企业之间股息、红利等权益性投资收益免税优惠政策事项管理规程的通知》（沪地税所〔2013〕110号）曾规定，企业取得被投资企业累计未分配利润和累计盈余公积转增股本的部分视同股息所得的收益，作为企业增加股权投资计税基础。

（5）《国家税务总局关于印发〈征收个人所得税若干问题的规定〉的通知》（国税发〔1994〕089号）规定，"股份制企业在分配股息、红利时，以股票形式向股东个人支付应得的股息、红利（即派发红股），应以派发红股的股票票面金额为收入额，按利息、股息、红利项目计征个人所得税"。

（6）《国家税务总局关于转增注册资本征收个人所得税问题的批复》（国税函〔1998〕333号）规定，"从税后利润中提取的法定公积金和任意公积金转增注册资本，实际上是该公司将盈余公积金向股东分配了股息、红利，股东再以分得的股息、红利增加注册资本"。

【提示1】 依据上述中央和地方的税收法律法规，无论是企业所得税，还是个人所得税，被投资企业将留存收益转增资本的，都应该按照"先分配、再投资"处理原则进行财税处理，即对企业法人股东来说，被投资企业将留存收益转增资本的，视为"先分配、再投资"，一方面确认股息、红利收入实现，且符合条件的属于免税收入，另一方面作为追加投资处理，增加长期股权投资的计税基础。

【提示2】 根据现行税收政策，股息红利免税无需进行备案，但需要用企业所得税纳税申报表的填报替代备案功能，因此，对于股息红利，如果要享受免税待遇，应在企业所得税申报表中进行填报，并做纳税调减处理。正确的做法是：

第一步，对税会差异进行纳税调增处理（A105030）；

第二步，对股息红利免税优惠进行纳税调减处理（A107010）；

第三步，增加长期股权投资的计税基础。

3.采用"老股东先撤资、新股东再增资"的筹划方案

（1）根据《国家税务总局关于企业所得税若干问题的公告》（国家税务总局公告2011年第34号）第五条的规定，投资企业从被投资企业撤回或减少投资，其取得的资产中，相当于初始出资的部分，应确认为投资收回；相当于被投资企业累计未分配利润和累计盈余公积按减少实收资本比例计算的部分，应确认为股息所得；其余部分确认为投资资产转让所得。

（2）筹划方案具体的计算方法如下：第一，相当于初始出资的部分，应确认为投资收回（不征税）；第二，相当于被投资企业累计未分配利润和累计盈余公积按减少实收资本比例计算的部分，应确认为股息所得（免税收入）；第三，其余部分确认为投资资产转让所得（应税）。

需要说明的是，扣除的未分配利润和盈余公积金额只能按照注册资本比例，不能按照公司章程约定分红比例；尽管《公司法》规定，企业章程可以规定投资者不按照出资比例分红，但为了使得政策更加具有刚性，必须按照"注册资本比例"扣减未分配利润和盈余公积。

（3）根据《公司法》第 177 条的规定，公司需要减少注册资本时，必须编制资产负债表及财产清单。公司应当自作出减少注册资本决议之日起 10 内通知债权人，并于 30 日内在报纸上公告。债权人自接到通知书之日起 30 日内，未接到通知书的自公告之日起 45 日内，有权要求公司清偿债务或者提供相应的担保。

【提示】　依据《公司法》规定，公司减资必须符合相应的条件：①编制资产负债表及财产清单；②在作出减少注册资本的决议之后，在法定时间内通知债权人；③公司债权人要求进行清偿或者担保的，必须进行清偿或者担保。

【案例6-9】　甲公司、乙公司均为居民企业，2×15 年出资 800 万元设立 A 公司；甲公司出资 256 万元，持股 32%，乙公司出资 544 万元，持股 68%。截至 2×20 年底，A 公司所有者权益总额为 5300 万元，其中，实收资本 800 万元、法定盈余公积 875 万元、未分配利润 3625 万元。

2×21 年初，甲公司计划将 32% 的 A 公司股份全部转让给丙公司，双方协商确定的价款为 2000 万元，甲公司和乙公司的企业所得税税率均为 25%。假设不考虑其他因素，如果你是甲公司财务经理，如何筹划才能少缴企业所得税？

【解析】

方案 1：甲公司直接转让股权给丙公司。

（1）依据国税函〔2010〕79 号的规定，转让股权收入扣除为取得该股权所发生的成本后，为股权转让所得。企业在计算股权转让所得时，不得扣除被投资企业未分配利润等股东留存收益中按该项股权所可能分配的金额。

（2）甲公司股权转让应交企业所得税 =（2000–256）×25%=436（万元）。

方案 2：采用"先分红、再转让"的方式，转让股权给丙公司。

（1）甲公司根据持股比例可以分得的股息红利 1160（万元）（3625×32%），

根据企业所得税法的规定居民企业之间的股息红利属于免税收入。

（2）甲公司股权转让收入 =2000-1160=840（万元）。

（3）甲公司应缴纳企业所得税 =（840-256）×25%=146（万元）。

（4）该方案与第一个方案相比，可以节约企业所得税 =436-146=290（万元）。

方案 3：采用"先转股、再转让"的方式转让股权给丙公司。

（1）A 公司先用留存收益转增资本，然后甲公司向丙公司转让 32% 股权。

（2）依据公司法规定，法定盈余公积不少于注册资本的 25%（800×25%=200 万元），假设用留存收益 4300 万元（875+3625-200）转赠资本，甲公司确认股息红利收 1376 万元（4300×32%），属于免税收入，同时增加甲公司股权投资计税基础 1376 万元。

（3）甲公司向丙公司转让 32% 股权应交企业所得税 =〔2000-（256+1376）〕×25%=92（万元）。

（4）该方案与第一个方案相比，可以节约企业所得税 =436-92=344（万元）。

方案 4：采用"老股东先撤资、新股东再增资"的方式，间接转让股权给丙公司。

依据国家税务总局公告 2011 年第 34 号的规定，企业从被投资企业撤回或减少投资，其取得的资产中：

（1）相当于初始出资的部分 256 万元，应确认为投资收回（不征税）。

（2）相当于被投资企业累计未分配利润和累计盈余公积、按减少实收资本比例计算的部分 1440 万元（4500×32%），应确认为股息所得（免税收入）。

（3）其余部分确认为投资资产转让所得（应税）。

甲公司应缴纳企业所得税 =（2000-256-4500×32%）×25%=76（万元）。

（4）该方案与第一个方案相比，可以节约企业所得税 =436-76=360（万元）。

【提示】 通常有新股东先代垫一部分资金，老股东拿到股权转让款可以少一点；老股东先撤资，随后新股东采用将其他应付款转股方式实现增资。

4. 采用"股东不按持股比例分红"方式，将应税所得变成免税收入

（1）依据《公司法》第三十四条的规定，股东按照实缴的出资比例分取红利；公司新增资本时，股东有权优先按照实缴的出资比例认缴出资。但是，全体股东约定不按照出资比例分取红利或者不按照出资比例优先认缴出资的除外。

（2）《国家税务总局所得税司关于企业所得税年度纳税申报表部分填报口径的通知》（税总所便函〔2015〕21号）第八条规定，《符合条件的居民企业之间的股息、红利等权益性投资收益优惠明细表》（A107011）填报说明（一）"一、有关项目填报说明之7.第6列'依决定归属于本公司的股息、红利等权益性投资收益金额'"中"填报纳税人按照投资比例计算的归属于本公司的股息、红利等权益性投资收益金额"；修改为填报纳税人按照投资比例或者其他方法计算的，实际归属于本公司的股息、红利等权益性投资收益金额。此处所说的"其他方法"就包括"不按照出资比例分红（不按持股比例分配）"，同时应当注意，取得的必须是实际归属于本公司的股息、红利才能够免税，否则不能享受免税优惠。

【提示】　无论是《公司法》的规定，还是企业所得税申报表的填报说明，企业须证明其分配方案具有合理的商业目的，符合真实交易原则，不按出资比例分配利润才能够享受免税优惠政策。

【案例6-10】　甲公司、乙公司均为居民企业，2×15年出资1000万元设立A公司；甲公司出资510万元，持股51%，乙公司出资490万元，持股49%。双方协商：乙公司出让A公司19%股权给甲公司。不考虑其他因素。

【解析】　根据上述方案的设计思路，乙公司转让股权时，可以采用少计股权转让收入、降低股权转让所得，少缴企业所得税；然后通过修改公司章程，采用"股东不按持股比例分红"方式，提高乙公司的分红比例，弥补乙公司少计的股权转让收入，从而将股权转让的应税所得变成股息红利的免税收入。

（3）根据《企业所得税优惠政策事项办理办法》（国家税务总局公告〔2018〕23号）规定，对于按投资比例以外的其他方法计算的，超出投资比例分配的股息、红利，是否属于"符合条件的居民企业之间的股息、红利等权益性投资收益"，应以该种分配方案是否"已由全体股东事先约定（章程中约定，报登记机关备案）"，以及该部分股息、红利是否"实际归属于本企业"作为判别能否免征企业所得税的标准；留存备查资料包括被投资企业的最新公司章程、被投资企业股东会（或股东大会）利润分配决议或公告、分配表等。

【案例6-11】　甲集团公司旗下有A、B、C三家全资子公司，A公司旗下有一家全资子公司M公司，截至2×20年12月31日，A公司累计亏损7000万元，B公司累计盈利8000万元。其他资料如图6-1所示，假设不考虑其他因素，请问如何借助企业的股权转让，A公司和B公司盈亏互抵，实现甲集团公司税负最小化？

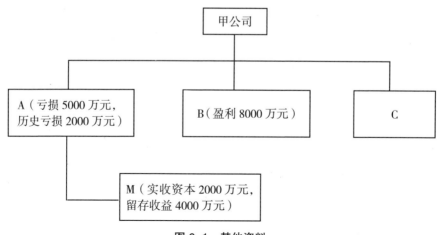

图 6-1　其他资料

【解析】　构建了一个利润平移平台，实现集团内盈亏互抵的效应，企业具体筹划的思路参考如下：

（1）A 公司将其持有的 M 公司的股权以 9000 万元价格出售给 B 公司，实现投资收益 7000 万元，与当年亏损 5000 万元和以前年度亏损相抵销后，当年应纳税所得额为 0，B 公司持有 M 公司股权投资成本为 9000 万元。

（2）M 公司用留存收益分红或转股 4000 万元，B 公司取得股息红利属于免税收入；分红后 M 公司的净资产为 2000 万元。

（3）B 公司将其持有的 M 公司股份出售给集团内的 C 公司，转让价款不低于 2000 万元，依据评估报告，确认转让价为 2500 万元。

（4）计算 B 公司的股权转让所得 = 股权转让收入 2500 万元 – 股权投资成本 9000=–6500（万元）。

（5）B 公司应纳税所得额 = 当年盈利 8000– 股权转让损失 6500 万元 =1500（万元）。

【提示】　企业需要注意的是，为了防止税务机关反避税，降低特别纳税调整的风险，企业股权转让收入至少不低于对应的被投资企业的净资产份额，股权转让作价应该由第三方评估报告作为定价依据，且前后两次股权转让最好间隔 12 个月以上。

 问题 30：
个人将股权转让给法人企业，是否应当"先分配再转让"呢？

【解析】 企业股权转让过程中，由于计算股权转让所得时不得扣减被投资企业未分配利润等股东留存收益中按该项股权所可能分配的金额，可以采用"先分配、再转让"的方式进行筹划，理论依据是符合条件的居民企业之间的股息、红利等权益性投资收益为免税收入；但依据个人所得税法的规定，被投资企业向个人股东分红，原则上需要缴纳20%的个人所得税。因此，个人将股权转让给法人企业，不能采用"先分配再转让"的方式，首先采用"先转让再分配"的方式，即法人企业高价收购个人股权，然后分红，企业取得的股息红利属于免税收入；最后将分红以后的被投资企业股权，卖给其他关联方，形成亏损，实现抵税效应，即构建了一个利润平移平台，实现集团内盈亏互抵的效应。

【案例6-12】 北京李先生于2×15年出资1000万元在唐山成立M公司，占100%股份；2×21年1月1日，李先生将M公司100%股权转让给天津的乙公司，转让价61000万元，截至2×21年1月1日M公司账面累计未分配利润30000万元。李先生与乙公司约定，股权转让过程中的税费由乙公司承担，假设不考虑其他因素，你如果是乙公司的财务总监，如何进行筹划设计才能少缴税？

【解析】

（1）乙公司以61000万元价格收购李先生持有的M公司100%股权；

（2）M公司向乙公司进行利润分配，乙公司分得30000万元，确认为投资收益，且属于企业所得税的免税收入；

（3）依据国家税务总局2014年67号公告的规定，至少间隔6个月以后，乙公司再将M公司100%股权转让给关联方，转让价款31000万元，形成股权投资亏损30000万元，乙公司可以税前扣除，实现抵税效应。

5. "股权转让协议"变成"增资协议"筹划与具体应用

【案例6-13】 甲集团公司有一家全资子公司（乙公司），子公司的注册资本5000万元；2×21年乙公司有一个重大项目需要融资10亿元，计划引入战略投资者丙公司，甲公司和丙公司共同合作运作这个项目；甲公司把乙公司50%的股权卖给丙公司，股权转让价5亿元；然后甲公司和丙公司各出资5亿元对乙公司同比例增资，注册资本10.5亿元。

【解析】

（1）甲公司将乙公司50%的股权卖给丙公司涉及企业所得税和印花税，其中：甲公司应缴纳企业所得税 = （5－0.5×50%）×25%=1.1875（亿元）。

（2）将"股权转让协议"修改为"增资协议"，即首先丙公司出资 10 亿元对乙公司增资，占 50% 股份，其中，5000 万元计入注册资本，其余计入资本公积 9.5 亿元；然后乙公司将资本公积 9.5 亿元转增资本。

依据《财政部 税务总局关于对营业账簿减免印花税的通知》（财税〔2018〕50 号）的规定，"自 2018 年 5 月 1 日起，对按万分之五税率贴花的资金账簿减半征收印花税，对按件贴花五元的其他账簿免征印花税"；即上述方案只需要缴纳印花税 25 万元（10 亿 × 0.5‰ × 0.5），且不再需要缴纳企业所得税。

三、企业资本运作过程中股权架构调整与筹划设计

（一）不同持股方式的税务考量

自然人股东持股通常有二种方式，即直接持股与通过公司间接持股，依据我国税收法律法规的规定，企业股权转让所得需要缴纳企业所得税 25%，被投资企业向自然人分红还需要缴纳个人所得税 20%，为了避免重复缴纳二道所得税，因此，直接持股方式适合于以转让为目标的投资；而通过公司间接持股适合于以控股为目标的投资，具体投资方式如图 6-2 所示：

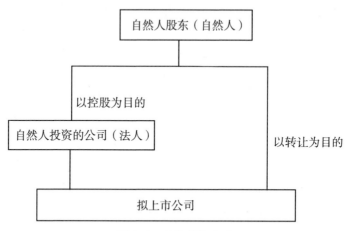

图 6-2 具体投资方式

（二）间接持股方式下自然人股权转让的筹划设计

根据《企业所得税法》第二十六条规定，"符合条件的居民企业之间的股息、红利等权益性投资收益为免税收入"。

【**案例 6-14**】　黑龙江省七台河市李某与其兄弟 2 人为甲公司的股东，初始投资 2 亿元，甲公司拥有一家实业公司（乙公司），乙公司是甲公司的全资子公司，乙公司在鄂尔多斯市拥有一个储量超大型的煤矿资源，初始投资额 4 亿元。经过李某兄弟 2 人多年经营，乙公司资产负债表上净资产为 12 亿元，其中，实收资本 4 亿元、未分配利润 8 亿元；现在北京市的自然人陈某计划以 28 亿元价格收购乙公司股权。假设不考虑其他因素。如果你是李某兄弟 2 人的财务顾问，如何筹划才能少缴税？

【**解析**】

方案 1：甲公司直接将乙公司股权卖给北京自然人陈某。

（1）甲公司直接转让乙公司股权，

应缴纳的企业所得税 =（28-4）×25%=6（亿元）。

（2）甲公司给李某兄弟 2 人分红，

应交纳个人所得税 =（28-4-6）×20%=3.6（亿元）。

（3）李某兄弟 2 人净收入 =28-6-3.6=18.4（亿元）。

【**提示**】　自然人股东通过公司间接持股，在未来股权转让时，重复缴纳企业所得税和个人所得税，税负合计高达 40%。

方案 2：如果甲公司只是一个投资公司，且仅持有乙公司的股权，在买卖双方均同意的情况下，李某兄弟 2 人直接将甲公司的股权直接转让给北京市自然人陈某，间接将乙公司股权间接转让给北京市自然人陈某。

（1）李某兄弟 2 人转让甲公司股权应缴纳个人所得税 =（28-2）×20%=5.2（亿元）。

（2）李某兄弟 2 人股权转让净收入 =28-5.2=22.8（亿元）。

（3）与方案 1 相比，李某兄弟 2 人仅缴纳一次个人所得税，可以避免重复交税的风险。

方案 3：依据企业所得税法中"符合条件的居民企业之间的股息、红利等权益性投资收益属于免税收入"的规定：

第一步，乙公司进行利润分配，甲公司取得分红 8 亿元，属于免税收入；

第二步，甲公司以至少不低于净资产的价格 6 亿元，将乙公司股权卖给李某兄弟 2 人；

第三步，至少间隔 12 个月以后，李某兄弟 2 人将乙公司股权卖给北京市自然人陈某。

（1）甲公司取得乙公司的分红 8 亿元，免征企业所得税；甲公司再分红给李某兄弟 2 人，李某兄弟 2 人应缴纳个人所得税 =8×20%=1.6（亿元）。

（2）甲公司将乙公司股权卖给李某兄弟 2 人应缴纳的企业所得税 =（6-4）× 25%=0.5（亿元）。

（3）甲公司再分红给李某兄弟 2 人，李某兄弟 2 人应缴纳个人所得税 =（6-4-0.5）×20%=0.3（亿元）。

（4）李某兄弟 2 人将乙公司股权卖给北京自然人陈某应缴纳个人所得税 =（20-6）×20%=2.8（亿元）。

（5）李某兄弟 2 人净收入 =28-1.6-0.5-0.3-2.8=22.8（亿元）。

（6）与方案 2 相比，李某兄弟 2 人取得的净收入均为 22.8 亿元。

（三）直接持股方式下个人股权转让的筹划设计

1. 寻找税收洼地，积极争取财政奖励

（1）个人股东在税收洼地注册个人合伙企业，税收洼地的选择最好具备两个条件：

第一，合伙企业转让股权时，个人合伙人可以按照股权转让所得缴纳个人所得税，税率为 20%。

第二，合伙企业所在地人民政府针对个人所得税出台了财政奖励政策，比如按照个人所得税中地方分享的 90%～95% 给予财政奖励。

（2）个人股东可以通过将标的公司股权评估转让税收洼地的个人合伙企业；至少 6 个月后（最好超过 12 个月）再评估转让给目标买家，即将部分溢价转移至合伙企业名下，达到降低税负 20% 的目标，并取得地方财政奖励。

（3）上述筹划的方案在执行中应预防税务机关的反避税措施，可以采取以下应对措施：

第一，股权转让评估报告的专业逻辑恰当；

第二，两次股权转让的时间间隔（最好 12 个月）；

第三，两次股权转让价格差异幅度的合理性和理由充分性。

【链接】《珠海经济特区横琴新区特殊人才奖励办法》（珠横新办〔2016〕27 号）规定，凡在横琴新区登记注册或经营纳税的企业、机构中工作，或者在横琴新区提供独立个人劳务的人才，凭税务局出具的纳税证明、社保证明等，按"上一年个人所得税纳税金额为标准"奖励 40%。次年 4 月 1-30 日向服务窗口申请，新区人力资源管理局审核，区管委会审批。上述奖励政策已经延长到 2023 年 7 月。

2. 将直接持股转换为间接持股，利用公司之间分红免税政策实现暂缓缴税，然后再转让股权

【案例6-15】 王二、张三、李四、赵五成立一个甲公司，注册资本1000万元，各占25%的股份，截至2×20年12月31日，甲公司的净资产6000万元，其中：实收资本1000万元，未分配利润5000万元；假设不考虑其他因素，四个自然人股东如何调整股权架构，降低股权转让的个人所得税？

【解析】

（1）四个自然人股东，采用认缴制、注册成立乙公司；乙公司向甲公司增资，即甲公司增加一个法人股东。

（2）根据《公司法》第三十四条的规定，"股东按照实缴的出资比例分取红利；公司新增资本时，股东有权优先按照实缴的出资比例认缴出资。但是，全体股东约定不按照出资比例分取红利或者不按照出资比例优先认缴出资的除外"。因此，甲公司召开股东大会，经过全体股东同意，修改甲公司的公司章程，重新约定利润分配的比例，例如利润分配的比例修改为法人股东95%、自然人股东5%。

（3）甲公司召开股东大会，进行利润分配，向法人股东和自然人股东分红，只要企业证明其分配方案具有合理的商业目的、符合真实交易原则，不按出资比例分配利润，公司之间分红就能够享受免征企业所得税的优惠政策。

（4）甲公司进行利润分配以后，该公司净资产只剩下实收资本，然后四个自然人股东减资离开，不会产生股权转让所得，不需要缴纳股权转让的个人所得税。

（四）企业股权转让过程中税务机关反避税应对与风险控制

1. 政策依据

（1）依据《土地增值税暂行条例》第二条的规定，转让国有土地使用权、地上的建筑物及其附着物并取得收入的单位和个人，为土地增值税的纳税义务人，应当依照本条例缴纳土地增值税；

（2）企业的股权转让不属于土地增值税征收范围，不征收土地增值税，实务中经常出现企业将房地产转让转换为企业股权转让，从而规避土地增值税。

实务中具体做法如图6-3所示。

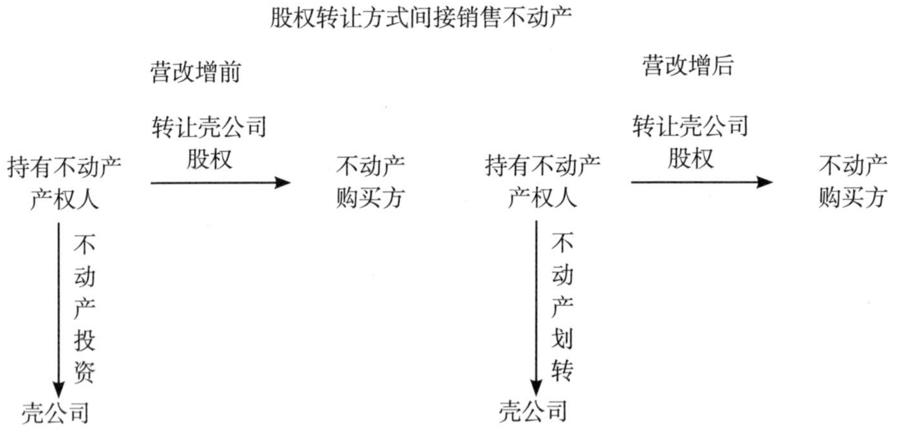
股权转让方式间接销售不动产
营改增前
转让壳公司股权
持有不动产产权人
不动产购买方
不动产投资
壳公司
营改增后
转让壳公司股权
持有不动产产权人
不动产购买方
不动产划转
壳公司

图 6-3　实务中的具体做法

2. 税务机关的反避税措施

（1）《国家税务总局关于以转让股权名义转让房地产行为征收土地增值税问题的批复》（国税函〔2000〕687 号）批复，“鉴于深圳市能源集团有限公司和深圳能源投资股份有限公司一次性共同转让深圳能源（钦州）实业有限公司 100% 的股权，且这些以股权形式表现的资产主要是土地使用权、地上建筑物及附着物，经研究，对此应按土地增值税的规定征税”。

（2）《国家税务总局关于土地增值税相关政策问题的批复》（国税函〔2009〕387 号）批复：“鉴于广西玉柴营销有限公司在 2007 年 10 月 30 日将房地产作价入股后，于 2007 年 12 月 6 日、18 日办理了房地产过户手续，同月 25 日即将股权进行了转让，且股权转让金额等同于房地产的评估值。因此，我局认为这一行为实质上是房地产交易行为，应按规定征收土地增值税”。

3. 筹划方案设计与案例分析

【案例 6-16】 张三和李四分别持有注册在北京的甲公司 60% 和 40% 的股权，甲公司注册资本 1700 万元，张三和李四两个自然人股东计划将甲公司 100% 股权卖给乙公司，双方协商股权作价 3.6 亿元；其中甲公司账上有一块工业用地，购买成本 2000 万元，已办理相关法律手续变成商业用地，市场价值为 3.6 亿元，不考虑其他因素。上述股权转让如何借助税收洼地政策进行筹划、做到既能少缴土地增值税和个人所得税、实现降低税负，又能防止税务机关反避税？

【解析】 具体的筹划思路参考如下：

第一步，张三和李四分别在税收洼地成立两个合伙企业，两个合伙企业在北京成立一家有限责任公司——丙公司。

第二步，由丙公司向甲公司增资，占甲公司 80% 的股份；张三和李四合计持有的甲公司股份稀释为 20%。

第三步，两个合伙企业将丙公司 100% 股份卖给受让方乙公司，即间接把甲公司 80% 卖给受让方乙公司。

第四步，张三和李四将合计持有的甲公司 20% 股权卖给受让方乙公司。

【提示】 企业值得注意的是，上述土地增值税筹划方案的设计，执行中应注意的预防反避税措施包括：

第一，符合不征土地增值税条件的企业整体产权转让必须是"资产、债权、债务和劳动力"一起转让，才可以享受不征收土地增值税的待遇，避免资产和负债分别转移；

第二，企业成立壳公司和股权转让的时间间隔最好在 12 个月以上；

第三，股权转让价款的定价应当同时考虑资产和负债两个因素，不能只考虑资产价值、不考虑负债因素。

第四节　企业购买理财产品的财税处理与风险控制

一、企业购买理财产品的会计处理

1. 企业会计准则规定

《企业会计准则——金融工具确认与计量》第十六条规定，企业应当根据其管理金融资产的业务模式和金融资产的合同现金流量特征，将金融资产划分为三类：

（1）以摊余成本计量的金融资产。

（2）以公允价值计量且其变动计入其他综合收益的金融资产。

（3）以公允价值计量且其变动计入当期损益的金融资产。

2. 金融资产的具体分类（见图 6-4）

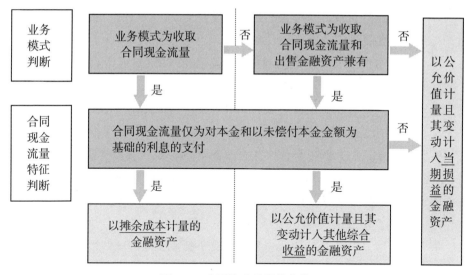

图 6-4　金融资产的具体分类

【提示】　根据《企业会计准则——金融工具确认与计量》的规定，金融资产的分类需要考虑管理金融资产的业务模式和金融资产的合同现金流量特征，前者称为业务模式测试、后者称为合同现金流量特征测试（SPPI 测试），企业需要注意的是，只有通过 SPPI 测试，才需要研究业务模式测试，不能通过 SPPI 测试的金融资产，通常应分类为以公允价值计量且其变动计入当期损益的金融资产，即通过"交易性金融资产"会计科目进行会计核算。

3.理财产品的分类

【案例 6-17】　甲上市公司利用自有资金购买银行理财产品。该理财产品为非保本浮动收益型，期限为 6 个月，不可转让交易，也不可提前赎回。根据理财产品合约，基础资产为指定的单一固定利率信贷资产，该信贷资产的剩余存续期限和理财产品的存续期限一致，且信贷资产利息收入是该理财产品收入的唯一来源。甲公司购买理财产品的主要目的在于取得理财产品利息收入，一般不会在到期前转让。请问甲公司利用自有资金购买银行理财产品，应当如何进行分类？

【解析】　该理财产品为非保本浮动收益型，索偿要求仅限于该理财产品基础资产产生的现金流量，属于"无追索权债务工具"，甲公司需要"看穿"后对基础资产的现金流量进行评估。该理财产品的基础资产为指定的单一固定利率信贷资产，该信贷资产的剩余存续期限和理财产品的存续期限一致，且信贷资产利息收入是该理财产品收入的唯一来源，基础资产满足本金加利息的合同现金流量特征；甲公司购买理财产品的主要目的在于取得理财产品利息收入，一般不会到期前转让，甲公司管理理财的业务模式为收取合同现金流量。因此，甲公司应将购买的该银行理财产品分类为以摊余成本计量的金融资产。

【案例6-18】　乙上市公司利用自有资金购买银行理财产品。该理财产品为非保本浮动收益型，期限为6个月，不可转让交易，也不可提前赎回。根据理财产品合约，基础资产为固定收益类资产池，资产池主要包括存放同业、债券投资及回购交易等，银行有权根据市场情况随时对资产池结构进行调整，目的在于最大化投资收益，理财产品投资收益来源于资产池的投资收益。乙公司购买理财产品的主要目的在于取得理财产品投资收益，一般不会在到期前转让。

问：乙公司利用自有资金购买银行理财产品，应当如何进行分类？①

【解析】　该理财产品与上述案例的主要区别在于，理财资金投向不是单一的信托贷款，而是固定收益类的资产池，该理财产品采用动态管理模式，主要通过持有基础资产赚取收益以及出售基础资产赚取差价，不满足本金加利息的合同现金流量特征。因此，乙公司应将购买的该银行理财产品分类为以公允价值计量且其变动计入当期损益的金融资产。

【结论】　实务中，很多银行理财产品无法穿透判断其基础资产是否满足本金加利息的合同现金流量特征，即无法通过SPPI测试，因此，理财产品只能分类为以公允价值计量且其变动计入当期损益的金融资产。

二、企业购买理财产品的税务处理

（一）企业所得税

1. 收入总额

根据《企业所得税法》第六条的规定，企业以货币形式和非货币形式从各种来源取得的收入为收入总额。包括：

（1）销售货物收入；

（2）提供劳务收入；

（3）转让财产收入；

---

①　中国证券监督管理委员会：《上市公司执行企业会计准则案例解析（2020）》，中国财政经济出版社2020年版。

（4）股息、红利等权益性投资收益；

（5）利息收入；

（6）租金收入；

（7）特许权使用费收入；

（8）接受捐赠收入；

（9）其他收入。

2. 不征税收入

根据《企业所得税法》第七条的规定，收入总额中的下列收入为不征税收入：

（1）财政拨款；

（2）依法收取并纳入财政管理的行政事业性收费、政府性基金；

（3）国务院规定的其他不征税收入。

3. 免税收入

根据《企业所得税法》第二十六条的规定，企业的下列收入为免税收入：

（1）国债利息收入；

（2）符合条件的居民企业之间的股息、红利等权益性投资收益；

（3）在中国境内设立机构、场所的非居民企业从居民企业取得与该机构、场所有实际联系的股息、红利等权益性投资收益；

（4）符合条件的非营利组织的收入。

【提示】 依据企业所得税法相关规定，收入总额的确认条件应包括四个因素：

第一，收入的各种来源；第二，收入的各种形式；第三，收入包括一切经济利益的流入；第四，任何收入如不作为应税收入都需要法律依据。因此，企业购买理财产品取得的收益，应确认企业所得税应税收入。

（二）增值税

（1）根据《财政部 国家税务总局关于全面推开营业税改征增值税试点的通知》（财税〔2016〕36 号）附件 2《营业税改征增值税试点有关事项的规定》第一条第（二）项规定，存款利息属于不征收增值税项目。

（2）根据《财政部 国家税务总局关于全面推开营业税改征增值税试点的通知》（财税〔2016〕36 号）附件 1 附件:《销售服务、无形资产、不动产注释》第一条的规定，各种占用、拆借资金取得的收入，包括金融商品持有期间（含到期）利息（保本收益、报酬、资金占用费、补偿金等）收入、信用卡透支利息收入、买入返售金融商品利息收入、融资融券收取的利息收入，以及融资性售后回租、押汇、罚息、票据贴现、转贷等业务取得的利息及利息性质的收入，按照贷款服务缴纳增值税。

（3）根据《关于明确金融房地产开发教育辅助服务等增值税政策的通知》（财税〔2016〕140号）规定，"一、《销售服务、无形资产、不动产注释》（财税〔2016〕36号）第一条第（五）项第1点所称'保本收益、报酬、资金占用费、补偿金'，是指合同中明确承诺到期本金可全部收回的投资收益。"

【解析】 财税〔2016〕140号文规定，保本是指"指合同中明确承诺到期本金可全部收回的投资收益"，这一定义和金融从业人员理解的保本是有差异的。金融行业一般说保本主要是看风险级别，如果是银行或保险金融机构担保，或者通过非常好的结构安排确保部分投资人（比如优先级）本金不受损失，则就认为比较可靠，属于"保本"，但如果只是一个高风险债券，虽然发行人明确承诺到期偿还本息，但金融行业认为这个是风险资产而不是保本。税务局的思路并不是按照风险级别衡量产品是否保本，而按照合同约定来进行判断，只要合同承诺到期偿还全部本金，无论这种约定是否真的可靠，其也属于保本产品。

【提示】 企业持有除存款以外的、保本收益类金融商品所取得的利息收入应按贷款服务缴纳增值税。

问题31：

企业取得的结构性存款收益是否缴纳增值税？

【解析】 在监管部门打破刚兑的要求下，保本型理财产品逐渐退出历史舞台，结构性存款越来越多地受到企业的关注，而对于结构性存款收益是否需要缴纳增值税的问题，实务中一直存在两种不同的观点：

观点1：按照监管分类，结构性存款属于存款的一种，根据财税〔2016〕36号文件规定，存款利息不征增值税，因此，企业购买结构性存款取得的收益无需缴纳增值税。

观点2：结构性存款属于资管产品，在产品说明或合约中明确约定保证本金的情况下，企业取得的结构性存款收益属于保本利息收入，需要缴纳增值税。

我们认为，依据中国银行保险监督管理委员会令2018年第6号《商业银行理财业务监督管理办法》第七十五条的规定，结构性存款应当纳入商业银行表内核算，按照存款管理，纳入存款准备金和存款保险保费的缴纳范围，相关资产应当按照国务院银行业监督管理机构的相关规定计提资本和拨备。即纳入存款保险保费的缴纳范围，受《存款保险条例》规定的额度保障，本质就是银行的一种存款，而不是理财产品，利息收入不征增值税。

【结论】 针对企业购买的理财产品取得的理财收益是否缴纳增值税，企业首先需要判断购买的理财产品是否属于存款，如果是存款，存款利息收入不征收增值税；同时，购买的存款以外的理财产品需要判断是否属于保本型的，属于保本型理财产品才需要缴纳增值税，反之，不需要缴纳增值税。

【案例 6-19】 企业闲置的资金在银行办理了结构性存款，该部分结构性存款的利息收入是否缴纳增值税？

【河南省税务局答复】 根据《中华人民共和国增值税暂行条例》（国务院第 191 次常务会议通过）第一条：在中华人民共和国境内销售货物或者加工、修理修配劳务，销售服务、无形资产、不动产以及进口货物的单位和个人，为增值税的纳税人，应依照本条例缴纳增值税。因此，结构性存款利息收入不在增值税应税范围，不征收增值税。

【涉税风险】 对于这个问题，目前国家税务总局尚未给出明确统一的答复，在各地税务机关征管和把握口径存在差异的情况下，企业需要关注结构性存款收益中的增值税风险。

三、企业购买理财产品的财税差异处理与案例分析

【案例 6-20】 2×20 年 10 月 1 日，甲公司利用自有资金购买了乙银行发行的 C 理财产品，认购面值总额为 300 万元，认购发生直接相关的手续费 0.5 万元；C 理财产品保障理财资金本金，扣除理财产品费用后，预期年化收益率为 4.74%。C 理财产品的期限为 6 个月，到期时支付本金及实际收益；不可转让交易，也不可提前赎回。C 理财产品投资方向为低风险金融资产，主要投资同业拆借、债券回购、大额转让定存、资管计划等，B 银行自身定义该理财产品为低风险产品。甲公司购买 C 理财产品的主要目的在于取得比一般银行存款更高的收益。2×20 年 12 月 31 日，C 理财产品的公允价值为 304 万元。2×21 年 3 月 31 日，C 理财产品到期，甲公司取得本金及累计理财收益合计为 307 万元。

【解析】 由于 C 理财产品的预期年化收益率为 4.74%，投资方向主要投资同业拆借、债券回购、大额转让定存、资管计划等。因此，C 理财产品无法穿

透判断其基础资产是否满足本金加利息的合同现金流量特征，则该理财产品只能分类为以公允价值计量且其变动计入当期损益的金融资产。

甲公司的具体财税处理如下（单位：万元）：

（1）2×20年10月1日，购入C理财产品：

借：交易性金融资产——成本　　　　　　　　　　　　　　　　300

　　投资收益　　　　　　　　　　　　　　　　　　　　　　0.5

　　　贷：银行存款　　　　　　　　　　　　　　　　　　　300.5

（2）2×20年12月31日，确认公允价值变动：

借：交易性金融资产——公允价值变动　　　　　　　　　　　　4

　　　贷：公允价值变动损益　　　　　　　　　　　　　　　　4

【税务处理】

第一，企业所得税处理。购买交易性金融资产发生的手续费、佣金等相关税费，依据企业会计准则的规定直接计入当期损益，而依据企业所得税法及实施条例的规定，相关税费应当计入金融资产的计税基础，会产生一项税会差异。但在实务中，大多数企业为了减少财税差异，加强财税协同管理，企业所得税处理遵从企业会计准则规定，实务中一般不需要纳税调整，因此，只需要将公允价值变动损益调减应纳税所得额4万元。

第二，增值税处理：不涉及。

（3）2×21年3月31日，C理财产品到期：

借：银行存款　　　　　　　　　　　　　　　　　　　　　307

　　　贷：交易性金融资产——成本　　　　　　　　　　　　300

　　　　　　　　　　　　——公允价值变动　　　　　　　　4

　　　　投资收益　　　　　　　　　　　　　　　　　　　3

【税务处理】

第一，企业所得税处理。按企业所得税法计算的资产转让所得=307-300=7（万元）。

依据企业会计准则计算的金融资产处置收益4万元，需要调增应纳税所得额4万元。

第二，增值税处理。由于C理财产品保障理财资金本金，依据财税〔2016〕140号的规定，累计收益为保本收益，因此，应当缴纳增值税=（307-300）×6%=0.42（万元）。

第七章　企业特殊业务税收风险控制与规划

第一节　企业取得政策性搬迁补偿的涉税风险与税务规划

一、政策性搬迁的界定

依据《企业政策性搬迁所得税管理办法》（国家税务总局公告 2012 年第 40 号）第三条的规定，企业政策性搬迁，是指由于社会公共利益的需要，在政府主导下企业进行整体搬迁或部分搬迁。企业由于下列需要之一，提供相关文件证明资料的，属于政策性搬迁：

（1）国防和外交的需要；

（2）由政府组织实施的能源、交通、水利等基础设施的需要；

（3）由政府组织实施的科技、教育、文化、卫生、体育、环境和资源保护、防灾减灾、文物保护、社会福利、市政公用等公共事业的需要；

（4）由政府组织实施的保障性安居工程建设的需要；

（5）由政府依照《中华人民共和国城乡规划法》有关规定组织实施的对危房集中、基础设施落后等地段进行旧城区改建的需要；

（6）法律、行政法规规定的其他公共利益的需要。

【提示】　企业界定政策性搬迁的范围，需要把握三个关键词：一是"公共利益的需要"；二是"政府主导"；三是包括"整体搬迁和部分搬迁"。实际上该条款与《国有土地上房屋征收与补偿条例》（2011 年 1 月 21 日发布并实施）第八条规定基本一致；除政策性搬迁以外的自行搬迁或商业性搬迁等不适用政策性搬迁相关财税政策。

二、企业取得政策性搬迁补偿的会计处理

（一）企业会计准则规定

依据《企业会计准则解释第 3 号》（财会〔2009〕8 号）第四条的规定，企

业因城镇整体规划、库区建设、棚户区改造、沉陷区治理等公共利益进行搬迁，收到政府从财政预算直接拨付的搬迁补偿款，应作为专项应付款处理。其中，属于对企业在搬迁和重建过程中发生的固定资产和无形资产损失、有关费用性支出、停工损失及搬迁后拟新建资产进行补偿的，应自专项应付款转入递延收益，并按照《企业会计准则第16号——政府补助》进行会计处理。企业取得的搬迁补偿款扣除转入递延收益的金额后如有结余的，应作为资本公积处理。企业收到除上述之外的搬迁补偿款，应按照《企业会计准则第4号——固定资产》《企业会计准则第16号——政府补助》等会计准则进行处理。

（二）政策性搬迁补偿的具体会计处理

1. 一般搬迁补偿的会计处理

依据《企业会计准则解释第3号》第四条的规定，搬迁补偿事项同时满足下列两个条件的：第一，因公共利益进行搬迁；第二，收到政府从财政预算直接拨付的搬迁补偿款。具体会计处理如下：

（1）收到政府从财政预算直接拨付的搬迁补偿款，应作为专项应付款处理。

（2）属于对企业在搬迁和重建过程中发生的固定资产和无形资产损失、停工损失、费用及搬迁后拟新建资产进行补偿的，应自专项应付款转入递延收益，并按照《企业会计准则第16号——政府补助》进行会计处理。

（3）企业取得的搬迁补偿款扣除转入递延收益的金额后如有结余的，应当作为资本公积处理。

【提示】　根据《中华人民共和国预算法》，财政预算由当地政府编制并经人民代表大会审批，有严格的发放审批流程和发放途径，如果企业没有客观证据证明公司收取的搬迁补偿款属于财政预算内支出且收取方式是财政直接拨付，则不能按照上述方法进行会计处理。

2. 企业收到除上述之外的搬迁补偿款的会计处理

（1）搬迁补偿款高于企业交付资产公允价值的部分（包括政府奖励），属于政府补助的范畴，其余应作为处置非流动资产的收入。

（2）搬迁补偿款等同于企业交付资产的公允价值部分，属于政府按照市场价格向企业购买资产，双方的交易属于互惠性交易，搬迁补偿资金不作为政府补助处理，而应作为企业处置非流动资产的收入。

【案例7-1】　A公司是制造业上市公司，为实施城市规划，进行旧区改建，2×13 年 3 月，当地工业改造指挥部与 A 公司签订搬迁补偿协议。协议约定，以第三方评估结果为基准，当地工业改造指挥部支付 5 亿元补偿费收回 A 公司某地块的厂区土地、地上建筑物及水电配套设施。2×13 年 12 月，A 公司已全部清空并撤出原厂区，同时将房屋建筑物及土地使用权的权属证明上交工业改造指挥部。A 公司在原地块上的资产产权关系清晰，没有权属争议。补偿协议未就 A 公司应如何使用补偿费进行规定，工业改造指挥部也未有其他另行规定。[①]

【解析】 在本案例中，虽然 A 公司的搬迁原因是为了配合城市规划和旧区改建，具有公共利益的因素。但是，A 公司与当地工业改造指挥部签订搬迁协议，搬迁补偿款的拨付单位为当地工业改造指挥部，并非出自财政部门直接拨付的预算支出资金，同时不满足适用会计准则解释第 3 号特殊规定的两个条件，因此，不能适用《企业会计准则解释第 3 号》的规定进行会计处理。

A 公司的搬迁补偿款的定价依据为第三方评估值，该交易的实质是 A 公司将自身的资产与当地工业改造指挥部进行平等交换，该交易与 A 公司向其他非政府部门处置资产并收取处置对价不存在本质区别，应当全部按照资产处置的一般原则进行会计处理。

三、企业取得政策性搬迁补偿的税务处理与规划

（一）增值税处理

（1）根据《财政部 国家税务总局关于全面推开营业税改征增值税试点的通知》（财税〔2016〕36 号）附件 3《营业税改征增值税试点过渡政策的规定》第一条第三十七款规定，土地所有者出让土地使用权和土地使用者将土地使用权归还给土地所有者免征增值税。

（2）根据《财政部 税务总局关于明确无偿转让股票等增值税政策的公告》（财政部税务总局公告 2020 年第 40 号）第三条规定，土地所有者依法征收土地，并向土地使用者支付土地及其相关有形动产、不动产补偿费的行为，属于财税〔2016〕36 号第一条第（三十七）项规定的土地使用者将土地使用权归还给土地所有者的情形。

【提示1】 土地使用者在享受免征增值税优惠政策时，需要注意不存在进

---

① 中国证券监督管理委员会：《上市公司执行企业会计准则案例解析（2020）》，中国财政经济出版社 2020 年版。

项税额转出问题，这是因为既用于增值税应税项目又用于非增值税应税项目、免征增值税项目、集体福利或者个人消费的固定资产、无形资产、不动产进项税额可以抵扣。另外，依据《增值税法（征求意见稿）》第十二条的规定，"因征收征用而取得补偿视为非应税交易，不征收增值税"，当然更不存在进项税额转出问题。

【提示2】 依据《国家税务总局关于一般纳税人迁移有关增值税问题的公告》（国家税务总局公告2011年第71号）的规定，增值税一般纳税人因住所、经营地点变动，在迁达地重新办理税务登记后，其增值税一般纳税人资格予以保留，办理注销税务登记前尚未抵扣的进项税额允许继续抵扣；迁出地主管税务机关核实注销税务登记前尚未抵扣的进项税额，填写《增值税一般纳税人迁移进项税额转移单》（一式三份）。

（二）土地增值税处理

（1）依据《土地增值税暂行条例》第八条第（二）项的规定，因国家建设需要依法征收、收回的房地产免征土地增值税。

（2）依据《土地增值税暂行条例实施细则》第十一条规定，条例第八条（二）项所称的因国家建设需要依法征用、收回的房地产，是指因城市实施规划、国家建设的需要而被政府批准征用的房产或收回的土地使用权。符合上述免税规定的单位和个人，须向房地产所在地税务机关提出免税申请，经税务机关审核后，免予征收土地增值税。

（3）依据《财政部 国家税务总局关于土地增值税若干问题的通知》（财税〔2006〕21号）的规定，因"城市实施规划"而搬迁，是指因旧城改造或因企业污染、扰民（指产生过量废气、废水、废渣和噪音，使城市居民生活受到一定危害），而由政府或政府有关主管部门根据已审批通过的城市规划确定进行搬迁的情况；因"国家建设的需要"而搬迁，是指因实施国务院、省级人民政府、国务院有关部委批准的建设项目而进行搬迁的情况。

【提示1】《土地增值税暂行条例实施细则》第十一条规定，"符合上述免税规定的单位和个人，须向房地产所在地税务机关提出免税申请，经税务机关审核后，免予征收土地增值税"；但2015年4月24日第十二届全国人民代表大会常务委员会第十四次会议修正《中华人民共和国税收征收管理法》第三十三条，删除原第三十三条"减税、免税的申请须经法律、行政法规规定的减税、免税审查批准机关审批。"的部分，彻底废除了减免税行政审批制度。

【提示 2 】 因国家建设需要依法征用、收回的房地产土地增值税减免（减免性质代码：11129905，政策依据：《中华人民共和国土地增值税暂行条例》），应报送：①《纳税人减免税申请核准表》1 份。②减免税申请报告。③不动产权属资料复印件。④政府征用、收回土地使用权补偿协议复印件。

（三）企业所得税处理

根据《企业政策性搬迁所得税管理办法》（国家税务总局公告 2012 年第 40 号）的规定：

（1）企业在搬迁期间发生的搬迁收入和搬迁支出，可以暂不计入当期应纳税所得额，而在完成搬迁的年度，对搬迁收入和支出进行汇总清算。

（2）从搬迁开始，5 年内（包括搬迁当年度）任何一年完成搬迁的为搬迁完成年度，否则，超过 5 年的，搬迁时间满 5 年（包括搬迁当年度）的年度为搬迁完成年度。

【提示 1 】 企业取得搬迁补偿收入，不需要立即作为当年度的应税收入征税，而是在搬迁周期内，扣除搬迁支出后统一核算；且给予最长五年的搬迁期限，但企业需要同时满足以下五个条件才能享受上述优惠：①由于社会公共利益的需要，在政府主导下企业进行整体搬迁或部分搬迁；②具备政府相关政策性搬迁批文；③企业有搬迁行为；④单独进行税务管理和核算；⑤按照规定时间及时申报材料。

【提示 2 】 企业搬迁规划已基本完成且经营收入恢复至搬迁前 50% 以上的，视为已经完成搬迁。因此，企业报送的搬迁重置规划应适当将预计搬迁重置完成的时间预计得充裕一些。

（3）企业搬迁期间新购置的各类资产，应按《企业所得税法》及其实施条例等有关规定，计算确定资产的计税成本及折旧或摊销年限；企业发生的购置资产支出，不得从搬迁收入中扣除。

（4）根据《国家税务总局关于企业政策性搬迁所得税有关问题的公告》（国家税务总局 2013 年第 11 号公告）的规定，企业政策性搬迁被征用的资产，采取资产置换的，其换入资产的计税成本按被征用资产的净值，加上换入资产所支付的税费（涉及补价，还应加上补价款）计算确定。

【案例 7-2 】 甲企业在老城区的厂区因城市规划需要搬迁，被拆迁土地使用权净值 3000 万元，取得补偿款 7000 万元，全部用于在新经济技术开发区购买土地，假设不考虑其他因素。

【解析】　企业在搬迁完成年度的企业所得税汇算清缴时，因购置土地支出不得从搬迁收入中扣除，搬迁所得为4000万元，需要缴纳企业所得税1000万元。

如果修改搬迁补偿协议，改成换得一块公允价值为7000万元的新土地，根据国家税务总局2013年第11号公告的规定，无搬迁所得，不需要缴纳企业所得税，并且新土地的计税基础为3000万元。

 问题32：
企业取得政策性拆迁补偿款如何筹划才能少缴或不缴税？

【解析】

（1）依据《财政部　国家税务总局关于城镇房屋拆迁有关税收政策的通知》（财税〔2005〕45号）第一条的规定，"对被拆迁人按照国家有关城镇房屋拆迁管理办法规定的标准取得的拆迁补偿款，免征个人所得税"；且该文件未限定被拆迁房屋的用途，则无论被拆迁房屋是否为商业和工业用房，也都有权适用免税政策。

（2）江苏省在2015年答疑时明确，个体工商户、个人独资、合伙企业取得拆迁补偿在国家税务总局没有政策明确之前，可参照财税〔2005〕45号文件规定执行。

【提示】　企业根据财税〔2005〕45号的上述规定，则将公司名下的被拆迁房屋转让至个人名下，可以免除高达40%的税负，需要企业注意的是，业务操作流程要按照《国有土地上房屋征收与补偿条例》（2011年1月21日发布并实施）的规定进行处理。

【案例7-3】　甲公司有巨额的政策性搬迁所得，将在第五年缴纳企业所得税；请问：如何才能少缴企业所得税？

【解析】　筹划思路参考如下：①甲公司向金融机构贷款；②依据国家税务总局公告2014年29号的规定，甲公司对亏损的全资子公司增资、但不扩股；③亏损的全资子公司将资金有偿借给实际需要资金的其他关联企业，实现弥补亏损。

第二节　企业取得财政性资金的涉税风险与税务规划

一、企业取得的财政性资金范围与会计处理

（一）财政性资金

（1）根据《财政部 国家税务总局关于财政性资金 行政事业性收费 政府性基金有关企业所得税政策问题的通知》（财税〔2008〕151号）第一条的规定，财政性资金是指企业取得的来源于政府及其有关部门的财政补助、补贴、贷款贴息，以及其他各类财政专项资金，包括直接减免的增值税和即征即退、先征后退、先征后返的各种税收，但不包括企业按规定取得的出口退税款。

【提示】 企业出口货物所获得的增值税退税款，应作进项税额转出处理，不需要并入企业应纳税所得额缴纳企业所得税，具体会计处理如下：

借：应收出口退税款

　　贷：应交税费——应交增值税（出口退税）

（2）企业所在地人民政府按企业缴纳的各项税收地方分成部分给予一定比例的返还，建议企业应当以财政局拨付"地方政府奖励企业发展资金"等名义进行公文、会计和税务处理，不准以"税收返还"名义处理，防范审计署的审计风险。

（二）企业取得财政性资金的会计处理

1. 属于政府补助

企业取得的财政性资金，同时具有下列特征的，依据《企业会计准则—政府补助》进行会计处理：①来源于政府的经济资源；②企业取得来源于政府的经济资源，不需要向政府交付商品或服务等对价。

【提示】 依据《企业会计准则——政府补助》应用指南，除自然灾害等不可抗力相关的事项以外，企业取得的政府补助通常属于与企业日常活动相关的政府补助，应当按照经济业务实质，计入"其他收益"或冲减相关成本费用。例如，企业作为个人所得税的扣缴义务人，根据《个人所得税法》收到的

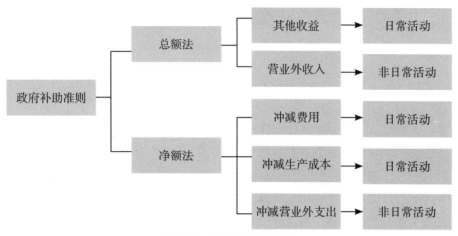

图7-1 政府补助的计量

扣缴税款手续费，应作为其他与日常活动相关的收益在该"其他收益"项目中填列。再比如特定纳税人加计抵减增值税税额：企业实际缴纳增值税时，按应纳税额借记"应交税费——未交增值税"等科目，按实际纳税金额贷记"银行存款"科目，按加计抵减的金额贷记"其他收益"科目，进而计入企业利润总额。

2. 属于营业收入

企业从政府取得的经济资源，如果与企业销售商品或提供服务等活动密切相关，且是企业商品或服务的对价或者是对价的组成部分，适用《企业会计准则第14号——收入》等相关会计准则。例如，政府要求企业向第三方低价提供商品或服务，政府将市场公允价和销售价的差额，以补助的形式拨付给企业，上述情形通常属于政府替第三方"买单"，实际上是对第三方的政府补助，对企业而言，并未因此获得超过其所提供商品或服务公允价值的经济利益，该项补助对企业而言不属于政府补助，而应确认为一项营业收入。

【提示】 当政府本身不直接作为交易的一方时，下列各项条件应全部满足时才能认可将补助款计入营业收入。①这些补助款项从经济实质上看都是政府对最终消费者的补助，而不是对本企业的补助。②所涉及的行业为以下两种情况之一：第一，涉及国计民生的基础公共服务，政府对其实施价格管制，导致企业发生政策性亏损的；第二，属于国家重点扶持的新兴行业，在初创期因成本较高、市场尚未打开等原因导致亏损的。

二、企业取得财政性资金的税务处理

（一）增值税处理

依据《国家税务总局关于取消增值税扣税凭证认证确认期限等增值税征管问题的公告》（国家税务总局公告 2019 年第 45 号）第七条的规定：

（1）纳税人取得的财政补贴收入，与其销售货物、劳务、服务、无形资产、不动产的收入或者数量直接挂钩的，应按规定计算缴纳增值税；纳税人取得的其他情形的财政补贴收入，不属于增值税应税收入，不征收增值税。

【结论】 无论是中央财政补贴，还是地方各级政府补贴，只有与销售额或者销售数量直接挂钩的，与销售活动密切相关，且构成了销售对价的，应按规定计算缴纳增值税；反之，不需要计算缴纳增值税。

【提示】 实务操作中纳入增值税征收范围的财政补贴，从经济实质上判断都是政府对最终消费者的补助，如"可再生能源电价补助""节能产品惠民工程"等降价销售补助，而不是对商品或服务的提供商的补助；即相当于政府把款项支付给最终消费者，最终消费者再用这些款项购买商品或服务，会计上确认为向最终消费者提供商品或劳务的营业收入，只不过为了结算方便而采用政府向商品或服务提供商直接拨付款项的方式，同时要求企业对最终消费者降价。

（2）与收入相关的政府补贴、其增值税纳税义务确认时点，是销售价款确认时点，与政府是否实际拨付没有关系，即依据权责发生制原则判断增值税纳税义务发生时间。

（3）增值税一般纳税人取得的财政补贴收入，与其销售货物、劳务、服务、无形资产、不动产的收入或者数量直接挂钩的，按其销售货物、劳务、服务、无形资产、不动产的适用税率计算缴纳增值税。

【案例7-4】 某企业取得了废弃电器电子产品处理资格，从事废弃电器电子产品拆解处理。2020 年，该企业购进废弃电视 1000 台，全部进行拆解后卖出电子零件，按照《废弃电器电子产品处理基金征收使用管理办法》（财综〔2012〕34 号）规定，取得按照实际完成拆解处理的 1000 台电视的定额补贴，是否需要缴纳增值税？

【解析】 该企业拆解处理废弃电视取得的补贴，与其回收后拆解处理的废弃电视数量有关，与其拆解后卖出电子零件的收入或数量不直接相关，不属于国家税务总局公告 2019 年第 45 号第七条规定的"销售货物、劳务、服务、无形资产、不动产的收入或者数量直接挂钩",企业无需缴纳增值税。

【案例 7-5】 为鼓励航空公司在本地区开辟航线,某市政府与航空公司商定,如果航空公司从事该航线经营业务的年销售额达到 1000 万元则不予补贴,如果年销售额未达到 1000 万元,则按实际年销售额与 1000 万元的差额给予航空公司航线补贴。如果航空公司取得该航线补贴,是否需要缴纳增值税?

【解析】 本例中航空公司取得补贴的计算方法虽然与其销售收入有关,但实质上是市政府为弥补航空公司运营成本给予的补贴,且不影响航空公司向旅客提供航空运输服务的价格(机票款)和数量(旅客人数),不属于国家税务总局公告 2019 年第 45 号第七条规定的"与其销售货物、劳务、服务、无形资产、不动产的收入或者数量直接挂钩"的补贴,航空公司无需缴纳增值税。

【案例 7-6】 我工厂是制作无纺布的,因为疫情原因口罩需求量大涨,特以平时 5 倍工资召回员工并积极联系离职员工开工,区政府给我工厂发放了一笔开工补贴,请问这笔补贴需要缴纳增值税吗?

【解析】 区政府给你工厂发放的开工补贴,与你工厂销售货物或者提供服务等收入或数量不直接相关,不需要就此笔补贴计算缴纳增值税。

(4)国家税务总局升级增值税发票管理系统的商品和服务税收分类编码以后,纳税人取得的与其销售货物、劳务、服务、无形资产、不动产的收入或者数量不直接挂钩的财政补贴收入,不征收增值税,但可以开具"615 与销售行为不挂钩的财政补贴收入"不征税发票。

思考 企业如何判断收到的财政补贴是否征收增值税?

【解析】 第一步,先判断提供补贴方的政府是否同时也是购买方?

如果回答"是",则属于政府或及其部门与企业之间的市场交易行为,企业作为销售方取得的财政补贴是应收销售商品和提供劳务等的交易对价,需要依法征收增值税。如果回答"不是",则进入第二步;

第二步,判断企业收到的财政补贴是否与销售收入或者数量直接挂钩?如果回答"是",应按规定计算缴纳增值税。如果回答"不是",则意味着不需要缴纳增值税。

(二)企业所得税处理

(1)依据《企业所得税法》第六条的规定,企业以货币形式和非货币形式从各种来源取得的收入,为收入总额。

【提示】 收入总额的确认条件应包括以下因素：第一，收入的各种来源；第二，收入的各种形式；第三，收入包括一切经济利益的流入；第四，任何收入如不作为应税收入都需要法律依据。

（2）根据《财政部 国家税务总局关于财政性资金 行政事业性收费 政府性基金有关企业所得税政策问题的通知》（财税〔2008〕151号）第一条的规定，企业取得的各类财政性资金，除属于国家投资和资金使用后要求归还本金的以外，均应计入企业当年收入总额。

（3）根据国家税务总局公告2021年第17号第六条的规定，企业按照市场价格销售货物、提供劳务服务等，凡由政府财政部门根据企业销售货物、提供劳务服务的数量、金额的一定比例给予全部或部分资金支付的，应当按照权责发生制原则确认收入。除上述情形外，企业取得的各种政府财政支付，如财政补贴、补助、补偿、退税等，应按照实际取得收入的时间确认收入。

【提示】 根据《企业会计准则——政府补助》第七条的规定，政府补助为货币性资产的应当按照收到或应收的金额计量；但根据财税〔2008〕151号第一条和国家税务总局公告2021年第17号第六条的规定，企业所得税收入的确认依据实际取得收入的时间确认收入时，可能会产生税会差异，企业需要及时、准确地进行纳税调整，以降低企业所得税汇算清缴的风险。

【案例7-7】 企业取得的财政补贴收入是否能分期缴纳企业所得税？

【解析】《企业所得税法实施条例》第九条规定，"企业应纳税所得额的计算，以权责发生制为原则。本条例和国务院财政、税务主管部门另有规定的除外"。

根据《财政部 国家税务总局关于财政性资金 行政事业性收费 政府性基金有关企业所得税政策问题的通知》（财税〔2008〕151号）的规定，企业取得的各类财政性资金，除属于国家投资和资金使用后要求归还本金的以外，均应计入企业当年收入总额。

根据国家税务总局公告2021年第17号第六条的规定，企业按照市场价格销售货物、提供劳务服务等，凡由政府财政部门根据企业销售货物、提供劳务服务的数量、金额的一定比例给予全部或部分资金支付的，应当按照权责发生制原则确认收入。

但是，《关于广西合山煤业有限责任公司取得补偿款有关所得税处理问题的批复》（国税函〔2009〕18号）批复如下：根据《企业所得税法》及其实施条例规定的权责发生制原则，广西合山煤业有限责任公司取得的未来煤矿开采期间因增加排水或防止浸没支出等而获得的补偿款，应确认为递延收益，按直线法在取得补偿款当年及以后的 10 年内分期计入应纳税所得，如实际开采年限短于 10 年，应在最后一个开采年度将尚未计入应纳税所得的赔偿款全部计入应纳税所得。

【提示】　国税函〔2009〕18 号属于个案批复，一般的企业不能直接适用。我们建议，如果补偿金额大且期限长，考虑到企业实际负担能力，可以向主管税务机关积极申请允许分期缴纳企业所得税。

（4）依据《财政部 国家税务总局关于专项用途财政性资金企业所得税处理问题的通知》（财税〔2011〕70 号）第一条的规定，企业从县级以上各级人民政府财政部门及其他部门取得的应计入收入总额的财政性资金，凡同时符合以下条件的，可以作为不征税收入，在计算应纳税所得额时从收入总额中减除：①企业能够提供规定资金专项用途的资金拨付文件；②财政部门或其他拨付资金的政府部门对该资金有专门的资金管理办法或具体管理要求；③企业对该资金以及以该资金发生的支出单独进行核算。

（5）依据《财政部 国家税务总局关于专项用途财政性资金企业所得税处理问题的通知》（财税〔2011〕70 号）第二条的规定，上述不征税收入用于支出所形成的费用，不得在计算应纳税所得额时扣除；用于支出所形成的资产，其计算的折旧、摊销不得在计算应纳税所得额时扣除。

（6）依据《财政部 国家税务总局关于专项用途财政性资金企业所得税处理问题的通知》（财税〔2011〕70 号）第三条的规定，企业将符合条件的财政性资金作不征税收入处理后，在 5 年（60 个月）内未发生支出且未缴回财政部门或其他拨付资金的政府部门的部分，应计入取得该资金第六年的应税收入总额；计入应税收入总额的财政性资金发生的支出，允许在计算应纳税所得额时扣除。

【提示】　不征税收入不是真正意义上的税收优惠，实际上只是给企业提供了一个延期纳税的政策，实惠体现在货币资金时间价值上。

【案例7-8】　企业按照政策规定取得的增值税留抵退税款是否缴纳企业所得税？

【解析】《财政部 国家税务总局关于退还集成电路企业采购设备增值税期末留抵税额的通知》（财税〔2011〕107 号）规定，企业收到退税款项的当月，应将退税额从增值税进项税额中转出；收到退还的期末留抵时会计处理如下：

借：银行存款

贷：应交税费——应交增值税（进项税额转出）

也就是说，对企业按照增值税相关规定获得的增值税期末留抵退税款，属于对可结转抵扣的进项税额的退还，因此，不属于应征企业所得税收入范围。

【案例7-9】 企业按照政策规定取得的增值税进项税金加计抵减收益是否缴纳企业所得税？

【解析】 根据财政部关于《关于深化增值税改革有关政策的公告》适用《增值税会计处理规定》有关问题的解读，生产、生活性服务业纳税人取得资产或接受劳务时，应当按照《增值税会计处理规定》的相关规定对增值税相关业务进行会计处理；实际缴纳增值税时，按应纳税额借记"应交税费—未交增值税"等科目，按实际纳税金额贷记"银行存款"科目，按加计抵减的金额贷记"其他收益"科目。按照现有政策规定，由于增值税加计抵减形成的收益不属于不征税收入或免税收入，因此，应作为应税收入计入应纳税所得额计征企业所得税。

【案例7-10】 企业取得的稳岗补贴如何正确进行财税处理？

【解析】 稳岗补贴是对采取有效措施不裁员、少裁员，稳定就业岗位的企业，由失业保险基金发放的一项补助性补贴；企业取得稳岗补贴的财税处理如下：①企业取得的稳岗补贴属于政府补助，会计中应按照收益期分期或一次性计入"其他收益"；②企业取得的稳岗补贴与销售收入无关，企业无需缴纳增值税；③企业取得符合条件的稳岗补贴可作为企业所得税不征税收入，但用于职工教育经费各项支出和缴纳本企业社会保险时，相关费用不得税前扣除；④企业取得的稳岗补贴，若直接发放给员工的应征收个人所得税。

（7）根据《国家税务总局关于企业所得税应纳税所得额若干税务处理问题的公告》（国家税务总局公告2012年第15号）第七条规定，企业取得的不征税收入，应按照《财政部 国家税务总局关于专项用途财政性资金企业所得税处理问题的通知》（财税〔2011〕70号）的规定进行处理。凡未按照《通知》规定进行管理的，应作为企业应税收入计入应纳税所得额，依法缴纳企业所得税。因此，企业取得的不征税收入未按规定进行管理的应作为企业应税收入计入应纳税所得额，依法缴纳企业所得税。

问题33：
企业取得专用于研发的财政补贴，如何进行筹划选择不征税收入还是应税收入？

【解析】

第一，免税收入属于应税收入的组成部分，是企业所得税的一项税收优惠，免税收入用于支出的费用或形成的资产折旧支出可以税前扣除；不征税收入不是税收优惠，因为不征税收入用于支出所形成的费用，不得在计算应纳税所得额时扣除，用于支出所形成的资产，其计算的折旧、摊销不得在计算应纳税所得额时扣除。

第二，根据《国家税务总局关于企业研究开发费用税前加计扣除政策有关问题的公告》（国家税务总局公告2015年第97号）的规定，企业取得作为不征税收入处理的财政性资金用于研发活动所形成的费用或无形资产，不得计算加计扣除或摊销。

第三，根据《高新技术企业认定管理办法》（国科发火〔2016〕32号）的规定，高新技术企业近一年高新技术产品（服务）收入占企业同期总收入的比例不低于60%；根据《高新技术企业认定管理工作指引》（国科发火〔2016〕195号）的规定，总收入是指收入总额减去不征税收入。收入总额与不征税收入按照《企业所得税法》及《企业所得税法实施条例》的规定计算。

综上所述，由于不征税收入不是税收优惠，而研发费用加计扣除是一项税收优惠，因此，企业取得的财政性资金用于研发活动，应该选择应税收入处理，其所形成的费用或无形资产可以计算加计扣除或摊销的金额。但是，高新技术企业优惠属于整体优惠，研发费用加计扣除只是一个项目优惠。对于高新技术企业来说，为了符合"近一年高新技术产品（服务）收入占企业同期总收入的比例不低于60%"，企业取得的财政性资金可能会选择作为不征税收入处理。另外，由于不征税收入不能用于弥补以前年度亏损，所以如果企业存在以前年度未弥补亏损且有不征税收入的，应进行详细测算，分析利弊，谨慎选择。

【提示】 符合条件的财政性资金按不征税收入处理并不一定是企业最优选择，在特定的情况下，企业"放弃不征税收入"可能会带来更大的税收收益。

第三节　特定区域的企业所得税优惠政策享受与税务规划

一、西部大开发企业所得税优惠政策

（一）政策内容

根据《财政部 税务总局 国家发展改革委关于延续西部大开发企业所得税政策的公告》（财政部 税务总局 国家发展改革委公告 2020 年第 23 号）（以下简称 23 号公告）的规定，自 2021 年 1 月 1 日至 2030 年 12 月 31 日，对设在西部地区的鼓励类产业企业减按 15% 的税率征收企业所得税。

（1）企业享受 15% 所得税优惠税率，应当同时满足如下三个条件：①设立地区；②产业范围；③主营业务收入占总收入达一定比例的要求。

（2）鼓励类产业企业是指以《西部地区鼓励类产业目录》中规定的产业项目为主营业务，且其主营业务收入占企业收入总额 60% 以上的企业；23 号公告降低了主营业务收入占比的要求，即从此前的占比需达到 70% 以上降低至占比 60% 以上，这也意味着，将有更多的内外资企业可以享受该项所得税优惠政策。

（二）企业所得税优惠的相关事项实务操作

1. 内外资企业的产业范围要求

（1）鼓励类产业企业通常是指从事以《西部地区鼓励类产业目录》中规定的产业项目为主营业务的企业，现行有效的《西部地区鼓励类产业目录》为国家发展和改革委员会于 2020 年发布的目录（2020 年版），该目录原则上适用于在西部地区生产经营的各类企业。

（2）外商投资企业按照特别针对其出台的相关目录执行。

表 7-1

企业类型	15% 优惠税率适用的产业范围
内资企业	《西部地区鼓励类产业目录（2020 版）》中的"西部地区新增鼓励类产业" 《产业结构调整指导目录（2019 版）》中的鼓励类产业

企业类型	15% 优惠税率适用的产业范围
外商投资企业	《鼓励外商投资产业目录（2019 年版）》中的全国鼓励外商投资产业目录涵盖的产业和中西部地区外商投资优势产业目录中对应的"西部地区"和"比照执行地区"涵盖的产业

（3）在 23 号公告结束之前（2030 年 12 月 31 日），倘若表 7-1 中的目录已被修订并生效执行，则企业应当参照修订后的目录确定自身业务是否符合享受优惠的条件。

2. 总分机构不同在优惠地区的企业所得税优惠政策享受

问题 34：
设立在西部地区的鼓励类产业企业二级分支机构能否享受 15% 税率的优惠？

为了业务发展，企业可能在优惠地区内外都设有分支机构，总机构和分支机构所适用的税率可能因此而不同，这种情况下，企业应分两种情况判断和运用西部大开发 15% 的企业所得税优惠税率。

（1）总机构位于西部大开发所得税优惠区域内。例如，总机构甲及其下设二级分支机构 A 位于西部大开发优惠地区，下设二级分支机构 B 位于优惠地区外，同时二级分支机构 B 在优惠地区内设立了三级分支机构 C。则企业应仅就总机构甲和二级分支机构 A 的所得确定适用 15% 优惠税率，在确认主营业务收入是否符合条件时，应以总机构甲和二级分支机构 A 的主营业务是否符合《西部目录》及其主营业务收入占其收入总额的比例确定总机构甲和二级分支机构 A 是否符合享受 15% 税率的条件。不考虑二级分支机构 B 和三级分支机构 C 的因素，如图 7-2 所示。

（2）总机构位于西部大开发所得税优惠区域外。例如，总机构甲及其二级分支机构 A 位于优惠区域外，二级分支机构 A 在区域内设立了三级分支机构 C，此外，总机构甲在优惠区域内设立了二级分支机构 B。那么，企业应当仅就二级分支机构 B 所得确定适用 15% 税率，根据二级分支机构 B 的主营业务是否符合《西部目录》及其主营业务收入占其收入总额的比重确定二级分支机构 B 是否满足享受 15% 税率的条件，如图 7-3 所示。

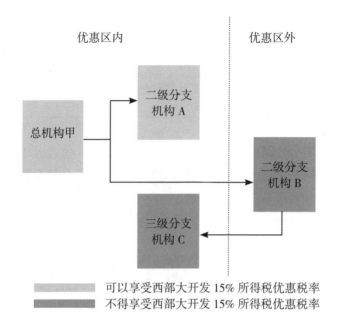

注：假设总机构甲和二级分支机构 A 享受优惠的相关条件已满足。

图 7-2

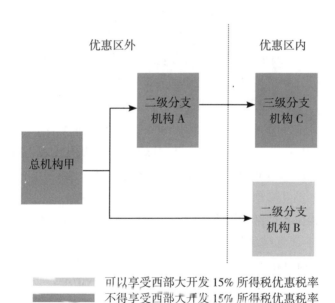

注：假设二级分支机构 B 享受优惠的相关条件已满足。

图 7-3

3. 企业享受西部大开发税收优惠政策过程中需要注意的问题

（1）根据《企业所得税优惠政策事项办理办法》（国家税务总局公告〔2018〕23号）的规定，企业享受15%所得税优惠税率，采用"自行判别、申报享受、相关资料留存备查"的办理方式。具体而言，企业在自行判断之后，认为符合享受优惠条件的，可以自预缴申报时开始享受该项优惠政策。然而，企业需注意的是，在现行所得税优惠管理方式下，税务机关更加注重事中和事后监管，建议企业按要求准备留存备查资料，以便更好地应对税务机关的后期核查，降低可能存在的不合规行为导致滞纳金或罚款等风险。

根据现行规定，企业需留存备查的资料主要包括：主营业务属于《西部地区鼓励类产业目录》中的具体项目的相关证明材料、符合目录的主营业务收入占企业收入总额60%以上的说明等。

（2）对于主营业务是否符合规定的鼓励类产业项目，企业和税务机关之间可能存在争议；23号公告有所提及，如果税务机关在后续管理工作中无法判断企业的主营业务是否属于国家鼓励类产业项目的，可提请发展改革等相关部门出具意见，即在难以界定主营业务是否符合条件的情况下，由省级（含副省级）发展改革部门或其授权部门出具证明文件，证明文件中明确列示主营业务具体项目以及符合《西部目录》中的对应条款项目的，企业便可以享受15%所得税优惠税率。

二、海南自由贸易港企业所得税优惠政策

（一）政策内容

根据《财政部 税务总局关于海南自由贸易港企业所得税优惠政策的通知》（财税〔2020〕31号）的规定，对注册在海南自由贸易港并实质性运营的鼓励类产业企业，减按15%的税率征收企业所得税。具体条件与要求如表7-2所示。

表7-2

条件	基本要求
鼓励类产业	①主营业务属于海南自由贸易港鼓励类产业目录 ②主营业务收入占企业收入总额60%以上
在海南自由贸易港实质性经营	实际管理机构设在海南自由贸易港，并对企业生产经营、人员、账务、财产等实施实质性全面管理和控制

（二）企业所得税优惠的相关事项实务操作

企业享受海南自由贸易港企业所得税优惠政策，应当具备以下条件。

1. 注册在海南自由贸易港（机构的判定）

根据《国家税务总局海南省税务局关于海南自由贸易港企业所得税优惠政策有关问题的公告》（国家税务总局海南省税务局公告 2020 年第 4 号）的规定：

（1）如果总机构设在海南自由贸易港并满足享受条件的，则总机构及位于海南自由贸易港的分支机构（如有）均可以适用 15% 的税率。

（2）如果仅有某一分支机构设在海南自由贸易港并满足享受条件的，则仅该分支机构的所得适用 15% 的税率。

（3）由于三级及以下分支机构的收入是直接汇总到二级分支机构计算缴纳企业所得税，因此即使内地的二级分支机构在海南自由贸易港设立三级分支机构，虽然注册在海南自由贸易港，但企业所得税实行总分机构汇总纳税政策时，三级分支机构的收入并入二级分支机构计算，并不单独计算缴纳税款，无法享受 31 号公告的 15% 所得税优惠税率。

【提示】 符合鼓励类产业的海南自由贸易港总公司享受优惠政策时不包含设在海南自由贸易港外的二级公司，以及海南自由贸易港外二级公司设在海南自由贸易港内的三级（含以下）公司。

【结论】 这一政策要求与西部大开发企业总分机构如何享受 15% 企业所得税优惠税率的口径是一致的。

2. 鼓励类产业（做什么）

对企业的主营业务从"质"和"量"两方面提出了要求：

（1）"质"方面。企业的主营业务，需要属于鼓励类产业目录中列举的行业。海南自由贸易港鼓励类产业由两部分组成，一是国家现有产业目录中的鼓励类产业，包括《产业结构调整指导目录》和《鼓励外商投资产业目录》（均按最新修订版本执行）；二是海南自由贸易港新增鼓励类产业。即应根据下面二个目录判断是否符合鼓励类产业，相关目录在 2025 年内有修订的，自实施日起按新版本执行，如表 7-3 所示。

表 7-3

产业结构调整指导目录（2019 年本）	国家发展改革委令 2019 年第 29 号
鼓励外商投资产业目录（2020 年版）	国家发展改革委、商务部令 2020 年第 38 号
海南自由贸易港新增鼓励类产业目录	暂未发布

【提示】　对于主营业务是否符合规定的鼓励类产业项目，企业和税务机关之间可能存在争议，企业可以参考《财政部 税务总局 国家发展改革委关于延续西部大开发企业所得税政策的公告》（财政部 税务总局 国家发展改革委公告 2020 年第 23 号）的规定，即如果税务机关在后续管理工作中无法判断企业的主营业务是否属于国家鼓励类产业项目的，可提请发展和改革委员会等相关部门出具意见，由省级（含副省级）发展和改革委员会部门或其授权部门出具证明文件。

（2）"量"方面。企业的主营业务收入需达到总收入的 60% 以上。最新税收文件未明确企业收入总额（分母）的计算口径，考虑到《高新技术企业认定管理工作指引》（国科发火〔2016〕195 号）明确分母计算口径是"收入总额减去不征税收入"，若按照该口径，企业取得的股权转让收入、股息、利息等都要纳入收入总额（分母），海南自由贸易港的企业所得税 15% 优惠政策是否会借鉴该口径，仍有待相关细则进一步明确。

【提示】　企业需要特别关注一次性大额收入的产生是否会稀释主营业务收入的占比，例如股权转让收益、房地产转让所得、政府补贴收入等；即享受优惠年度不要发生巨额的资产处置等非主营业务。

　3. 实质性经营（谁做）

（1）需要在海南建立"实际管理机构"对企业进行运营。

（2）依据《企业所得税法实施条例》第四条规定，"实际管理机构"是对企业生产经营、人员、账务、财产等实施实质性全面管理和控制的机构。

（3）《关于海南自由贸易港鼓励类产业企业实质性运营有关问题的公告》（国家税务总局海南省税务局公告 2021 年第 1 号）规定：

　第一，注册在自贸港的居民企业，从事鼓励类产业项目，并且在自贸港之外未设立分支机构的，其生产经营、人员、账务、资产等在自贸港，属于在自贸港实质性运营。

【提示】　企业的生产经营、人员、账务、资产等四要素同时在自贸港，缺一不可。

第二，对于仅在自贸港注册登记，其生产经营、人员、账务、资产等任一项不在自贸港的居民企业，不属于在自贸港实质性运营，不得享受自贸港企业所得税优惠政策。

第三，注册在自贸港的居民企业，从事鼓励类产业项目，在自贸港之外设立分支机构的，该居民企业对各分支机构的生产经营、人员、账务、资产等实施实质性全面管理和控制，属于在自贸港实质性运营。

【提示】 企业对各分支机构的生产经营、人员、账务、资产等实施实质性全面管理和控制。

第四，注册在自贸港之外的居民企业在自贸港设立分支机构的，或者非居民企业在自贸港设立机构、场所的，该分支机构或机构、场所具备生产经营职能，并具备与其生产经营职能相匹配的营业收入、职工薪酬和资产总额，属于在自贸港实质性运营。

【提示】 分支机构具备与其生产经营职能相匹配的营业收入、职工薪酬和资产总额；机构、场所具备与其生产经营职能相匹配的营业收入、职工薪酬和资产总额。

（三）征收管理

（1）根据《企业所得税优惠政策事项办理办法》（国家税务总局公告〔2018〕23 号）的规定，企业享受 15% 所得税优惠税率，采用"自行判别、申报享受、相关资料留存备查"的办理方式。即企业在自行判断之后，认为符合享受优惠条件的，可以自预缴申报时开始享受该项优惠政策。

（2）根据《国家税务总局海南省税务局关于海南自由贸易港企业所得税优惠政策有关问题的公告》（国家税务总局海南省税务局公告 2020 年第 4 号）的规定：主要留存备查资料为：

第一，主营业务属于自贸港鼓励类产业目录中的具体项目、属于目录的主营业务收入占企业收入总额 60% 以上的说明。

第二，企业进行实质性运营的相关情况说明，包括企业资产总额、收入总额、人员总数、工资总额等，并说明在自贸港设立的机构相应占比。

三、企业所得税汇算清缴中总分公司税率不同的汇总纳税问题

1. 汇总纳税企业实行"统一计算、分级管理、就地预缴、汇总清算、财政调库"的企业所得税征收管理办法。在年度终了后，总机构统一计算汇总纳税

企业的年度应纳税所得额、应纳所得税额，抵减总机构、分支机构当年已就地分期预缴的企业所得税款后，多退少补。

2. 根据《跨地区经营汇总纳税企业所得税征收管理办法》（国家税务总局公告 2012 年第 57 号）的规定：

第一，对于按照税收法律、法规和其他规定，总机构和分支机构处于不同税率地区的，先由总机构统一计算全部应纳税所得额，然后按规定的比例和计算的分摊比例，计算划分不同税率地区机构的应纳税所得额，再分别按各自的适用税率计算应纳税额后加总计算出汇总纳税企业的应纳所得税总额，最后按规定的比例和计算的分摊比例，向总机构和分支机构分摊就地缴纳的企业所得税款。

第二，汇总纳税企业按照《企业所得税法》规定汇总计算的企业所得税，包括预缴税款和汇算清缴应缴应退税款，50% 在各分支机构间分摊，各分支机构根据分摊税款就地办理缴库或退库；50% 由总机构分摊缴纳，其中，25% 就地办理缴库或退库，25% 就地全额缴入中央国库或退库。

第三，总机构应按照上年度分支机构的营业收入、职工薪酬和资产总额三个因素计算各分支机构分摊所得税款的比例；三级及以下分支机构，其营业收入、职工薪酬和资产总额统一计入二级分支机构；三因素的权重依次为 0.35、0.35、0.30。计算公式如下：

某分支机构分摊比例 =（该分支机构营业收入 ÷ 各分支机构营业收入之和）×0.35+（该分支机构职工薪酬 ÷ 各分支机构职工薪酬之和）×0.35+（该分支机构资产总额 ÷ 各分支机构资产总额之和）×0.30

【提示】 分支机构分摊比例按上述方法一经确定后，除特殊情形外，当年不做调整。

第四，总机构设立具有主体生产经营职能的部门（非二级分支机构），且该部门的营业收入、职工薪酬和资产总额与管理职能部门分开核算的，可将该部门视同一个二级分支机构，按规定计算分摊并就地缴纳企业所得税；该部门与管理职能部门的营业收入、职工薪酬和资产总额不能分开核算的，该部门不得视同一个二级分支机构，不得计算分摊并就地缴纳企业所得税。

【案例 7-11】 跨地区经营汇总纳税企业甲公司 2×20 年应纳税所得额为 400 万元，总公司位于上海，另外在重庆市有一个分公司 A，在上海有一个具有主体生产经营职能的部门 B，A 分公司和 B 部门 2×20 年的三个因素情况如表 7-4 所示。其中，A 分公司适用西部大开发 15% 税率优惠政策，同时总机构和 B 部门适用税率均为 25%。如何计算总公司和分公司分摊就地缴纳的企业所得税款呢？

表 7-4

分公司	营业收入（万元）	职工薪酬（万元）	资产总额（万元）
A 分公司	500	80	1500
B 部门	500	80	1500
合计	1000	160	3000

【解析】

第一步：总公司统一计算全部应纳税所得额 400 万元。

第二步：计算各分公司分摊比例。

A 分公司分摊比例 =（A 分公司营业收入 ÷ 各分公司营业收入之和）× 0.35+（A 分公司职工薪酬 ÷ 各分公司职工薪酬之和）× 0.35+（A 分公司资产总额 ÷ 各分公司资产总额之和）× 0.30=（500÷1000）× 0.35+（80÷160）× 0.35+（1500÷3000）× 0.30=0.5

B 部门分摊比例 =（B 部门营业收入 ÷ 各分公司营业收入之和）× 0.35+（B 部门职工薪酬 ÷ 各分公司职工薪酬之和）× 0.35+（B 部门资产总额 ÷ 各分公司资产总额之和）× 0.30=（500÷1000）× 0.35+（80÷160）× 0.35+（1500÷3000）× 0.30=0.5

第三步：计算划分各公司应纳税所得额。

总公司分摊所得额 =400×50%=200（万元）；

A 分公司分摊应纳税所得额 =400×50%×0.5=100（万元）；

B 部门分摊应纳税所得额 =400×50%×0.5=100（万元）。

第四步：计算不同税率地区的应纳所得税总额。

总公司应纳所得税额 =200×25%=50（万元）；

A 分公司应纳所得税额 =100×15%=15（万元）；

B 部门应纳所得税额 =100×25%=25（万元）；

甲公司 2×20 年度应纳所得税总额 =50+15+25=90（万元）。

第五步：向总公司和分公司分摊就地缴纳的企业所得税款。

总公司分摊就地缴纳的企业所得税款 =90×50%=45（万元）；

A 分公司分摊就地缴纳的企业所得税款 =90×50%×50%=22.5（万元）；

B 部门分摊就地缴纳的企业所得税款 =90×50%×50%=22.5（万元）。

【提示】 总公司在申报企业所得税年度纳税申报表时，总机构《减免所得税优惠明细表》（A107040）第 21 行填报享受的优惠金额 10 万元（400×25%-90）。

3. 企业所得税汇算清缴中汇总纳税需要注意的事项

（1）下列二级分支机构不就地分摊缴纳企业所得税。

第一，不具有主体生产经营职能，且在当地不缴纳增值税、营业税的产品售后服务、内部研发、仓储等汇总纳税企业内部辅助性的二级分支机构，不就地分摊缴纳企业所得税。

第二，上年度认定为小型微利企业的，其二级分支机构不就地分摊缴纳企业所得税。

第三，新设立的二级分支机构，设立当年不就地分摊缴纳企业所得税。

第四，当年撤销的二级分支机构，自办理注销税务登记之日所属企业所得税预缴期间起，不就地分摊缴纳企业所得税。

第五，汇总纳税企业在中国境外设立的不具有法人资格的二级分支机构，不就地分摊缴纳企业所得税。

（2）跨地区经营汇总纳税企业的分支机构的分摊比例的调整。根据国家税务总局 2012 年第 57 号公告第十五条规定，分支机构分摊比例按《办法》规定方法一经确定后，当年一般不做调整，即在当年预缴税款和汇算清缴时均采用同一分摊比例。但如出现《办法》第五条第（四）项（当年撤销分支机构不再参与分摊）和第十六条第二款（总机构设立具有主体生产经营职能部门视同分支机构，参与分摊）、第三款（企业外部重组与内部重组形成新分支机构不视同新设分支机构，参与分摊）情形的，应重新计算分摊比例。

（3）汇总纳税企业分支机构在备案时需要关注的要点。

第一，汇总纳税企业分支机构应依法办理税务登记，接受所在地主管税务机关的监督和管理。

第二，分支机构应将其总机构、上级分支机构和下属分支机构信息报其所在地主管税务机关备案，内容包括总机构、上级机构和下属分支机构名称、层级、地址、邮编、纳税人识别号及企业所得税主管税务机关名称、地址和邮编。

第三，上述备案信息发生变化的，除另有规定外，应在内容变化后 30 日内报所在地主管税务机关备案，并办理变更税务登记。

第四，变更总分支机构信息，企业所得税汇总纳税信息报告均可以在电子税务局办理。

（4）汇总纳税企业分支机构在汇算清缴时的资料报送。汇总纳税企业汇算清缴时，分支机构除报送企业所得税年度纳税申报表（只填列部分项目）外，还应报送经总机构所在地主管税务机关受理的汇总纳税企业分支机构所得税分配表、分支机构的年度财务报表（或年度财务状况和营业收支情况）和分支机构参与企业年度纳税调整情况的说明。分支机构参与企业年度纳税调整情况的说明，可参照企业所得税年度纳税申报表附表"纳税调整项目明细表"中列明的项目进行说明，涉及需由总机构统一计算调整的项目不进行说明。

思考 **企业如何调整组织架构享受特定区域企业所得税优惠政策？**

【案例 7-12】 跨地区经营汇总纳税企业丁公司 2×20 年应纳税所得额为 4000 万元，总机构（不具有主体生产经营职能的部门）位于郑州，分别在西部西宁和东部烟台有两个分支机构 A 和 B，两个分支机构 2×20 年的分摊比例分别为 80% 和 20%，其中，A 分支机构适用西部大开发 15% 税率优惠政策，同时总机构和 B 分支机构适用税率均为 25%。

请问：总机构、分支机构分摊就地缴纳的企业所得税款分别为多少？

【解析】（1）现有的企业所得税汇总纳税情况如表 7-5 所示。

表 7-5

项目	总公司	分公司 A	分公司 B	合计
分摊比例	50%	50%×0.8	50%×0.2	100%
分摊所得额	2000	1600	400	4000
应纳税额	500	240	100	840
分摊税额	420	336	84	840

（2）假设在满足海南优惠政策各项条件，企业在内地的分支机构维持原有架构，只将总公司迁入海南自由贸易港，企业所得税汇总纳税情况如表 7-6 所示。

表 7-6

项目	海南总公司	分公司 A	分公司 B	合计
分摊比例	50%	50%×0.8	50%×0.2	100%
分摊所得额	2000	1600	400	4000
应纳税额	300	240	100	640
分摊税额	320	256	64	640

因此，通过上述筹划设计，丁公司可以少缴企业所得税 200 万元。

第四节 企业所得税预缴与汇算清缴的平衡规划

一、企业所得税的征收管理

（1）我国的企业所得税申报实行"分期预缴 + 年度汇算清缴"制度，即企业所得税分月或者分季预缴，企业应当自月份或者季度终了之日起 15 日内，向税务机关报送预缴企业所得税纳税申报表，预缴税款；企业应当自年度终了之日起 5 个月内，向税务机关报送年度企业所得税纳税申报表，并汇算清缴，结清应补（退）税款。

（2）企业所得税分月或者分季预缴，由税务机关具体核定；企业根据企业所得税法规定分月或者分季预缴企业所得税时，应当按照月度或者季度的实际利润额预缴；按照月度或者季度的实际利润额预缴有困难的，可以按照上一纳税年度应纳税所得额的月度或者季度平均额预缴，或者按照经税务机关认可的其他方法预缴。预缴方法一经确定，该纳税年度内不得随意变更。

（3）根据《国家税务总局关于企业所得税若干问题的公告》（国家税务总局公告 2011 年第 34 号）的规定，企业当年度实际发生的相关成本、费用，由于各种原因未能及时取得该成本、费用的有效凭证，企业在预缴季度所得税时，可暂按账面发生金额进行核算；但在汇算清缴时，应补充提供该成本、费用的有效凭证；即贯彻"预缴时通常按会计利润核算，汇缴时按税法规定核算"的原则，大大避免了退税的繁琐。

（4）依据《国家税务总局关于修订《中华人民共和国企业所得税月（季）度预缴纳税申报表（A 类，2018 年版）》等部分表单样式及填报说明的公告》（国家税务总局公告 2020 年第 12 号）等文件的规定，企业在月（季）度预缴纳税申报企业所得税时，计算公式如下：

实际利润额 = 利润总额 + 特定业务计算的应纳税所得额 – 不征税收入 – 免税收入、减计收入及所得减免等 – 资产加速折旧、摊销（扣除）调减额 – 弥补以前年度亏损

问题 35:

企业股票投资产生的公允价值变动收益需要预缴企业所得税吗?

【解析】 企业根据企业所得税法规定分月或者分季预缴企业所得税时,应当按照月度或者季度的实际利润额预缴,在确定实际利润时,一般是以企业按照国家统一会计制度确定的利润总额为基础,这样由于企业已经将公允价值变动损益计入当期利润总额,应当包含在企业所得税的预缴基数之中;同时,根据目前企业所得税预缴时对上述预基数的调整规则,目前没有足够的政策依据在预缴基数中扣减公允价值变动损益、按照权益法核算的长期股权投资的投资收益等。因此,企业股票等金融产品投资产生的公允价值变动损益,在企业所得税季度预缴时需要缴纳企业所得税;相关会计与税法差异只能在年度企业所得税汇算清缴期间统一进行纳税调整。

二、企业所得税预缴与汇缴的平衡

1. 二者比例

根据《关于加强企业所得税预缴工作的通知》(国税函〔2009〕34 号)的规定,各级税务机关要处理好企业所得税预缴和汇算清缴税款入库的关系,原则上各地企业所得税年度预缴税款占当年企业所得税入库税款(预缴数 + 汇算清缴数)应不少于 70%;也就是说企业所得税预缴与汇算清缴的正常比例通常是 7:3。

2. 企业可能会出现早预缴、多预缴企业所得税的问题

(1)下列九项企业所得税的优惠政策预缴时不能享受、只能在汇算清缴时享受:①开发新技术、新产品、新工艺发生的研究开发费用(下半年的)加计扣除;②安置残疾人员及国家鼓励安置的其他就业人员所支付的工资加计扣除;③创业投资企业按投资额的一定比例抵扣应纳税所得额;④有限合伙制创业投资企业法人合伙人按投资额的一定比例抵扣应纳税所得额;⑤受灾地区的促进就业企业限额减征企业所得税;⑥支持和促进重点群体创业就业企业限额减征企业所得税;⑦扶持自主就业退役士兵创业就业企业限额减征企业所得税;⑧购置用于环境保护、节能节水、安全生产等专用设备的投资额按一定比例实行税额抵免;⑨固定资产或购入软件等可以加速折旧或摊销(税会处理不一致的)。

（2）企业个别业务事项的会计处理的结果会增加企业利润总额，但按照企业所得税税规定不计入应纳税所得额，这些税会差异只能在企业所得税税汇算清缴时纳税调整，预缴时不能调减，例如交易性金融资产确认的公允价值变动收益、按照权益法核算的长期股权投资确认的投资收益等。

（3）企业生产经营的季节性、周期性特征等，如果每年前期盈利多、后期盈利少，会造成企业利润"前高后低"的波动。

3. 税款处理

根据《企业所得税汇算清缴管理办法》（国税发〔2009〕79号）的规定，纳税人在纳税年度内预缴企业所得税税款少于应缴企业所得税税款的，应在汇算清缴期内结清应补缴的企业所得税税款；预缴税款超过应纳税款的主管税务机关应及时按有关规定办理退税，或者经纳税人同意后抵缴其下一年度应缴企业所得税税款。但在实际工作中，由于主管税务机关以"任务为导向"的工作思路，可能会出现"补税易、退税难"的尴尬局面，被迫选择抵缴其下一年度应缴企业所得税税款，既损失了货币资金的时间价值，又影响了企业的资金链。

4. 相关法律责任

根据《中华人民共和国税收征收管理法》第三十二条的规定，纳税人未按照规定期限缴纳税款的，扣缴义务人未按照规定期限解缴税款的，税务机关除责令限期缴纳外，从滞纳税款之日起，按日加收滞纳税款万分之五的滞纳金。那么，如果企业少预缴企业所得税是否会承担法律责任，具体分析如下：

（1）违法违规的：对属于多计成本费用少计利润的、少计收入少计利润、多计免税收入、多计不征税收入以及多计弥补亏损额等属于预交时违反法律法规应缴纳而未缴纳情形的应按规定加收罚款及滞纳金。

（2）合法合规的：在预交企业所得税时对于合规的免税收入、不征税收入及弥补以前年度亏损可以从应纳税所得额中扣减；对于其他税会差异比如无票列支的成本费用可在汇算清缴时纳税调整而无需支付罚款及滞纳金。

【提示】 因《国家税务总局关于企业未按期预缴所得税加收滞纳金问题的批复》（国税函发〔1995〕593号）中明确"对纳税人未按法规的缴库期限预缴所得税的，应视同滞纳行为处理"这一法规被全文废止，所以，实务中企业可争取在年度企业所得税汇算清缴的时候把全年应补的所得税补缴而不缴纳罚款及滞纳金。

问题 36：

企业如何规划才能实现企业所得税汇算清缴补税而不是退税？

【解析】

（1）企业根据企业所得税法规定分月或者分季预缴企业所得税时，应按照月度或者季度的实际利润额预缴，在确定实际利润时，一般是以企业按照国家统一会计制度确定的利润总额为基础。

（2）根据《国家税务总局关于企业所得税若干问题的公告》（国家税务总局公告 2011 年第 34 号）的规定，企业当年度实际发生的相关成本、费用，由于各种原因未能及时取得该成本、费用的有效凭证，企业在预缴季度所得税时，可暂按账面发生金额进行核算；但在汇算清缴时，应补充提供该成本、费用的有效凭证。

（3）企业可以依据企业会计准则的规定，通过计提资产减值准备、预计负债和预提年终奖等业务事项会计处理，降低企业利润总额，每月或每季度少预缴企业所得税，次年在企业所得税汇算清缴时再进行纳税调增，补交企业所得税。

（4）对于上市公司、国有企业等有绩效考核压力的企业，为了做到既不影响业绩考核，又能不早预缴企业所得税，可以借助《企业会计准则——资产负债表日后事项》中的调整事项进行会计处理，即上述计提资产减值准备、预计负债和预提年终奖等业务事项在资产负债表日后期间做一个相反的会计处理，会计处理的结果视为上述业务事项从未发生过，不会影响报告年度的会计利润，作为报告年度发生的事项，在下一个会计年度做转回处理。

【链接】《企业会计准则第 29 号——资产负债表日后事项》第五条规定，企业发生的资产负债表日后调整事项，通常包括下列各项：

（1）资产负债表日后诉讼案件结案，法院判决证实了企业在资产负债表日已经存在现时义务，需要调整原先确认的与该诉讼案件相关的预计负债，或确认一项新负债。

（2）资产负债表日后取得确凿证据，表明某项资产在资产负债表日发生了减值或者需要调整该项资产原先确认的减值金额。

（3）资产负债表日后进一步确定了资产负债表日前购入资产的成本或售出资产的收入。

（4）资产负债表日后发现了财务报表舞弊或差错。

参考文献

［1］高金平：《税收疑难案例分析（第七辑）》，中国财政经济出版社 2020 年版。

［2］辛连珠：《最新企业所得税疑难问题与相关法律衔接》，中国税务出版社 2015 年版。

［3］杨梅：《合同名称相同，税务处理可能有差异》，中国税务报，2021 年 1 月。

［4］中国证券监督管理委员会：《上市公司执行企业会计准则案例解析》，中国财政经济出版社 2020 年版。

［5］赵耀：《企业财税重大差异的协同管理》，云南大学出版社 2014 年版。

［6］吴克红：《房地产税务总监工作手册》，2018 年 6 月。

［7］林久时：《建筑企业财税处理与合同涉税管理》，中国铁道出版社有限公司 2020 年版。

［8］孙飞：《房地产开发企业涉税问题解析》，问晓税务微信公众号。

［9］税屋网：https：//www.shui5.cn/。